30개
도시로 읽는

일본사

30개
도시로 읽는

일본사

익숙하고 낯선 도시가 들려주는

일본의 진짜 역사 이야기

조 지무쇼 편저

긴다 아키히로·이세연 감수 | 전선영 옮김

다산
초당

30개 도시의 역사와 문화를
찾아 떠나는 일본사 여행

일본에는 인구 100만 이상의 도시만 해도 12개(도쿄도를 포함. 50~100
만 명의 시는 17개, 10~50만 명의 시는 239개)나 존재한다. 단 이것은 행
정 단위이고, 각각이 역사상 꼭 하나의 도시였던 것은 아니다. 행정
상의 시 안에 역사적 도시가 몇 개나 포함된 경우도 드물지 않다.

이처럼 도시에는 헤이안쿄(교토)처럼 고대에서 비롯된 도시도, 사
카이처럼 중세에 기원됐거나 나가사키처럼 근세에 성립한 도시도 있
고, 근대에 이르러 형성된 삿포로시 같은 사례도 있다.

또 의도적, 계획적으로 건설된 도시가 있는가 하면 그렇지 않은
도시도 있다. 유명한 사찰이나 신사와 인접하여 발달한 도시도 있거
니와 교역의 거점인 항구를 중심으로 성립한 항구도시도 있다. 근세
에는 특히 성곽 건설에 발맞추어 성 밑에 건설된, 이른바 조카마치城
下町(성 아래 있는 마을이라는 뜻으로 센고쿠戰國 시대 이래 영주의 거점인 성

을 중심으로 형성된 도시를 가리킨다-옮긴이)가 많았다. 수많은 조카마치는 일본 도시의 대표적인 구조로 이어졌다. 한편으로 막부 시대부터 발달한 항구도시, 메이지 시대에 건설된 계획도시도 있다.

이처럼 현재로 이어지는 도시의 성립 시기와 도시로 발달한 이유 혹은 그 배경은 다양하며, 현재의 도시 구조에도 큰 영향을 미치고 있다.

예를 들어 수도를 비롯한 정치 중심 도시의 입지나 거리 형태는 각각이 성립했을 때 일본이 어떤 정치 구조였느냐와 관련이 깊다. 더욱이 설계자 내지는 건설자 개인의 의도나 의향이 짙게 반영된 경우도 많다.

정치 중심 도시의 대표적인 사례는 조카마치지만, 도쿠가와 막부의 거점인 에도(도쿄)와 번령(에도 시대 봉건 영주인 다이묘가 지배한 번의 영지-옮긴이)의 중심은 크게 다르다. 덧붙여 같은 번령이라고 해도 그 수가 많아서 공통성과 다양성을 두루 갖추고 있다. 나고야와 가나자와는 대규모 번령의 조카마치로 둘 다 주변보다 높고 평탄한 땅에 건설되었지만, 도쿠가와 막부의 고산케(도쿠가와의 일족으로 쇼군직 계승권을 가진 오와리, 기슈, 미토의 세 가문-옮긴이)의 필두가 다스리는 조카마치(나고야)와 도쿠가와의 일족이 아닌 다이묘가 다스리는 번 가운데 가장 큰 번령에 속하는 조카마치(가나자와)는 처한 정치 상황이나 건설 이념이 많이 다르다. 큰 번이라 해도 입지 조건에 따라 상황은 다양하다.

특히 조카마치에서는 보통 건설자인 성주의 의도와 번령의 규모가 도시의 성격에 크게 반영된다. 오키나와의 나하는 문화적으로 영향을 받은 사례이다. 또 정치 상황이 변화한 후의 역사적인 과정이 도시의 발달과 쇠퇴로 이어지는 사례도 많았다.

항구도시로서 발달한 도시도 많다. 그러나 각각의 도시들이 발달했을 때 교역이나 무역 상황, 당시의 정치적 단계나 경제 구조는 저마다 다르다. 이를테면 도사미나토(현재 아오모리현 고쇼가와라시의 일부—옮긴이)나 도모노우라(히로시마현 후쿠야마시 누마쿠마반도 남단에 있는 항구와 그 주변 해역—옮긴이)의 입지가 우위였던 때의 기술과 그것을 바탕으로 발달한 지역의 정치적, 경제적 구조는 이미 사라졌다.

이처럼 도시가 성립하여 발달하고 쇠퇴해 가는 모습은 지역의 역사적 동향, 더 나아가 일본의 역사 자체를 웅변하는 이야기꾼이다.

물론 이러한 도시들을 둘러싼 연구는 역사지리학이나 도시사 같은 분야에서 매우 상세하게 진행 중이다. 그 도시를 방문하면 여러 가지 관광 안내와 도서는 물론이고 역사박물관 등의 전시 시설도 있어 매우 상세하게 알 수 있다. 그러나 어떤 도시의 개요를 알고 다른 도시와 비교하거나 어느 도시를 더 자세히 알기 위한 예비지식을 얻는 일이 꼭 간단하지만은 않다.

그래서 이 책은 편안히 앉아 손 쉽게 읽으면서 일본의 작은 소도시까지 시야를 넓힐 수 있도록 하자는 기획에서 비롯되었다. 이 책이 도시가 들려주는 일본의 역사에 가까워지는 데 도움이 될 수 있다면 그보다 큰 기쁨도 없을 것이다.

긴다 아키히로金田章裕

CONTENTS

일본 30개 도시의 지도

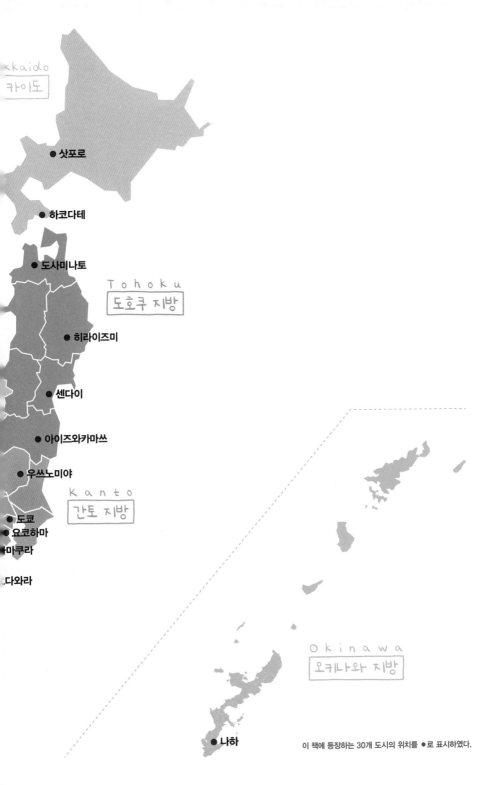

이 책에 등장하는 30개 도시의 위치를 ●로 표시하였다.

제 1 부

Hokkaido
홋카이도

● 삿포로

● 하코다테

01

선주민의 땅에서 피어난
일본 개척사의 상징

삿포로

札幌

● 해당 지역 **홋카이도**
○ 도시 인구 **약 197만 명(2020년 기준)**

일찍이 에조치라고 불렸던 홋카이도. 도청이 자리한 삿포로는 메이지 시대가 되어 간신히 개척된 땅이다. 메이지 신정부는 홋카이도 개척의 중심지로서 삿포로에 홋카이도 개척사를 설치한다. 벌판에 지은 개척사 청사를 중심으로 관공서, 상점, 민가 등이 교토를 본떠 바둑판 모양으로 배치되었다. 이렇게 해서 고작 150년 만에 일본의 유력 도시가 된 삿포로는 어떤 인물과 얽혀 있고 어떻게 발전해 왔을까?

인구 7명에서 190만 명의 대도시로

도청 소재지인 삿포로는 지금은 인구 190만이 넘어 일본에서도 손꼽히는 대도시지만, 홋카이도가 에조치라고 불렸던 1868년에는 허허벌판이었다. 거주민도 아이누 사람들을 제외하면 본토에 뿌리를 둔 일본인은 두 가족, 총 일곱 명뿐이었다.

삿포로의 본격적인 개척은 1869년 에조치가 홋카이도로 개칭되고 성省과 동격인 관청으로서의 개척사가 설치되면서 시작되었다. 신정부가 이곳을 홋카이도라는 이름으로 일본 영토에 정식으로 편입하며 개척을 서둘렀던 것은, 메이지유신으로 일자리를 잃은 무사들을 이주시키고 러시아의 남하를 경계하는 동시에 근대화에 빼놓을 수 없는 석탄과 목재, 유황 등의 천연자원을 개발하기 위함이었다.

○ **홋카이도의 선주민인 아이누족의 모습**
환오호츠크 해역(시베리아, 캄차카반도, 쿠릴열도, 홋카이도, 사할린섬으로 둘러싸인 지역) 전반을
활동 무대로 삼았던 종족이었으나, 일본과 러시아 간의 근대적 국경 획정에 따라 분단되었다. 일본
인이 된 아이누족은 동화정책 등으로 인해 인종적 특성과 고유의 문화를 잃어 갔다.

홋카이도라는 이름은 북방 탐험가인 마쓰우라 다케시로가 내놓은
몇 가지 안 중에서 아이누가 이 땅을 '카이'라고 불렀다는 데서 유래
한 '홋카이도北加伊道'에서 비롯된 것이다. 이후 도카이도東海道 등 기
존에 있는 지명을 참고하여 표기를 바꾸었다는 설이 유력하다.

삿포로의 지명도 아이누어에서 유래한다. '삿'은 메마른 것, '포로'
는 큰 것, '펫'은 강이라는 의미로 '메마른 큰 강'을 뜻하는 '삿포로
펫'이 어원이라고 하는데, 삿포로 시내를 흐르는 이시카리강의 지류
인 도요히라강을 가리킨다.

삿포로가 홋카이도 개척의 중심지로 뽑힌 이유에는 몇 가지가 있

다. 다케시로가 이시카리평야에 있는 삿포로에 부府의 설치를 추진했다는 점, 그때까지 에조치 통치의 거점이었던 하코다테는 앞으로 본격적으로 개척될 홋카이도 북부와 멀다는 점, 도요히라강이 낳은 평탄하고 넓은 부채꼴 모양의 땅이 도시를 건설하는 데 안성맞춤이었다는 점 등을 꼽을 수 있다.

외국인을 초빙하여 고도의 기술력을 도입하다

홋카이도 개척에 빼놓을 수 없는 것이 외국인의 존재이다.

이를테면 효율적인 농업이나 축산업 등을 뿌리내리고자 선진 기술을 도입하기 위해 당시 미국의 농무장관이었던 호레이스 케프론을 개척사 고문으로 맞이했다. 미국 농학자 클라크가 삿포로 농학교의 교감으로 초빙되어 일본을 찾아온 것도 케프론이 빈틈없이 손을 썼기 때문이다. 초빙된 외국인들에 의해 신기술과 생활양식이 도입되고, 삿포로 농학교 연무장(통칭 삿포로시 시계탑) 같은 미국식 목조 건축물도 다수 만들어졌다.

오늘날 개척사의 상징이자 '붉은 벽돌 청사'라는 별명으로 친숙한 홋카이도청의 옛 본청도 1888년에 서구의 영향을 강하게 받은 미국풍 네오바로크 건축 양식으로 지어졌다. 그 이전에는 1873년에 완성된 한결 작은 목조 2층 건물에 개척사 청사가 있었다. 완성되고 나서 고작 6년 만에 불에 타 사라졌기에 새 청사가 붉은 벽돌로 지어졌다.

○ **홋카이도 옛 본청의 모습**
홋카이도 개척사의 상징이자 '붉은 벽돌 청사'라는 별명으로 친숙하다.

붉은 벽돌 청사를 유심히 관찰하면 안팎 곳곳에 붉은 별 모양이 눈에 띈다. 이것은 '북진北辰'이라 하여 북극성을 나타내는 개척의 상징으로, 홋카이도의 개척과 관련 있는 장소에 가면 많이 볼 수 있다.

교토를 본뜬 바둑판 모양의 계획도시

개척사 초대 장관에는 사가번의 번주였던 나베시마 나오마사가 취임한다. 나베시마는 보신戊辰 전쟁(1868년부터 1869년까지 일본에서 왕정복고로 수립된 메이지 정부와 옛 막부 세력이 벌인 내전-옮긴이)에서 받은 포상의 일부를 개척 비용으로 돌리고, 사가번 사람들을 개척에 투입했다. 그리고 번사(번에 소속된 무사-옮긴이) 시마 요시타케를 개척사 판관에 임명했다. 시마는 '홋카이도 개척의 아버지'로 불리는 인물이다. 그는 삿포로를 개척의 중심지로 정하고, 교토를 참고하여 삿포로의 시가지 구획을 바둑판 모양으로 계획했다.

그러나 시마는 2대 장관인 히가시쿠제 미치토미와 뜻이 맞지 않아 예산 초과를 이유로 반년 남짓 지나 해임된다. 시마의 구상을 이어받은 것이 마찬가지로 도사번 출신으로 개척사 판관 자리에 있던 이와무라 미치토시이다. 이와무라는 바둑판 모양으로 시가지 구획을 정비하고, 붉은 벽돌 청사의 북쪽에 개척사 청사를 건설했다.

바둑판 모양으로 구획을 정리함으로써 삿포로 시가의 주소 표기는 합리적으로 바뀌었다. 동서로 뻗는 큰길을 남북의 기준으로 삼고 그보다 북쪽

○ 삿포로 개척의 아버지라 불리는
   시마 요시타케의 초상

을 '기타北○조条', 남쪽을 '미나미南○
조'라고 표기한다. 동서의 기준은 막
부 말기에 뚫은 오토모 수로를 전신으
로 하는, 메이지 초기에 삿포로의 물
류를 떠받친 인공 하천 소세이강이다.
이 강보다 동쪽을 '히가시東○초메丁
目', 서쪽을 '니시西○초메'라고 표기하
는데, 이 주소는 각 교차점의 신호등 옆

○ **삿포로 시내에 위치한 신호등**

에 '미나미 2, 니시 4'라는 식으로 표시한다.

　관공서 거리의 남쪽에는 환락가 '스스키노薄野'가 만들어졌다. 당
시 삿포로의 개척은 매우 빠른 속도로 진행되었는데, 겨울 추위에 견
디다 못한 목수 등 장인들이 종종 도망을 쳤다. 그래서 이와무라는
장인을 붙잡아 두기 위해 유곽 거리를 지었다. 이것이 오늘날 스스키
노의 원형이 되었다. 즉 스스키노가 삿포로 발전의 원동력인 셈이다.

　그런가 하면 석재를 삿포로 시가로 운반하기 위해 활용된 것이 현
재의 이시야마 거리이다.

　1870년에는 훗날 제2대 내각 총리 대신이 되는 구로다 기요타카
가 개척사 차관으로 부임하여, 1874년에 3대 개척사 장관이 되었다.
구로다는 '개척사 10년 계획'을 실시한다. 그 일환으로 소세이강의
동쪽 기슭에 있는 관용지에 삿포로 제작장을 짓고 기계 제재, 단조,
주조, 목공 등 각종 설비를 정비했다.

　삿포로 제작장에 인접하여 홋카이도에서 수확된 채소와 보리 등

● **삿포로의 지형** 삿포로 중심부는 주로 도요히라강의 선상지 위에 자리하고 있다.

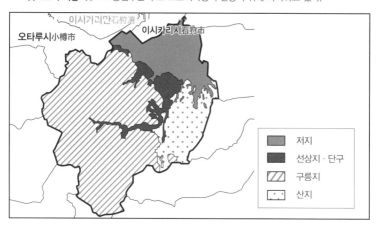

	저지
	선상지·단구
	구릉지
	산지

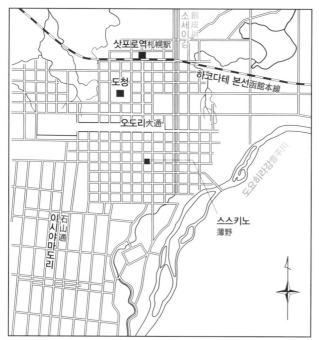

● **메이지 중기 삿포로 시가** 삿포로 중심가와 이시야마도리를 축으로 하는 지역
은 각자 따로 지어졌기 때문에 도로의 형태가 다르다.

작물을 가공하여 맥주, 간장, 된장, 정
유, 직물 등을 만드는 40여 개의 관영
공장이 세워져 일대는 대규모 공업단
지가 되었다. 오늘날 삿포로 맥주는 이
때 설치된 개척사 맥주 양조사가 모태
이다.

○ **통감 재직 시절의 이토 히로부미**
한일병탄의 원흉이기도 하다.

교통 면에서는 하코다테와 삿포로
를 잇는 삿포로 본도, 삿포로와 오타루
사이를 잇는 시리베시도 등의 주요 도
로가 1880년 연말에는 데미야(현재의
오타루시)와 삿포로를 잇는 호로나이 철도가 부분적으로 개통된다.

그러나 1881년, 구로다는 개척사 10년 계획의 만료와 더불어 개
척사 사업의 지속을 바라며 관영 공장을 민간 기업에 헐값에 팔아넘
기려 했지만, 여론의 호된 반발에 부닥쳐 매각이 중지되는 사건이 일
어난다.

이 사건을 발단으로 이른바 메이지明治 14년(1881)의 정변이 발생
하여 관영 공장의 민간 매각에 반대했던 오쿠마 시게노부가 정적인
이토 히로부미에 의해 국회에서 추방된다. 그리고 사건에 휘말린 개
척사는 이듬해 폐지되고 홋카이도는 삿포로현, 하코다테현, 네무로
현으로 분할되었다.

발전을 가속시킨 아시아 첫 동계올림픽

세 현으로 나뉘었던 홋카이도는 1886년에 홋카이도청이 설치되면서 통합되고, 초대 홋카이도 장관에는 이와무라가 취임했다.

홋카이도 이주는 제1차 세계대전에 따른 호황에 힘입어 전성기를 맞이한다. 1918년에는 개척 50주년을 기념하는 홋카이도 박람회가 나카지마 공원과 삿포로 역전 거리에서 열렸다. 이 박람회를 계기로 홋카이도 바깥의 기업과 은행의 지점이 삿포로를 비롯한 도내의 도시로 진출한다. 1922년에는 홋카이도에 시제市制(시의 기본 구조를 정한 법률-옮긴이)가 실시되어 삿포로는 하코다테와 함께 시가 되었다. 1940년에는 인구가 20만 명을 넘으면서 하코다테를 앞질렀고 이후 줄곧 인구수에서 도내 1위를 지키고 있다.

제2차 세계대전 후의 혼란기를 거쳐 1972년에는 아시아 최초 동계올림픽이 삿포로에서 열렸다. 올림픽의 개최로 삿포로 시영 지하철과 지하도 등이 정비되면서 현재 삿포로시의 모습을 갖추게 되었다.

○ 1972년 삿포로 동계올림픽 기념 주화

02

화려한 야경을 품은
홋카이도의 현관

하코다테

函館

● 해당 지역 **홋카이도**
○ 도시 인구 **약 25만 명(2020년 기준)**

하코다테는 많은 아이누인과 야마토인(일본의 주류 민족인 야마토 민족 – 옮긴이)이 모여 살던 땅으로, 홋카이도와 혼슈의 접점으로서 도내 여러 도시 중 가장 빠르게 번영했으며 막부 말기에는 개항과 보신 전쟁을 거치며 역사적 유산이 만들어졌다.

현대에도 전국 규모의 인기 관광지와 화려한 야경 덕분에 '매력적인 도시' 순위에서 늘 상위를 차지하는 도시이다. 과거부터 현재까지 사람들을 끌어당기는 이 도시의 역사를 살펴보자.

섬이 육지가 되어 탄생한 일본의 3대 야경

홋카이도의 오시마반도 남단에 자리한 하코다테. 쓰가루 해협을 끼고 마주 보고 있는 혼슈와 가까워 홋카이도의 현관으로서 항구를 중심으로 번영해 왔다.

하코다테시의 시민 휘장을 보면 소용돌이 모양을 하고 있다. 쓰가루 해협으로 돌출된 곶의 모퉁이에 안긴 듯 자리하여 바닷물이 만 안 깊숙이 들어와 소용돌이 모양을 하고 있는 하코다테 항구를 모티브로 삼았기 때문이다. 그래서 하코다테항은 '소용돌이 항구'라는 별명으로도 불렀다.

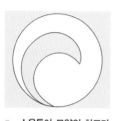

○ **소용돌이 모양의 하코다테 시민 휘장**

○ **하코다테산에서 바라본 야경**

곳 부분에는 해발 334미터의 하코다테산이 하코다테의 상징물 중 하나로 우뚝 솟아 있다. 산기슭에서 하코다테 항구에 걸쳐 구시가지가 펼쳐지는데, 아카렌가(붉은 벽돌) 창고 거리, 서양식과 일본식이 절충을 이룬 하코다테 특유의 주택이 늘어선 운치 있는 지역이다.

사실 옛날 하코다테는 섬이었다. 그런데 해류로 옮겨진 토사가 섬과 육지 사이에 쌓이고 쌓여 결국 육지와 이어졌다. 이러한 지형을 육계사주陸繫沙州라고 하며, 고저의 차가 없는 이런 사주에 사람이 모여서 구시가지가 형성되었다. 일본 3대 야경의 하나로 꼽히는 하코다테산에서 바라보는 풍경은 이 특징적인 지형 덕분에 만들어진

- **현재 하코다테시의 지형** 파도가 잔잔한 천혜의 항구 하코다테항에는 예부터 많은 선박이 드나들었다.

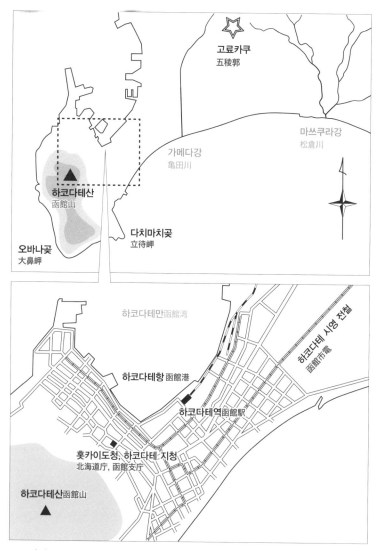

- **다이쇼 초기의 하코다테 시가** 구시가지는 부교쇼(에도 시대 관청)와 지청이 설치되는 등 하코다테의 정치 중심지이기도 했다.

것이다.

하코다테만에 면한 가네모리 아카렌가 창고 거리는 하코다테산으로 쭉 뻗은 하치만자카를 비롯한 언덕이 있어, 많은 관광객이 바다를 바라보기 위해 방문한다.

근대적인 빌딩군이 늘어선 번화가(고료카쿠 방면)와 구시가지는 1913년에 영업을 시작한 하코다테 시영 전철의 노면 전차로 이어진다. 현재 시영 전철은 총 길이 10.9킬로미터로, 하루 평균 1만 4,300명의 다리가 되어주고 있다.

야마토 민족의 지배를 결정지은 아이누의 봉기

메이지 시대 이전의 하코다테는 '箱館'로 표기되었다. 쓰가루의 호족인 고노 마사미치가 우스케시(현재 하코다테만 일대)에 상자(箱, 하코) 모양의 성채(館, 다테)를 지은 데서 유래했다는 설, 작은 성채를 의미하는 아이누어 '하쿠차시'에서 유래했다는 설 등이 있다. 다만 중세 아이누의 성채 터가 시내 여섯 곳에서 발견되면서 아이누가 야마토인보다 먼저 살고 있었다는 사실이 밝혀졌다.

홋카이도를 다룬 가장 오래된 기록인 마쓰마에번의『신라지기록新羅之記録』['신라지기록'이라는 명칭은 마쓰마에 가문이 스스로를 헤이안 시대의 무장인 신라 사부로(新羅三郎), 즉 미나모토노 요시미쓰의 후손이라고 자칭한 데에서 비롯되었다-옮긴이]에는 1457년 야마토인과 아이누 사이에 '코샤마인 전투'가 있었다고 기록되어 있다. 이 전투는 하코다테를 비롯해 홋카이노 남부 해안으로 진출하려 했던 야마토인의 요새 열두 곳을 촌락의 우두머리 코샤마인을 필두로 한 아이누가 습격하면서 시작되었다. 하코다테를 포함하는 열 곳의 요새가 함락되었지만, 훗날 마쓰마에 번주의 시조가 되는 다케다 노부히로가 코샤마인을 사살하고 아이누를 진압했다. 1512년에는 우스케시에 있던 야마토인의 거점이 다시 아이누의 공격을 받았지만 진압되었다.

에도 시대에 접어들어 하코다테는 마쓰마에번의 지배를 받게 된다. 에조치에서는 쌀을 수확할 수 없었기 때문에 그 대신 마쓰마에번은 아이누와의 교역 독점권을 얻는다. 18세기에는 교역을 상인에게

○ **메이지 시대 말기의 기타마에부네**

맡기고, 번은 상인에게 세금을 거두어 수입을 얻었다. 어업이 발전하고 교역량이 늘자 마쓰마에번은 마쓰마에 외에도 에사시와 하코다테를 교역항으로 지정하고, 이 세 항구를 제외한 곳에서의 교역을 금지했다. 기타마에부네北前船(에도 시대부터 메이지 시대에 걸쳐 오사카와 홋카이도를 연결하는 일본의 서쪽 항로를 오가던 해상 운송선-옮긴이)가 입항해 쌀과 소금 등 혼슈의 물품을 사고 다시마 등 에조치의 해산물을 팔게 되자 하코다테는 서서히 발전해 간다.

1793년, 그런 하코다테에 통상을 요구하며 러시아 군인 락스만이 이끄는 배가 내항한다. 이것이 하코다테에 입항한 최초의 외국 배다. 이후 근해에 외국 배가 출몰하게 되자 에도 막부는 러시아의 남하를 경계한다. 북방 경호에 힘을 기울이게 되면서 하코다테를 포함하여 에조치의 대부분을 마쓰마에번에서 거두어들여 1802년에 직할지로 편입하는 한편, 에도 막부는 지금 모토마치 공원이 있는 자리에 북방 방비의 거점으로 하코다테 부교奉行所(에도 시대에 관리인 부교가 책임자로서 직무를 보는 관청-옮긴이)를 설치한다.

최초이자 최대의 서양식 성곽 고료카쿠

하코다테의 역사를 이야기하는 데 빼놓을 수 없는 인물이 있다. 에도 후기의 상인 다카다야 가헤에이다. 가헤에는 하코다테를 거점으로 거액의 부를 쌓았으며 동시에 바다를 메워 하코다테항에 조선소

○ **다카다야 가헤에의 초상**

를 열었다. 당시 하코다테산에 나무를 심고 도로를 고치는 일에도 힘을 기울였다.

1811년에 러시아 해군 함장 골로브닌이 마쓰마에번에 억류되는 '골로브닌 사건'이 일어났을 때는 골로브닌의 소식을 알아내려다 러시아 측에 붙잡혔다. 그 후 캄차카에 억류된 가헤에는 러시아와 막부 사이의 조정역이 되어 사건 해결을 이끌었다.

내항한 외국 배는 러시아뿐만 아니었다. 1854년 미일 화친 조약이 체결되면서 개항하기로 한 하코다테를 미국 해군 제독 페리가 답사를 위해 방문한다. 하코다테가 개항지로 선정된 것은 포경선의 식

○ **일본 최초의 서양식 성곽인 별 모양의 고료카쿠**

료품과 연료 보급 기지로서 적합했기 때문이다. 하코다테의 개항으로 폐지되었던 부교쇼가 재설치된다. 하코다테 부교쇼는 해안의 방비, 외국과의 교섭, 에조치의 통치를 담당했다.

한편으로 방비의 허점을 메우기 위해 일본 최초의 서양식 성곽 '고료카쿠'가 지어진다. 독특한 별 모양의 구조는 그 끄트머리에 포대를 배치하여 방어할 때 사각지대를 없앨 수 있도록 설계한 결과다. 1864년에는 하코다테 부교쇼의 기능이 고료카쿠로 옮겨지면서, 하코다테는 에조치의 정치와 외교의 중심지가 되었다.

보신 전쟁, 최후의 무대로

1867년 대정봉환大政奉還(에도 막부가 국가 통치권을 천황에게 돌려준 사건-옮긴이)으로 갑작스럽게 에도 막부에 종지부가 찍힌다. 이어서 곧 사쓰마번과 조슈번을 중심으로 하는 신정부군과 구막부군 사이에 보신 전쟁이 발발한다. 1868년 에도성이 열리면서 자리를 잃은 해군 제독 에노모토 다케아키가 이끄는 구막부군 함대는 도호쿠에서 패주한 히지카타 도시조 등과 합류하여 에조치에 상륙한다.

에노모토를 비롯한 막부의 잔존 세력은 신정부 아래에서 도쿠가와 가문이 에조치를 개척하고 러시아로부터 북방을 방어한다는 구상을 했다.

1868년 10월. 에노모토의 군대는 고료카쿠를 점령한다. 12월에

○ **오호츠크해 해안의 모습**

에조치를 평정하자 선거로 에노모토를 총재로 하는 에조 공화국 정권을 수립하고 신정부에 개척 허가를 요구한다. 그러나 허가가 내려질 리 없고 신정부는 에조치에 군대를 파견한다.

1869년 3월, 에조치에 상륙한 구로타 기요타카의 신정부군은 세 부대로 나뉘어 하코다테를 향해 진군을 시작한다. 이것이 하코다테 전쟁이다. 맞서 싸운 히지카타의 분전이 헛될 만큼 물량에서 압도하는 신정부군의 공격으로 인해 에조 공화국군은 고료카쿠로 후퇴할 수밖에 없었다. 같은 해 5월 11일 신정부군은 하코다테와 고료카쿠를 포위하고 총공격을 개시한다. 하코다테산의 뒤쪽에서 감행된 기

습 공격으로 하코다테는 점령되고, 탈환에 나선 히지카타는 총탄을
맞고 전사한다.

이어서 벤텐 포대와 지요가오카 본진이 함락되자 에노모토는 17
일, 신정부군에 항복하고 고료카쿠를 내준다. 여기서 하코다테 전쟁,
그리고 보신 전쟁이 종결되었다. 그 후 정부에 의해 하코다테의 표기
가 '箱館'에서 '函館'로 통일된다.

그리고 홋카이도 개척의 본거지는 삿포로로 옮겨진다. 그렇다고
해도 메이지 시대 말기부터 쇼와 시대(1926~1989년) 초기에 걸쳐 하
코다테는 동해, 오호츠크해, 베링해의 어업권을 획득해 북양 어업의

거점으로 발전한다. 그 도정에서 하코다테는 1934년 하코다테 대화재를 비롯한 화재에 몇 번씩 휩쓸리면서도 이국 정서를 유지하며 힘차게 부흥해 왔다. 그런 하코다테를 찾아 2016년에 개통된 홋카이도 신칸센을 타고 수도권 등지에서 많은 사람이 오고 있다.

제 2 부

Tohoku
도호쿠 지방

도사미나토

히라이즈미

센다이

아이즈와카마쓰

03

안도 가문의 치하에서
번영한 중세의 교역 도시

도사미나토
十三湊

● 해당 지역 **아오모리현**

○ 도시 인구 **약 6만 명(2020년 기준)**

혼슈 북단의 쓰가루반도 북서부, 아오모리현 고쇼가와라시의 서해안 쪽에는 가마쿠라鎌倉 시대 (1185~1333년)부터 무로마치室町 시대(1336~1573년) 중반에 걸쳐 일본에서도 손꼽히는 거대한 무역항이 존재했다.

또, 오슈(도호쿠 지방의 옛 이름 – 옮긴이) 후지와라 가문과 안도 가문이 건설한 항구도시가 에조치(홋카이도)와 해외의 교역 거점으로서 번영했다는 사실이 최근 조사로 밝혀졌다.

이토록 번영했던 해운 도시는 과연 어떻게 태어났으며, 어떻게 역사의 무대에서 사라져 갔을까?

다자이 오사무가 평한 잔잔한 호수, 주산호

'얇은 진주조개에 물을 담은 듯한 기품은 있으나 덧없는 느낌의 호수'—다자이 오사무가 자전적 소설 『쓰가루津軽』에서 주산호十三湖를 평한 말이다. 주산호는 동해에 인접한, 민물과 바닷물이 섞인 기수로 이루어진 호수이다. 그 특성으로 인해 기수 재첩이 특산품인데, 최근에는 채취량이 풍부한 재첩을 이용한 재첩 라멘이 명물 요리로 유명하다.

주산호는 최대 수심이 1.5미터로 얕고, 둘레는 약 30킬로미터에 이른다. 아오모리 현내에서는 오가와라호, 도와다호에 이어 세 번째

○ 『인간실격』으로 유명한 대문호 다자이 오사무의 모습

○ 민물과 바닷물이 섞인 주산호의 모습

로 크다. 주산호라는 이름의 유래에는 몇 가지 설이 있는데, 가장 유력한 설은 이와키강을 비롯한 13개 하천이 호수로 흘러들어 갔기 때문이라는 설이다. 동해 사이에 있는 사주에 13개의 집락이 있었기 때문이라는 설도 있다.

현재의 주산호는 남쪽에 항공 자위대의 기지가 있기는 하지만, 논과 녹지, 캠프장으로 둘러싸인 고요한 호수이다. 일찍이 다자이가 본 풍경을 지금도 볼 수 있다.

그러나 현재의 풍경으로는 상상할 수 없는, 일본에서 손꼽히는 국제 무역항이 13세기부터 15세기 전반에 걸쳐 이 땅에 존재했다.

호수와 동해 사이의 사주에 생긴 항구 마을

2만 년 전부터 1만 년 전에 걸친 구석기시대에 이미 주산호 주변에는 사람이 살았으며, 그 사실을 말해 주는 몇 가지 유적도 발견되었다. 조몬 시대(기원전 1만 년 전부터 기원전 300년까지의 시기로 일본의 후기 구석기시대부터 신석기시대에 해당한다-옮긴이)에의 주산호는 기온도 상승하여 해수면이 높아 지금보다 면적이 넓었을 것으로 추정된다. 온난한 날씨에 지내기 편한 데다 물고기나 조개도 잡을 수 있어 사람이 모여들고 연안에 마을이 만들어졌다. 또 현재의 쓰가루 일대는 홋카이도

○ **산나이마루야마 유적의 복원 모습** ⓒ663highland

남부에서 도호쿠 북부 일대에 걸쳐 형성된 문화권의 중심지였다. 일본의 대표적인 거대 취락인 산나이마루야마 유적(아오모리시)이 생긴 것도 이 무렵이다.

하지만 야요이 시대(기원전 200년부터 기원후 300년까지의 시기-옮긴이) 후기에는 기온의 변화로 온도가 내려가서 주산호 주변의 인구는 감소한다. 아오모리를 중심으로 형성된 문화권도 쇠퇴하고 말았다.

인구가 다시 늘기 시작한 것은 878년, 조정의 압정에 데와국(현재의 아키타현과 야마가타현에 해당하는 지역. 국國(구니)은 옛 행정구역 단위이다-옮긴이)의 에미시(고대 일본의 도호쿠 지방에 살던 이민족을 가리키는 말-옮긴이)가 봉기하여 아키타성을 습격한 간교元慶의 난을 전후한 시기이다. 일설에는 인구가 늘어난 것은 압정에서 벗어난 사람들이 쓰가루 지방에 모였기 때문이라고도 한다.

헤이안(794~1185년) 후기에는 주산호와 동해 사이의 사주에 있던 항구 마을이 에조치와의 교역에 힘입어 발전한다. 이것이 '도사미나토+三湊'라고 불리는 항구이다. 그 명칭이 '주산'이 아니라 '도사'인 것은 아이누어로 '도-사무(호반이라는 의미)'에서 유래했기 때문이라는 설이 유력하다.

당시 도사미나토를 포함한 일대는 에미시의 혈통을 계승한 오슈 후지와라 가문의 영향 아래 있었다. 주산호에는 오슈 후지와라 가문의 3대 당주인 히데히라의 동생 히데히사가 건립한 사찰 단린지와 거처할 성으로 쌓은 후쿠시마성이 있었고, 그 주인인 히데히사는 도사+三 씨를 자칭했다. 그러나 1189년 오슈 후지와라 가문이 미나모토노 요리토모의 군세에 밀려 몰락하면서 도사미나토는 가마쿠라 막부의 지배 하에 들어갔다.

유적 조사로 밝혀진 당시 최대의 국제 무역항

가마쿠라 시대에 오슈 후지와라 가문을 대신해 도사미나토를 다스린 것은 호족인 안도 사다스에였다. 가마쿠라 막부의 2대 싯켄執權(가마쿠라 시대에 막부의 정무를 총괄하던 재상직-옮긴이) 호조 요시토키에 의해 에조를 총괄하는 관직인 '에조 간레이管領'에 임명된 안도의 일족도 오슈 후지와라 일족과 마찬가지로 뿌리는 에미시이다. 전9년 전쟁(11세기 중반 도호쿠 지방에서 조정에서 파견한 지방관과 토착 호족 사이에 벌어진 전쟁-옮긴이)에서 미나모토노 요리요시에 의해 토벌된 아베 가문의 자손이라고 전해진다.

이런 사다스에와 도사 가문이 대립하여 1229년에 하기노다이萩野台 전쟁이 발발한다. 그 결과 도사 가문은 몰락하고, 안도 가문의 도사미나토에 대한 지배권은 반석처럼 탄탄해진다.

새로운 지배자가 된 안도 가문은 에조치와 동해 연안 지역의 북방 무역뿐 아니라 중국 북송 왕조, 사할린 등과도 교역함으로써 도사미나토는 번영을 구가했다. 일설에 따르면 가마쿠라 시대에 인구 10만 명에 이르렀을 것으로 추산된다고 한다. 또 안도 가문은 수군을 설립하여 도사미나토에 내항하는 상선을 왜구 등 해적으로부터 지켰다.

　도사미나토는 무로마치 시대에 최고의 전성기를 맞이한다. 그 무렵에 성립된 일본에서 가장 오래된 해상 법규집 『회선식목廻船式目』에 하카타와 사카이에 견줄 만한 일본 10대 항구, 곧 삼진칠주三津七湊의 하나로 도사미나토의 이름이 올랐을 정도이다.

　14세기 말에는 도시의 규모가 단숨에 확대된다. 1991년부터 국립역사민속박물관과 도야마대학이 공동으로 실시한 도사미나토 유적 현지 조사로 도사미나토의 기본적인 도시 구조가 밝혀졌다. 조사에 따르면 도사미나토는 남북으로 약 1.5킬로미터, 동서로 약 500미터의 넓이로 현대의 주산 촌락과 배후의 밭을 합친 정도였다. 규칙적으로 배치된 도로와 도랑, 선착장 등의 항만 시설 외에도 오늘날 유적의 중심부를 향해 뻗은 토루(흙으로 쌓아 올린 방벽-옮긴이)와 수로의 흔적이 주산초등학교의 교정을 따라 남아 있다.

　이런 토루와 수로는 도시 구역의 남방 한계선을 나타낸다는 연구 결과가 있다. 토루의 북쪽에는 영주와 가신 계급의 가옥 터도 발견되었고, 남쪽에는 서민의 주택이, 주산호 연안을 따라서는 단린지의 절터가 발견되었다.

　승려 고치가 썼다고 알려진 『도사왕래十三往来』에는 "인도의 왕사성, 중국의 장안성, 우리나라 헤이안쿄와 어깨를 나란히 할 만한 대도시가 도사미나토이고, 항구에는 중국의 배가 모여 무리를 지었다"라고 옛 도사미나토의 번화한 모습이 기록되어 있다. 유적 조사는 당시 도사미나토의 규모가 『도사왕래』의 내용에 가깝다는 사실을 뒷받침하고 있다.

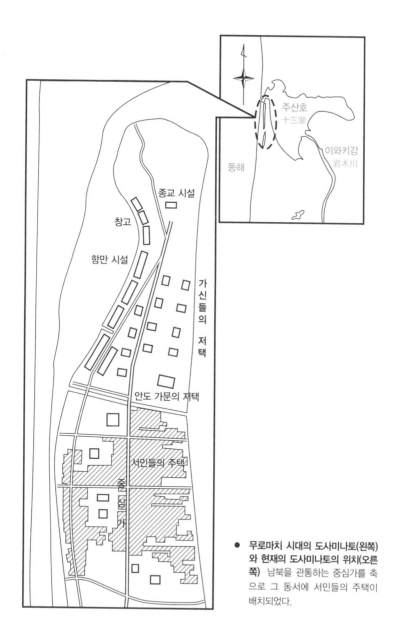

주산호
十三湖

이와키강
岩木川

동해

종교 시설

창고

항만 시설

가신들의 저택

안도 가문의 저택

중심가

서민들의 주택

● **무로마치 시대의 도사미나토(왼쪽)
와 현재의 도사미나토의 위치(오른
쪽)** 남북을 관통하는 중심가를 축
으로 그 동서에 서민들의 주택이
배치되었다.

안도 가문의 패주와 더불어 맞이한 종언

항구와 무역의 규모가 확대되면서 지배자인 안도 가문의 세력도 커졌다. 쓰가루반도는 물론 현재의 오가반도에서 시모키타반도, 에조치 남부까지 세력의 영향권 아래 두었다.

그런 안도 가문의 재력은 조정에도 영향을 미쳤다. 야스스에가 당주였던 1423년, 5대 쇼군 아시카가 요시카즈의 취임에 즈음하여 말 20마리, 새 5,000마리, 해달의 모피 30장 등을 보냈다. 또 칙명으로 야스스에는 와카사국(현재의 후쿠이현 남부에 해당하는 지역-옮긴이)의 사찰 하가지의 재건에도 힘을 썼다. 『하가지연기羽賀寺緣起』에는 '오슈 지방 도사미나토의 히노모토쇼군 아베 야스스에'라고 적혀 있다. '아베'라고 되어 있는 것은 그것이 본래 성이기 때문이다. 야스스에는 자신을 '히노모토쇼군'이라고 칭했는데 당시의 고하나조노 천황도 이러한 호칭을 인정했다.

절정에 다다랐던 안도 가문의 치세 아래 번영했던 도사미나토는 15세기 중반에 이르러 종언을 맞이한다. 하치노헤 방면에서 난부 가문이 침공하자 야스스에는 에조치로 도주하고, 주군을 잃은 채 난부 일족의 손을 타지 않은 도사미나토는 그대로 쇠퇴한다. 북방 무역의 거점은 노헤지미사토(현재의 아오모리현 노헤지마치)와 오하마(현재의 아오모리시 아부라카와)로 옮겨지고, 도사미나토는 토사의 퇴적으로 수심이 얕아져 항구로서의 기능이 저하되었다.

16세기 후반이 되면 쇄국으로 국내 물류가 왕성해지고, 도사미나토는 이와키강을 이용해 쌀과 목재를 운반하는 중계항으로 정비되어 항만 기능을 되찾는다. 그러다 메이지 시대에 접어들면서 목재 운송이 아오모리 철도로 대체되고, 결국 도사미나토는 항구로서의 역할을 마친다.

2005년에는 일대에 있는 옛 건축의 흔적에 중세 항구도시의 특징이 강하게 남아 있다 하여 귀중한 국가 지정 사적으로 인정받았다.

04

도호쿠를 석권한
오슈 후지와라 가문의 이상향

히라이즈미

平泉

- 해당 지역 **이와테현**
- 도시 인구 **약 7,146명(2020년 기준)**

헤이안 말기, 히라이즈미(현재 이와테현 니시이와이군 히라이즈미초)에 당시 일본에서도 손꼽히는 규모를 자랑하는 도시가 형성되었다.

교역과 금 채굴로 얻은 막대한 재원을 바탕으로 오슈 후지와라 가문이 3대에 걸쳐 건설한 히라이즈미에는 주손지, 모쓰지 등의 사찰로 대표되는 고도의 종교 문화가 꽃을 피웠다.

오슈 후지와라 가문은 왜 히라이즈미 땅을 거점으로 삼았는지, 어떤 도시를 건설하고자 했는지 살펴보자.

후지와라를 자칭하며 히라이즈미를 거점으로 삼다

오슈 후지와라 가문이 본거지로 삼기 전 히라이즈미는 조정의 권력이 미치지 않는, 에미시가 지배하는 땅이었다. 히라이즈미의 북쪽을 흐르는 고로모가와강은 야마토 민족의 세계와 이민족 에미시의 세계를 가르는 경계였다. 강 건너편에는 현재의 이와테현 일대를 지배했던 아베 가문이 건설한 '고로모가와 관문'이 있었다.

헤이안 시대에는 에미시의 반란이 반복적으로 일어났다. 1051년, 후슈(조정에 귀속된 에미시)의 우두머리였던 아베 가문이 반란을 일으킨다. 조정은 미나모토 가문의 수장인 미나모토노 요리요시와 요시이에 부자를 파견한다. 부자는 데와국(현재의 아키타현과 야마가타현)의 호족 기요하라 가문의 힘을 빌려 반란을 진압하는데, 이것이 전9년 전쟁이다(1051~1062년 본래는 실제 전투가 벌어진 기간을 반영한 '오슈 12년 전쟁'으로 불렸지만, 13세기 이후 '전9년 전쟁'이라는 명칭이 굳어졌다.).

이때 아베 가문의 일족인 무쓰국 와타리군(현재의 미야기현 와타리군)의 호족 후지와라노 쓰네키요가 요리요시에게 참수되었다. 그 후 쓰네키요의 아내는 기요하라 가문에 시집을 간다. 그때 데려간 아이는 기요하라로 성을 바꾸어 기요하라노 기요히라라는 이름을 쓰게 되었다.

11년 후, 이번에는 기요하라 가문에 상속 때문에 내분이 일어난다. 여기에 요시이에가 개입하여 기요히라를 도와 승리를 거둔다(후3년 전쟁). 이 승리로 기요히라는 아베 가문이 지배하던 고로모가와강 북쪽의 무쓰 6군을 차지하고, 후지와라노 기요히라라는 이름으로 오슈 후지와라 가문의 시조가 되었다.

기요히라는 본거지를 에사시(현재의 이와테현 오슈시)에서 히라이즈미로 옮긴다. 히라이즈미는 기타카미강과 그 지류인 고로모가와강, 오타강 등이 흐르고 간선도로인 '오쿠 대로'가 지나는 수륙 교통의 요충지였기 때문이다. 덧붙여 기타카미강의 동쪽 연안 일대가 대규모 곡창지대였으며, '히라이즈미'라는 이름의 유래가 '평지에 있는 샘'이라는 설이 있을 만큼 물이 풍부한 땅이었다는 것도 이유 중 하나일 것이다.

또 기타카미강은 하류에 있는 이치노세키에서 협곡으로 들어가기 때문에 상류에서는 종종 범람했다. 그러나 히라이즈미는 서쪽으로 긴케이산, 주손지 등으로 이어지는 주위보다 높은 평지 위에 있어 홍수 피해를 거의 입지 않았고 지형적으로도 안성맞춤이었다.

그 밖에도 기요히라의 통치 범위가 남으로는 현재의 후쿠시마현 시라카와시 부근에서 시작되어 북으로는 아오모리현 아오모리시 부근이고, 히라이즈미의 위도는 딱 그 중간에 해당하니 위치 관계를 고려한 것인지도 모른다.

본거지를 히라이즈미로 옮긴 기요히라는 전투에서 사망한 이들을 공양하기 위해 1105년에 주손지를 건립한다. 이 주손지에서 오슈 후지와라 가문의 3대에 걸친 히라이즈미의 발전이 시작된다.

오슈 후지와라 가문의 번영을 가져온 금

천태종의 도호쿠 본산인 주손지는 자각慈覺대사 엔닌이 850년에 처음 세웠다고 전한다. 하지만 실제로는 기요히라가 지은 시점에 창건되었다고 보아도 될 것이다. 오래지 않아 도호쿠 불교의 거점이 된 주손지에는 탑이 40여 개, 선방이 약 400개가 있었다고 한다. 지금까지 남아 있는 가람 가운데 특히 곤지키도金色堂가 유명하다.

기요히라가 주손지를 지을 수 있었던 것은 영내에서 금이 풍부하게 나왔기 때문이다. 와시노스, 우네쿠라의 광산(두 곳 다 현재의 이와테현 니시와가초) 등에서 채굴된 금은 현재의 아키타현 요코테시에서 이와테현 기타카미시까지 뻗은 '기요히라 가도'를 따라 히라이즈미로 옮겨져 오슈 후지와라 가문의 재원이 되었다. 베네치아의 상인 마르

○ **주손지의 곤지키도**

코 폴로는 저서 『동방견문록』에 일본의 궁전과 민가는 금으로 만들어졌다고 기록했는데, 이는 곤지키도의 이야기를 들었기 때문에 그렇게 적었다고 추정하는 설도 있다.

기요히라가 죽고 그 뒤를 이은 2대 당주 모토히라는 도시의 서쪽에 또 다른 사찰 모쓰지를 짓는다. 이 모쓰지에는 일본에서 가장 오래된 정원 관련 서적인 『작정기作庭記』에 적힌 기법을 많이 사용해 극락정토를 표현한 정원이 있다. 법당과 탑을 갖춘 사찰이 40개, 승방이 500개를 헤아리는 등 많은 가람이 만들어져 한때는 주손지의 세력을 능가했다고 한다. 모토히라는 시가지 구획을 정비하여 모쓰지 앞의 대로에 높은 건물이 늘어선 거리를 만드는 등 히라이즈미를

○ 극락정토를 표현한 모쓰지의 정원

크게 발전시켰다. 12세기 전반 히라이즈미의 시가지는 모쓰지 주변
이 처음으로 개발되어 중심지가 되었을 것으로 추정된다.

1157년에 모토히라가 죽고 히데히라가 3대 당주가 된다. 히데
히라는 모쓰지를 완성하고, 우지의 보도인平等院에 있는 호오도鳳凰
堂를 본따 무료코인無量光院을 건립한다. 이 건물의 양쪽에 있는 익
랑(문의 좌우로 잇대서 만든 행랑-옮긴이)은 호오도의 것보다 컸다고 전
한다.

고로모가와강衣川

기타카미강
北上川

주손지中尊寺

긴케이산金鶏山

히라이즈미노타치
平泉館

무료코인無量光院

간지자이오인
観自在王院

모쓰지
毛越寺

갸라노고쇼
伽羅御所

구라마치
倉町

오타강
太田川

● 오슈 후지와라 가문 치세
하에 있던 히라이즈미
긴케이산에서 남쪽으로
뻗은 자오선을 기준으로
모쓰지가, 긴케이산을 배
경으로 하는 위치에 무료
코인이 만들어졌다.

야마토인과 에미시의 세계를 이은 무역

히라이즈미에서 종교의 중심은 주손지와 모쓰지였지만 정치의 중심
은 기타카미강 가까이에 위치한, 현재의 야나기노고쇼의 유적에 일
찍이 존재했던 '히라이즈미노타치平泉館'였다. 1988년부터 6년에 걸
쳐 조사한 결과 히라이즈미노타치는 오슈 후지와라 가문의 거처가
아니라 정청, 혹은 관공서처럼 권력의 중추 기능이 집중된 정치적 건

조물이었음이 밝혀졌으며 출토품으로 보아 히데히라의 대에 지어졌을 가능성이 높다고 한다.

히라이즈미노타치의 남쪽에 인접하여 무료코인의 동문과 마주하듯 자리했던 것이 히데히라의 거처인 '갸라노고쇼伽羅御所'이다. 히데히라가 히라이즈미노타치에 거주하지 않고 갸라노고쇼를 지은 것은 무료코인이 일상적으로 참배하는 불당으로서의 역할을 담당하고 있었기 때문이라는 설이 있다.

히데히라의 시대, 히라이즈미는 최전성기를 맞이한다. 야마토인의 세계와 에미시의 세계를 가르는 경계에 위치한 도시라는 이점을 살려 무역이 활발했던 것도 이유가 될 것이다. 곤지키도는 실크로드를 통해 가져온 야광패夜光貝와 상아로 장식되었다. 또 에조치 이북

○ 히데히라의 거처였던 갸라노고쇼

에서만 채취할 수 있는 바다표범의 가죽과 독수리의 깃털도 교역품
으로 거래되었다. 히라이즈미는 멀리 대륙과 사할린과도 교역하여
특산품이 유입되는 창구가 되었다.

오슈 후지와라 가문의 멸망과 더불어 쇠퇴하다

1187년 형인 미나모토노 요리토모에게 쫓긴 요시쓰네가 히데히라에
게 의지하여 히라이즈미로 달아난다. 하지만 같은 해 히데히라는 병
사하고 만다. 그리고 2년 후, 히데히라의 뒤를 이었던 야스히라는 요
시쓰네를 토벌하라는 요리토모의 요구에 굴복하여 고로모가와의 저
택에 머물고 있던 요시쓰네를 공격한다(고로모가와 전투). 무사시보 벤
케이를 비롯한 가신들이 적과 맞서 싸우다 전사했고 요시쓰네는 자
결한다. 훗날 에도 시대에 4대 센다이 번주인 다테 쓰나무라가 요시
쓰네를 추모하며 기타카미강이 바라보이는 높은 지대에 기케이도義
経堂를 건립했다.

　고로모가와 전투로 오슈 후지와라의 명운도 정해진다. 요리토모
는 야스히라가 멋대로 요시쓰네를 습격한 것이 죄라며 몸소 대군을
이끌고 히라이즈미로 쳐들어왔다(오슈 전투). 야스히라는 간토의 수많
은 전쟁터에서 잔뼈가 굵은 무사들을 이길 수 없어 히나이군 니에노
사쿠(현재의 아키타현 오다테시)까지 도망쳤지만 부하에게 살해당하고,
오슈 후지와라 가문은 4대를 마지막으로 멸망한다. 이것으로 헤이시

平氏와 겐지源氏의 다툼에서 시작된 지쇼治承·주에이寿永의 난(겐페이 합전)은 종언을 맞이한다.

야스히라의 머리는 여덟 치 쇠못에 뚫려 기둥에 걸렸다가 곤지키 도에 매장되었다. 곤지키도는 오슈 후지와라 가문의 묘당이기도 한데, 기요히라와 모토히라와 히데히라의 유해, 그리고 야스히라의 머리는 금색의 관에 넣어져 지금도 불단 아래에 잠들어 있다.

오슈 후지와라 가문을 대신하여 가사이 기요시게가 오슈 소부교로 임명되어 오슈의 고케닌御家人(쇼군과 주종 관계를 맺은 무사-옮긴이)을 통솔한다. 가사이 가문은 히라이즈미가 아니라 이시노마키에 거점을 두었다. 주군을 잃은 히라이즈미는 급속도로 쇠퇴하여 농촌으로 변모한다.

이후 히라이즈미는 역사의 전면에서 자취를 감추지만 발굴 조사를 계기로 히라이즈미의 문화적인 가치에 대한 재검토가 이루어졌다. 2011년에는 이와테현 니시이와이군 히라이즈미 일대가 유네스코 세계문화유산으로 등록되어 오슈 후지와라 가문이 일군 번영의 면면이 오늘날에도 전해지고 있다.

05

다테 마사무네의 염원이
담긴 '숲의 도시'

센다이

仙台

- ● 해당 지역 **미야기현**
- ○ 도시 인구 **약 109만 명(2020년 기준)**

도호쿠에서 제일가는 인구를 자랑하는 도시 센다이는 다테 마사무네의 손으로 만들어졌다고 해도 과언이 아니다.

세키가하라 전투(1600년 일본에서 전국의 다이묘들이 동서 양 진영으로 나뉘어 벌인 전투로 도쿠가와 이에야스가 이끄는 동군이 승리하면서 에도 막부가 수립되었다 – 옮긴이) 후 영지가 늘어난 마사무네는 새로운 거점이 되기에 걸맞은 땅을 선택해 성과 조카마치를 동시에 건설한다. 그리고 그의 의도대로 센다이 땅은 발전해 간다.

마사무네의 사후 가문의 내분과 보신 전쟁으로 센다이의 지위는 흔들렸지만, 도호쿠의 중심 도시라는 지위는 한 번도 빼앗긴 적 없이 현재에 이르렀다.

센다이를 본거지로 정한 오슈의 독안룡

센다이라는 도시를 이야기할 때 독안룡独眼竜이라고 일컬어지는 다테 마사무네는 빼놓을 수 없는 존재이다. 가마쿠라 시대 다테 가문은 오슈 다테군(현재의 후쿠시마현 다테시)을 지배하는 고케닌이었다. 무로마치 시대에 오슈 지방의 군정과 민정을 다스리는 지방 장관인 오슈 단다이에 임명된 마사무네의 조부 하루무네는 본거지를 데와의 요네자와로 옮기는데, 이 땅에서 1567년에 마사무네가 태어났다.

마사무네는 18세에 다테 가문의 당주가 되고부터 영지 확장에 매진했다. 그는 스리아게하라摺上原戰鬪 전투에서 아이즈의 아시나 가문, 히타치의 사타케 가문의 연합군을 쳐부수어 비옥한 아이즈 지방을 손에 넣고 구로카와(훗날의 아이즈와카마쓰)로 본거지를 옮긴다.

그러나 2년 후 오다와라 전투가 벌어졌을 때, 마사무네는 참전이 늦었다는 이유로 아이즈는 물론 요네자와, 다테군까지 몰수당하고 무쓰 오사키 및 가사이(현재의 미야기현 북부~이와테현 남부)를 대체지로 받는다. 요네자와와 아이즈를 잃은 마사무네는 새롭게 이와데 산성(미야기현

○ **다테 마사무네의 초상**

오사키시)을 축성하여 본거지로 삼았다.

세키가하라 전투가 벌어졌을 때, 옛 영지를 되돌려 받는다는 약속으로 마사무네는 동군에 가담해, 서군에 가담한 아이즈의 우에스기 가게카쓰를 견제한다. 그러나 동군이 승리를 거둔 후 논공행상으로 받은 것은 2만 5천석(1년 농사를 지어 2만 5천석의 현미를 수확할 수 있는 수준의 영지를 의미함)뿐이었다. 옛 영지를 되찾지 못한 이유는 세키가하라 전투 직후 난부 가문의 영지에서 일어난 봉기를 마사무네가 선동했다는 사실이 드러났기 때문이라고 전한다.

그 후 마사무네는 가도에서 떨어져 있어 교통이 불편한 이와데 산성에서 나와 새로운 본거지로 '센다이千代' 땅을 선택한다. 센다이라는 지명은 일찍이 이 땅에 1,000개의 불상이 있었고 지배자였던 고쿠분 가문이 센다이성(당시에 이미 황폐한 성이었다)을 지었다는 데서 유래

했다는 설과 히로세강 안쪽으로 개발된 지형이므로 '강의 안(川內, 센다이)'이라는 뜻으로 붙여진 이름이라는 설 등이 있다.

○ 도쿠가와 이에야스의 모습

1601년, 마사무네는 땅의 이름을 '仙臺(센다이)'로 바꾼다. 이 센다이는 중국 당나라 시대의 시 『동제선유관 同題仙遊觀』에 등장하는, 선인이 모이기 위해 지어진 궁전의 이름이다. 마사무네는 그 시를 보고 영화를 누리기엔 천년으로는 짧은, 불로장생하는 선인이 살 법한 영원의 땅으로 만들고 싶다는 염원을 담아 이름을 바꾸었다고 한다.

센다이를 본거지로 고른 이유로는 오슈 가도(센다이도)를 따라 있는 평야가 바다까지 펼쳐져 있었던 것이 주요하다. 또 만약 이에야스가 약속대로 영지를 늘려 주었더라면 영지의 중심이 딱 센다이였다는 이유도 있다.

'일본에서 가장 우수하고 견고한 성', 센다이성

센다이성 축조를 위해 1601년에 아오바산에서 축성이 시작되고 땅을 고르는 작업과 돌담을 쌓는 작업이 이루어진다. 같은 해 4월에는 마사무네가 옮겨 와 살면서 초대 센다이 번주가 된다.

센다이성은 1610년 완성되었고 현재 센다이시의 중심부 서쪽에 있는 아오바산의 해발 130미터 지점에 있다. 이 산의 이름을 따 아오바성이라는 별명으로 불리기도 했다. 성의 서쪽에는 산림이, 남쪽으로는 다쓰노쿠치 계곡이 있고, 동쪽은 깎아지른 듯한 절벽이 있으며, 그 아래로는 서쪽에서 남동쪽으로 산을 따라 히로세강이 흐르고 있다.

아오바산에 센다이성이 지어진 이유에는 여러 가지 설이 있다. 겐로쿠元禄·교호享保 연간(1688~1736)에 걸쳐 성립된 군담 소설 『동오노사야화東奧老士夜話』에 따르면 마사무네는 성을 지을 후보지로 아오바산, 쓰쓰지가오카, 다이넨지산의 세 곳을 후보에 올려 도쿠가와 이에야스에게 골라 달라고 했다. 같은 시기에 성립된 『센다이 명소문서』에 따르면 마사무네가 실제로 염두에 둔 곳은 쓰쓰지가오카였으나, 첫 번째 희망지는 막부에서 거절하리라 생각해서 일부러 두 번째에 올렸다. 그랬더니 막부는 선뜻 첫 번째인 아오바산에 성을 짓도록 허가를 냈다고 한다.

완성된 센다이성은 넓이가 약 2만 평에 이르렀다. 도쿄돔의 약 1.4배로, 일본 국내에서는 에도성의 70만 평에 이어 두 번째로 넓은 성이다. 단 화려한 것을 좋아하는 마사무네지만 천수각天守閣은 만들지 않았다. 마사무네가 남긴 편지를 보면 이에야스가 군사 시설을 만들지 말라는 분부를 내렸다고 하니, 천수각을 만들지 않음으로써 표면적으로는 충성을 나타낸 모양이다.

○ 센다이성 혼마루에 있는 봉황도

천수각 대신에 마사무네는 혼마루(성의 중심이 되는 건물-옮긴이)에 다다미 260장 넓이의 호화찬란한 방을 널찍하게 만들었다. 또 교토 기요미즈데라淸水寺의 무대처럼 절벽에 내걸어 고정하는 가케즈쿠리 공법으로 '조에이카쿠眺瀛閣'라는 건물을 만들도록 했다. 거기서는 성 아래를 한눈에 볼 수 있었다고 한다. 그 밖에도 '우시토라야구라艮櫓'라고 하여 다른 성의 천수각 규모에 필적하는 망루가 다섯 개나 우뚝 솟아 있었다.

스페인 대사 세바스티안 비스카이노가 센다이성이 완성된 이듬해 성을 보고 나서 '일본에서 가장 우수하고 가장 견고한 성의 하나'라고 저서『금은도탐험보고金銀島探検報告』에서 평할 정도였다.

성 아래를 한눈에 볼 수 있다는 부분에서 알 수 있듯이 산성인 센다이성까지 오르는 길은 제법 고되었다. 그래서 2대 번주 다다무네는 1639년 아오바산 자락에 니노마루(성의 중심인 혼마루의 바깥쪽에 위치하는 성곽-옮긴이)를 짓고 그곳에서 정무를 보았다. 이어서 산노마루(성의 중심에서 세 번째 성곽. 현재의 센다이시 박물관-옮긴이)도 산자락에 지어져 센다이성은 실질적으로는 평산성(평야 지대의 낮은 산이나 너른

● **센다이시의 지형** 히로세강에 의해 생긴 하안단구 위에 센다이 시가지가 자리한다.

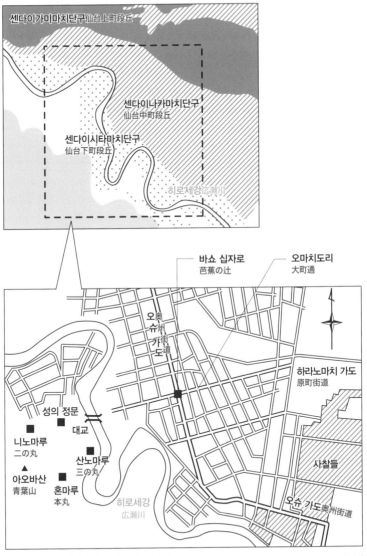

● **에도 전기 센다이성 조카마치** 성에서 성 아래로는 히로세강에 놓인 대교를 통해 건너갈 수 있었다.

구릉 지대에 쌓은 성-옮긴이)이 되었다.

센다이의 랜드마크 '바쇼 십자로'

조카마치의 건설은 센다이성의 축조와 같은 시기에 시작되었다. 히로세강을 끼고 성의 맞은편에 있는 하안단구에 남북으로 가로지르는 오슈 가도와 동서로 위치한 오마치도리大町通를 도시의 중심으로 삼았다. 이 두 줄기의 큰길이 교차하는 십자로는 '바쇼 십자로'라고 불렀다. 바쇼라고 해도 하이쿠 가인 마쓰오 바쇼와는 관계가 없다. 마사무네가 센다이에 들어가기 전에 이 땅을 정찰하도록 보낸 허무승虛無僧(일본 선불교의 일파인 보화종의 승려-옮긴이) 바쇼의 거주지가 십자로 근처에 있었기 때문이라고 한다.

시가지의 중심이었던 바쇼 십자로의 네 모퉁이에는 성곽처럼 지어진 호화로운 상가 네 채가 서 있었다. 이 상가들은 도시의 랜드마크로서 기능했기 때문에, 설령 불에 타 사라지더라도 센다이번의 원조로 재건되었다. 마사무네는 센고쿠 시대(무로마치 막부 말기. 15세기 중반부터 16세기 후반까지 이어진 내란의 시기-옮긴이)의 조카마치처럼 성을 지킬 목적에서가 아니라 상업 활동에 주축을 두고 주의 깊게 거리를 만들었다. 이에 따라 마사무네의 설계대로 십자로를 중심으로 상업지가 동서남북으로 넓혀진다.

바쇼 십자로에서 히로세강 너머로 센다이성의 위풍당당한 경관을

○ **센다이 시내에 있는 바쇼 십자로가 표시된 이정표**

바라볼 수 있는 길이 정비되었다. 오늘날에도 이 십자로는 일본은행 센다이 지점이 위치하는 등 줄곧 조카마치인 센다이의 중심지가 되어 왔다.

마사무네는 수리 시설을 개선하고자 지하에 수로도 정비했다. 그것이 총연장 길이 약 44킬로미터에 이르는 요쓰야 용수로이다. 히로세강에서 끌어들인 물은 조카마치를 통과한 후 우메다강으로 빠져나갔다. 끌어들인 물은 생활, 농업, 화재 예방 등에 쓰였다. 하지만 메이지 시대에 접어들면서 지하 수로가 되거나 매립되었으며 1955년까지는 조금 보였던 물줄기마저 오늘날에는 전혀 보이지 않게 되었다.

또 마사무네는 센다이성의 남동쪽에 와카바야시성을 짓도록 지휘하고, 완성 후에는 거기서 정무를 보았다고 한다. 성 주변에는 준신의 저택과 상인들의 거리가 있었던 것으로 보아 부도심 같은 역할을 했던 것으로 추정된다. 마사무네의 사후에는 유언에 따라 해체되었다.

센다이번을 잇따라 덮친 고난

1636년에 마사무네가 사망한 후 센다이번은 다테 가문의 내분에 시달린다. 3대 번주 쓰나무네가 소행이 불량하다 하여 유폐되고, 5년 후에는 다테 가문의 문중에서 영지를 둘러싸고 분쟁이 벌어져 칼부림 사태가 일어난다. 계속해서 4대 번주 쓰나무라의 전횡으로 가신들이 배반하고, 그 사실이 막부에 알려지면서 쓰나무라는 억지로 은거에 들어가게 된다. 막부의 성립 직후라면 가계를 단절시키고 영지와 저택 등을 몰수할 만한 불상사였지만 당시의 막부는 번을 없애지 않는 방침으로 전환했기 때문에 다테 가문에 엄격한 처분은 내리지 않았다.

그 후에도 고난의 시대는 계속된다. 에도 중기부터 후기에 걸쳐 도호쿠에서는 기근과 역병이 빈번히 일어나고, 조카마치에는 부랑자와 도둑이 늘어 약탈 소동이 종종 빚어지고 상가가 습격을 받는 일이 잦아져 조카마치의 규모가 축소된다.

막부 말기에 이르러 센다이번은 다시 역사의 전면에 등장한다. 조정이 적으로 간주한 아이즈번의 사면을 탄원하기 위해 도호쿠의 여

○ 센다이성 터에 있는 다테 마사무네의 기마상

러 번이 모여 오우에쓰열번동맹奧羽越列藩同盟을 맺고, 13대 번주 요시쿠니가 맹주가 된다. 도호쿠 각지에서 전투를 벌였지만 사쓰마번과 조슈번을 중심으로 하는 신정부군의 군사력에 굴복해 패전한다. 그 결과 28만 석까지 감봉되었지만 다테 가문은 존속이 허락된다.

마사무네의 정책이 바탕이 된 애칭

메이지 시대, 신정부의 의향으로 센다이는 도호쿠 지방 개발의 중심지로 자리 잡는다. 정부 기관의 도호쿠 지청과 대기업의 지점, 제이

고등학교와 도호쿠제국대학이 설립되었다. 육군 제2사단이 주둔하여 군사 도시의 면모도 갖추었다. 육군 보병 제4연대 병영, 센다이 육군 지방 유년 학교 등의 군 시설도 지어졌다.

1904년에는 센다이성에서 바라보는 조망이 일반인에게 개방되었다. 그 조망이 마치 숲속의 거리를 보는 듯하여 '숲의 도시'라는 애칭이 즐겨 쓰이기 시작했다. 원래는 마사무네가 기근 대책으로 복숭아나무와 감나무, 배나무 등을 심게 하고, 이웃과의 경계를 명확하게 할 목적으로 삼나무를 심게 했으며, 바람과 화재를 막기 위한 목적으로 나무를 심도록 장려한 결과이다. 그의 가르침을 센다이 사람들이 시대를 넘어 이어받은 것이다.

제2차 세계대전 동안에 센다이는 군사 도시였던 까닭에 공습으로 시내 중심부가 잿더미가 되고, 센다이성 정문이 소실되었다. 거리의 푸르른 나무들도 사라졌다. 그러나 전후에 도호쿠 자동차 도로, 도호쿠 신칸센의 개통을 거쳐 다시 도호쿠의 중추에 걸맞은 대도시로 부흥을 이루었다.

현재 센다이성 터에는 다테 마사무네의 기마상이 센다이 거리를 내려보듯 서 있다. 마사무네의 염원인, 선인이 사는 평화로운 땅이 되도록 지금도 숲의 도시를 지키고 있는 것이다.

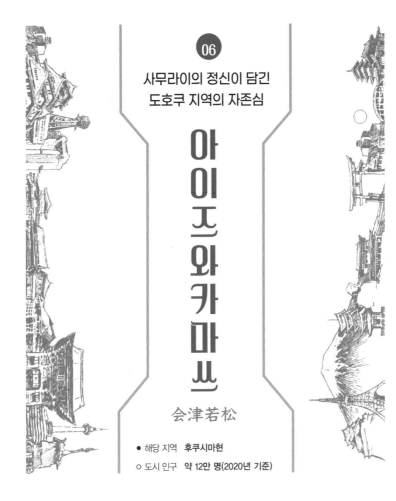

06

사무라이의 정신이 담긴
도호쿠 지역의 자존심

아이즈와카마쓰

会津若松

● 해당 지역 **후쿠시마현**
○ 도시 인구 **약 12만 명(2020년 기준)**

시라카와노세키(네즈가세키, 나코소노세키와 더불어 오슈 3대 관문의 하나 – 옮긴이)가 있었던 현재의 후쿠시마현은 도호쿠의 현관으로서 기능해 왔다. 그중에서도 예부터 발전했던 것이 아이즈 땅이다. 지형적인 특장점 덕에 도호쿠 주변 지역보다 벼농사를 짓기에 알맞아서 센고쿠 시대부터 여러 다이묘가 아이즈를 차지하기 위해 다투었다.

메이지 초기에도 전란에 휩싸여 도시가 대부분 불타 사라지고 말았지만, 사람들의 정열로 우아한 와카마쓰성을 비롯해 정취 넘치는 거리의 자태가 부활했다.

분지에 자리한 벼농사에 알맞은 땅

후쿠시마현 내의 일기예보는 세 지역으로 나누어 소개된다. 태평양 연안에 있는 이와키시를 중심으로 하는 동쪽의 '하마도리', 중앙부에 있으며 현청 소재지인 후쿠시마시가 있는 '나카도리', 그리고 서쪽의 내륙부로 아이즈와카마쓰시가 있는 '아이즈 지방'이다. 하마도리와 나카도리는 아부쿠마 고지에 있고, 나카도리와 아이즈 지방 사이는 오우산맥으로 가로막혀 있어서 각각 기후가 다르다.

아이즈와카마쓰시는 동해 쪽의 기후를 따르는데, 하마도리와 나카도리에 비해 겨울철에는 강설량이 많고 추위가 혹독하지만, 한편으로 아이즈 분지 안에 있어서 여름철에는 쉽사리 더워진다. 다만 산에 가려져 있는 덕분에 도호쿠에 냉해를 가져오는 편동풍의 영향은 적어 벼농사를 짓기에 적합한 기후이다.

현재 아이즈와카마쓰시는 인구가 12만 3,000명 정도로 아이즈 지방의 중심 도시로서 기능하고 있다. 농업이 번성한 지역이면서 동시에 풍부한 관광 자원을 활용한 관광 도시의 면모도 갖추고 있다. 시의 동쪽에는 일본에서 네 번째로 큰 호수인 이나와시로호가 있으며 중심에는 아이즈번의 거성이었던 와카마쓰성(쓰루가성), 그리고 히가시야마 온천 등이 있다.

아시나 가문이 선택한 아이즈 분지

헤이안 시대의 아이즈와카마쓰는 교토와 나라, 가마쿠라, 히라이즈미와 어깨를 나란히 하는 불교의 도시이다. 반다이산 자락에는 아이즈 불교의 중심인 거대한 사찰 '에니치지'가 건립되었다. 아이즈와카마쓰시 내에는 에니치지의 말사인 엔메이지 지조도地藏堂가 있다.

무로마치 시대에는 가마쿠라 막부의 고케닌이었던 사와라 요시쓰라의 혈통인 아시나 가문이 아이즈군의 슈고守護(가마쿠라 막부와 무로마치 막부 시대에 각 국의 고케닌을 통솔하며 군사·치안 등의 업무를 수행하던 직책-옮긴이)를 자임하며 동족과 싸우면서 아이즈 일대를 지배한다. 7대 당주 나오모리는 1389년 아이즈 분지의 동남쪽에 있는 고지대의 끄트머리에 히가시쿠로카와관館이라는 성관을 짓는데, 15세기에 이것을 고쳐 구로카와성을 만들었다.

이 성의 이름은 지명을 바탕으로 하여 지어졌다. 아이즈와카마쓰의 옛 이름이 '구로카와'였다. 애초에 아이즈会津라는 지명은 오카와강, 다다미강, 유가와강 등 많은 하천이 아이즈 분지로 모인다는 사실에서 '강이 만나는(会) 곳의, 배를 정박하는 항구(津)'라는 의미로 지어졌다. 그리고 유가와의 옛 이름이 하구로카와인데, 언젠가부터 '하'를 생략하여 '구로카와'로 부르면서 지명이 되었다.

이 무렵의 조카마치는 구로카와강에서 갈라져 나온 유가와강과 구루마가와강 사이에 낀 땅에 지어진 성을 중심으로 확장되었으며, 시가지는 무사 가문의 저택과 상인들의 가게, 사찰과 신사가 혼재했다.

이윽고 센고쿠 다이묘(내란이 지속된 센고쿠 시대에 막부의 지배에서 벗어나 독자적으로 지방의 지배를 구축한 다이묘-옮긴이)가 된 아시나 가문은

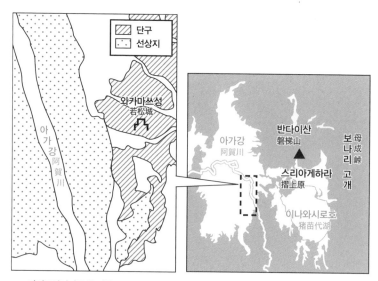

● **아이즈와카마쓰의 지형** 분지 내의 단구 위에 와카마쓰성을 지었다.

데와국 오키타마군(현재의 야마가타현 요네자와시) 및 무쓰국 남부(현재의 후쿠시마현 북부)를 지배하던 다테 가문의 내분을 틈타 영토를 확대한다.

그러나 1589년, 아시나 가문은 반다이산 남쪽 기슭에서 벌어진 스리아게하라 전투에서 다테 마사무네에게 패배한다. 그리하여 아이즈는 다테 가문이 영유하게 된다. 에치고 가도와 요네자와 가도 등 사방에서 가도가 들어오는 교통의 요충지였다는 점도 마사무네가 아이즈 땅을 원한 요인 중 하나였을 것이다.

요네자와성에서 구로카와성으로 거점을 옮긴 마사무네는 아시나 가문이 지은 성과 조카마치 등을 그대로 계승하여 시가지에 가신의 주거지를 할당하고, 요네자와에서는 사찰을 옮겨 온다.

그러나 마사무네의 아이즈 지배는 오래 지속되지 못했다. 이듬해 도요토미 히데요시가 아이즈에 들어와 농민의 무기를 몰수하고(도수령刀狩令), 논밭을 측량하여 수확량 등을 검사하고(검지檢地), 도호쿠 여러 다이묘의 영지를 재편하는 '오슈 처분'을 실시한다. 오다와라 전투가 벌어졌을 때 참전이 늦었던 마사무네는 아이즈를

○ **도요토미 히데요시의 모습**

몰수당한다. 그를 대신하여 아이즈에 들어온 것이 히데요시 휘하의 무장 가모 우지사토였다.

어지러울 만큼 빠르게 바뀌는 영주

마사무네의 후임으로서 12만 석 규모의 이세국 마쓰사카(현재의 미에현 마쓰사카시)에서 90만 석 규모의 아이즈 구로카와로 영지와 녹봉이 늘어난 우지사토는 구로카와를 '와카마쓰若松'로 개칭한다. 그의 고향인 오우미(현재의 시가현)에 있는 어린 소나무 숲을 기념하여 붙인 이름이라고 한다.

축성의 명수로 일컬어졌던 우지사토는 구로카와성을 뜯어고쳐 7층의 천수각을 가진 와카마쓰성(쓰루가성)으로 바꾼다. 조카마치의 정비에도 착수하여 유가와강과 구루마가와강을 이용해 바깥 해자를 파고, 바깥 해자로 둘러싸인 성곽 안에는 무가의 저택을 두었다. 성곽 바깥에는 상인과 서민의 주거지, 그 외 사찰과 신사를 둠으로써 그때까지 뒤섞여 있던 무가와 상가, 사찰과 신사의 거주지를 나누었다. 또 시가전을 염두에 두고 성 밑으로 적병이 침입해 와

○ 히데요시 휘하의 무장이었던 가모 우지사토의 초상

도 앞을 내다볼 수 없도록 길을 어긋나게 배치했다.

향년 40세로 우지사토가 사망하자 적자인 장남 히데유키가 뒤를 이었다. 그러나 가문의 내분으로 히데유키는 1598년에 18만 석의 우쓰노미야로 좌천된다. 계속해서 히데요시의 명령으로 아이즈를 다스린 사람은 에치고(현재의 니가타현)의 우에스기 가게카쓰였다. 가게카쓰는 데와, 사도 등의 영지를 합쳐 120만 석의 다이묘가 되었다.

히데요시가 죽은 뒤인 1600년, 가게카쓰는 이에야스에게 반기를 들어 세키가하라 전투의 계기를 만들고 동군에 가담한 모가미 요시아키, 다테 마사무네와 싸웠다. 그러나 모리 데루모토를 총대장으로

● **에도 초기의 와카마쓰성 시가지** 조카마치를 중심으로 각 지방을 향해 가도가 뻗어 있다.

하는 서군은 세키가하라 전투에서 동군에 크게 패한다. 그 결과, 이 늠해 가케카쓰는 이에야스에 의해 아이즈 등의 녹봉 90만 석을 깎이고 요네자와로 좌천된다. 그리고 그를 대신하여 가모 히데유키가 다시 아이즈와카마쓰로 돌아왔다. 세키가하라 전투 때 히데유키가 우쓰노미야에서 우에스기군을 견제해 준 것을 평가한 결과이면서 동시에 히데유키의 아내가 이에야스의 딸이라는 점도 작용한 귀환이다.

히데유키는 부친인 우지사토와 마찬가지로 성과 시가지의 정비, 영내의 유통에 힘을 썼다. 그러나 대지진이 아이즈 지방을 덮쳐 정비한 성의 돌담이 무너지고 천수각이 기우는 등 큰 피해를 입는다. 겨울에는 가뭄이 히데유키의 골치를 썩인다. 마음고생이 탈이 났는지 히데유키는 요절하고, 가독家督(일본의 역사 용어로 가부장 제도 아래 가장의 권리를 의미한다-옮긴이)을 상속받은 다다사토는 대를 이을 아들이 없는 채 1627년에 사망한다.

그래서 막부는 '시즈가타케의 일곱 자루 창(1588년 하시바 히데요시-후일의 도요토미 히데요시와 시바타 가쓰이에 사이에 벌어진 시즈가타케 전투에서 히데요시의 승리에 공헌한 7명의 무장을 가리키는 말-옮긴이)'의 하나로서 용맹함을 떨쳤으며 세키가하라 전투에서 동군에 가담했던 가토 요시아키를 이요국 마쓰야마(현재의 아이치현 마쓰야마시)에서 40만 석의 아이즈에 봉한다. 그의 아들 아키나리의 시대에 7층이었던 와카마쓰성의 천수각이 현재의 5층으로 고쳐진다.

이윽고 아키나리에게 간언을 서슴지 않음으로써 대립하던 중신

○ **와카마쓰성의 천수각** ⓒLuftikus
검은 기와 시절의 모습이다.

호리 몬도가 아이즈번에서 도망쳐 행방을 감추는 사건이 일어난다.
막부는 이 문제로 아키나리를 문책하고 1643년에 영지를 몰수한다.
이로써 아키나리는 적자인 아키토모가 봉해진 1만 석 규모의 이와미
국 요시나가번에서 은거하는 신세가 되었다.

새로운 주인이 만든 새로운 가훈: 충의

치세가 오래 지속되지 않는 아이즈와카마쓰의 지배자로 새롭게 등장한 사람은 2대 쇼군 히데타다의 아들이며 3대 쇼군 이에미쓰의 이복형제이기도 한 호시나 마사유키이다. 서자인 마사유키는 시나노국 다카토번의 번주 호시나 마사미쓰의 양자로 있었다. 이에미쓰의 신뢰가 두터웠던 마사유키는 다카토 번주가 된 후 데와국 야마가타번 20만 석을 거쳐 아이즈번 23만 석의 번주가 되었다. 이에미쓰의 사후에는 조카인 어린 4대 쇼군 이에쓰나의 후견인이 되어 종가인 도쿠가와 가문을 보좌한다.

그런 마사유키가 정한 것이 〈아이즈가 가훈 15조〉이다. 제1조에는

◎ 호시나 마사유키의 초상

◎ 호시나 마사유키의 묘
후쿠시마현 이나와시로마치에 있다.

"도쿠가와 가문에 충의를 다하라"라고 적
혀 있다. 이것이 에도 시대를 관통하는 번의
기본 방침이 되어 막부 말기 아이즈번에 큰
영향을 미친다.

아이즈 호시나 가문의 3대 당주 마사카
타 이후에는 '마쓰다이라(에도 시대에 도쿠가
와 가문의 일문과 일부 충성도가 높은 가문. 위세

○ **도쿠가와 가문을 상징하는
접시꽃 문양**

있는 유력 가문에게 허락된 성-옮긴이)'라는 성과 접시꽃 무늬의 가문家紋
(접시꽃 무늬는 도쿠가와 가문을 상징한다-옮긴이)을 쓸 수 있도록 허가를
받고 아이즈번은 막부 말기까지 아이즈 마쓰다이라 가문의 영지로서
존속된다.

필사적으로 저항한 아이즈번

시간이 흘러 막부 말기, 아이즈번의 번주 마쓰다이라 가타모리는 14
대 쇼군 이에모치의 요청으로 교토의 치안을 지키는 교토 슈고쇼쿠
(수호직)에 취임한다. 이때 가신들은 취임에 반대했지만 가타모리는
가훈에 따라 도쿠가와 종가에 충성을 다하기로 마음을 먹는다.

대정봉환大政奉還 후 가타모리는 구막부군으로서 전장에 나섰지
만, 도바 후시미 전투에서 신정부군에 대패한다. 그래도 가타모리는
계속해서 항전할 것을 주장했지만, 15대 쇼군 요시노부의 명으로 에

도로 돌아갈 수밖에 없었다. 게다가 아이즈번은 역적 취급을 받으며 가타모리는 번의 무사들과 함께 아이즈로 돌아가 근신하는 신세가 되었다.

그 후 동쪽으로 정벌을 시작한 신정부군은 피 한 방울 흘리지 않고 에도성에 입성한 후 아이즈와카마쓰를 향해 진군한다. 그리고 아이즈번에 항복 조건으로서 가타모리를 참수하고 와카마쓰성을 열라는 가혹한 요구를 제시한다. 그러나 도저히 요구를 받아들일 수 없었던 아이즈번은 개전을 결단한다.

이지치 마사하루와 이타가키 다이스케가 이끄는 신정부군 본대는 아이즈와카마쓰 남동쪽에 자리한 보나리 고개를 돌파한다. 에치고 가도에서도 신정부군의 지대가 진출해 온다. 1868년 8월 23일, 신정부군 본대가 와카마쓰성 아래를 침공한다. 이때 성 아래에서 피어오른 연기를 보고 성이 함락되었다고 착각한 백호대白虎隊(아이즈번이 무가의 16~17세 자식들을 모아 조직한 부대-옮긴이)가 이모리산에서 자결하는 비극이 일어난다.

그로부터 반달 남짓 지난 9월 14일에 개시된 신정부군의 총공격에도 아이즈번은 굳건히 버텼고, 와카마쓰성은 좀처럼 함락되지 않았다. 그러나 아군인 오우에쓰열번동맹의 여러 번이 잇달아 신정부군에 항복한다. 고립 상태에 내몰리게 되자 결국 가타모리는 항복하고 아이즈 전쟁은 막을 내린다.

이 전쟁으로 조카마치는 막대한 피해를 입었다. 지금의 도시는 보신 전쟁 후에 서민이 부흥시킨 것이다. 번의 무사들은 시모키타반도

○ **붉은 기와로 교체된 와카마쓰성**

에서 새롭게 번이 된 도나미번(현재의 아오모리현 도와다시)으로 이주했기 때문에 무사의 저택은 사라졌고, 상인의 주택만 재건되었다.

메이지 시대에 접어들어 아이즈번은 와카마쓰현을 거쳐 1876년 후쿠시마현에 병합된다. 그리고 현청 소재지는 아이즈와카마쓰가 아니라 후쿠시마성의 조카마치로서 번성했던 현재의 후쿠시마시가 되었다.

보신 전쟁 후 정부의 명령으로 와카마쓰성은 철거되지만 1965년에 시민의 기부를 바탕으로 천수각 등이 재건되었다. 2001년에는 호시이 망루 사이에 길게 이어진 미나미하시리나가야南走長屋가 에도 시대의 기술을 이용해 복원되었다. 그리고 2011년에는 현존하는 일본의 성 중 유일하게 건물 지붕이 붉은 기와로 교체되었는데, 그 모습이 막부 말기를 떠올리게 한다.

제 3 부

Kanto
간토 지방

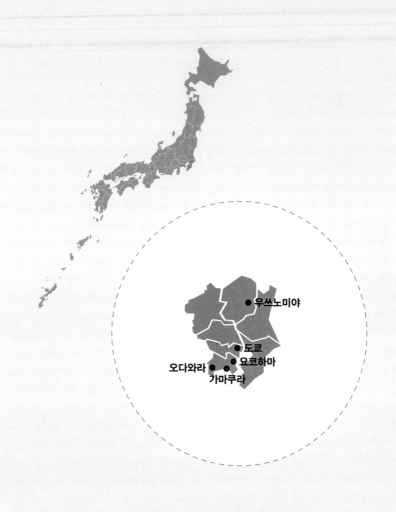

우쓰노미야

도쿄

요코하마

오다와라

가마쿠라

07

정치·경제·문화,
세 개의 얼굴을 지닌 요충지

우쓰노미야

宇都宮

● 해당 지역 **도치기현**

○ 도시 인구 **약 51만 명(2020년 기준)**

신사 마을, 성하 마을, 역참 마을, 에도 시대의 우쓰노미야는 다양한 특색을 가진 도시였다. 거기에는 중세부터 이 땅을 지배했던 우쓰노미야 가문이 깊이 관련되어 있다.

도쇼구(도쿠가와 이에야스의 시신이 안치된, 그를 신으로 모시는 신사 – 옮긴이)가 있는 닛코에 가깝고, 간토 북부에서 에도의 방어 거점에 해당한다는 점도 우쓰노미야가 발전하는 요인이 되었다. 그리고 메이지 시대, 새롭게 육군 사단이 주둔함으로써 군사 도시로서의 면모도 더해졌다.

칼을 찬 승려, 우쓰노미야의 두 얼굴

도치기현의 현청 소재지로서 기타칸토北關東(간토 지방의 북부와 중북부 지역을 아우르는 이름으로 이바라키현, 도치기현, 군마현의 세 현을 가리킨다. 여기에 사이타마현이 포함될 때도 있다-옮긴이)의 중심 도시인 우쓰노미야는 인구 약 52만 명의 중핵시(인구 30만 이상으로 도시 행정에 관한 일반 사무를 독자적으로 처리할 수 있는 권한을 가진 일본 지방 자치법상의 시-옮긴이)이다. 간토평야의 북단, 기누강 좌안의 높은 지대에 있으며, 시가지 북쪽으로는 우쓰노미야 구릉이 돌출되어 있다. 그 구릉을 끼고 흐르는 다가와강과 가마가와강이 시내에서 합류한다.

우쓰노미야 구릉의 남단에는 후타아라야마 신사가 있고, 그 남쪽 평지에는 우쓰노미야성 터가 있다. 두 유적 모두 우쓰노미야의 역사

○ **도쿠가와 이에야스가 필승을 기원했던 후타아라야마 신사**

를 상징하는 장소이다.

시모쓰케국에서 으뜸가는 신사인 후타아라야마 신사에서 대대로 신사의 사무를 총괄해 왔던 우쓰노미야 가문은 그 이름처럼 우쓰노미야의 역사와 관련이 깊다. 전승에 따르면 후타아라야마 신사는 지금으로부터 약 1,600년 전에 창건되었으며, 838년에 아라오자키(현재의 우쓰노미야시 시모노미야)에서 지금의 자리로 옮겨졌다. 예부터 무신을 모신 신사로 숭배를 받았는데, 다이라노 마사카도의 난(10세기 일본 헤이안 시대 간토 지방에서 왕족인 다이라노 마사카도가 일으킨 반란-옮긴이)에서는 후지와라노 히데사토가, 전9년 전쟁에서는 미나모토노 요리요시와 요리이에 부자가, 세키가하라 전투에서는 도쿠가와 이에야스가 이곳에서 필승을 기원했다.

우쓰노미야라는 지명은 후타아라야마 신사의 격을 나타내는 '이

치노미야一宮(율령제 하의 각 국에서 으뜸가는 신사를 가리키는 말-옮긴이)'
라는 말이 변해서 된 것이라는 설도 있다. 우쓰노미야는 후타아라야
마 신사의 몬젠마치門前町(사찰이나 신사에 드나드는 참배객들을 위해 숙박
과 음식 등을 제공하는 시설이 모인 마을 - 옮긴이)로서 발전했다.

우쓰노미야 가문은 1051년 전9년 전쟁에 즈음하여 조정 측의 필
승을 기원하여 시모쓰케국의 수호직 및 후타아라야마 신사를 총괄하
는 별당인 우쓰노미야의 종교적 지도자를 일컫는 좌주座主의 지위를
얻은 승려 후지와라노 소엔을 시조로 한다. 소엔은 유력한 귀족이었
던 후지와라노 미치카네의 증손자라는 설이 있으며 호족 게노 가문
의 후예였다는 설도 있다.

소엔이 우쓰노미야성을 정비하고 나서 500년에 걸쳐 우쓰노미야
가문은 성주와 후타아라야마 신사의 총괄직을 겸했다. 즉 무사 계급
의 지배자가 종교 지도자를 겸했기에 우쓰노미야는 몬젠마치와 조카
마치, 두 개의 얼굴을 가지게 된다.

이윽고 우쓰노미야 가문은 센고쿠 다이묘가 되어 간토 제패를 꾀
하는 호조 가문과 대적한다. 몇 겹이나 되는 해자와 토루를 설치하여
견고한 우쓰노미야성은 호조 가문의 침공을 끝까지 견뎌 낸다.

1590년의 오다와라 전투에 참전한 덕분에 우쓰노미야 가문은 영
지를 그대로 인정받는다. 하지만 7년 후의 태합검지太閤檢地(1582년
도요토미 히데요시 정권이 경제적 기반을 다지기 위해 실시한 토지 조사-옮긴
이)에서 부정이 발각되어 우쓰노미야 가문은 영지를 몰수당한다. 그
후임으로 아이즈의 가모 히데유키가 우쓰노미야에 들어와 몬젠마치

의 남쪽에 조카마치를 정비한다.

에도로 가는 두 갈래 길에서 발달한 마을

에도 시대가 되면 가모 가문은 아이즈로 돌아가고, 우쓰노미야번에
는 이에야스의 외손에 해당하는 오쿠다이라 이에마사와 이어서 이에
야스의 심복인 혼다 마사즈미가 입성한다. 마사즈미는 성을 확대하
고 조카마치를 새롭게 정비했는데 현재 시가지의 골격은 이때 만들
어졌다. 그 후의 번주도 시가지 개발에 주력한다.

　성곽의 서쪽 일대에는 조카마치답게 번의 무사들이 거주하는 저
택이 지어졌다. 성의 정문 안쪽의 중요 거점에는 중신과 번주의 친

○ **혼다 마사즈미와 아들 혼다 마사카쓰의 무덤**
현재 아키타현 요코테시에 위치해 있다.

척, 성곽 안으로는 상급 무사, 해자 바깥쪽에는 중급 무사의 저택을 배치했다. 한편 가도의 양옆으로는 상공업자를 거주시키고 그 뒷골목에는 신분이나 직업별로 나가야長屋(칸을 막아서 여러 가구가 살 수 있도록 길게 만든 집-옮긴이)를 지었다.

이렇게 해서 1602년에는 32개였던 마을이 에도 중기에는 41개까

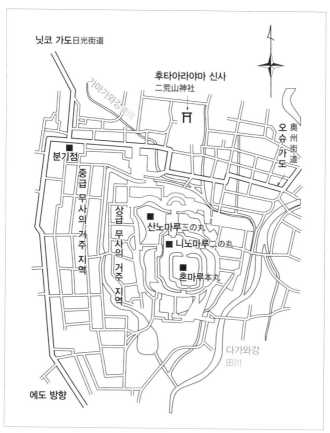

닛코 가도日光街道

후타아라야마 신사
二荒山神社

오슈 가도 奥州街道

기마가와강鬼怒川

분기점

중급 무사의 거주 지역

상급 무사의 거주 지역

■ 산노마루三の丸

■ 니노마루二の丸

■ 혼마루本丸

다가와강
田川

에도 방향

● **에도 말기의 우쓰노미야성과 조카마치** 성 밑 해자와 가도에 의해 계급별로 거주 지역이 나뉘었다.

지 증가했다. 인구는 에도 시대 동안 9,000명에서 1만 명 사이를 오간 것으로 추정된다.

도시의 기초를 만든 것은 마사즈미였지만, 1622년에 막부 수뇌부의 노여움을 사 실각하고 우쓰노미야를 떠난다. 우쓰노미야성에 3대 쇼군 이에미쓰의 암살을 위한 장치인 쓰리텐조(매달아 놓았다가 떨어뜨려서 밑에 있는 사람을 죽이게 장치한 천장)를 만든 것이 발각되었기 때문이라는 전설도 있지만, 이것은 후세의 창작이다.

이후에도 우쓰노미야번의 번주는 오쿠다이라 가문과 도다 가문 등 후다이 다이묘譜代大名(도쿠가와 이에야스가 세키가하라 전투에서 승리하여 천하를 장악하기 전부터 대대로 도쿠가와 가문을 섬겨 온 다이묘-옮긴이)가 맡았다. 여기에는 이유가 있는데, 적이 북쪽에서 에도를 공격할 때 이곳이 방위의 중요 거점이 된다고 보았기 때문이다.

또 에도 시대의 주요 도로인 다섯 가도 가운데 에도와 도호쿠를 잇는 오슈 가도와 에도와 닛코를 잇는 닛코 가도가 정비되었다. 우쓰노미야에서 두 가도가 분기함으로써 우쓰노미야는 교통의 요충지가 되었다. 한편 성 밑에는 참근교대參勤交代(에도 시대에 각 번의 다이묘를 정기적으로 에도에 머무르게 한 막부의 다이묘 통제 제도-옮긴이)를 위한 본진本陣(에도 시대의 역참에서 다이묘 등이 머물던 공인된 여관-옮긴이), 후타아라야마 신사나 닛코 도쇼구에 들른 참배객을 위한 여관이 지어졌고, 찻집과 밥집도 번성했다. 근세의 우쓰노미야는 몬젠마치와 조카마치에 이어 슈쿠바마치宿場町, 즉 역참 마을의 특색까지 겸비했다.

두 번에 걸쳐 도시가 소실되다

막부 말기, 신정부군과 구막부군 사이에 보신 전쟁이 발발하면서 신정부에 귀순한 우쓰노미야번도 전쟁에 휩쓸린다.

1868년 4월, 오토리 게이스케와 히지가타 도시조가 이끄는 구막부군은 닛코로 향하던 도중 우쓰노미야성을 습격한다. 이때 우쓰노미야성과 조카마치 대부분이 소실되지만 원군의 도움으로 성을 탈환하는 데 성공하고, 구막부군은 패주한다. 이것이 우쓰노미야성 전투이다.

1871년의 폐번치현廢藩置縣(이전까지 지방 통치를 맡았던 번을 폐지하고, 지방 통치 기관을 중앙 정부가 통제하는 부와 현으로 일원화한 개혁-옮긴이)으로 우쓰노미야번은 폐지되고 우쓰노미야현이 설치된다. 그리고 2년 후 도치기현에 병합된다. 1884년에는 도치기 현청이 도치기현에서 우쓰노미야로 이전하면서 현의 정치와 경제의 중심이 되었다. 이듬해에는 도호쿠본선과 닛코선이 개통되고, 우쓰노미야역에서는 일본 최초의 기차역 도시락이 발매된다.

메이지 시대에는 군사 도시로서의 얼굴도 더해진다. 육군 제14사단이 히메지에서 이전하여 1만 명이나 되는 군 관계자가 상주한 것이다. 사실은 이 육군 제14사단이 우쓰노미야의 명물이 된 교자의 뿌리이다.

제2차 세계대전 중 중국 만주에 진주한 제14사단의 병사들은 그곳에서 교자를 만드는 법을 배웠다. 전쟁이 끝난 후 귀환한 그들에

의해 우쓰노미야에서 교자 만드
는 법이 널리 퍼졌다. 이렇게 해
서 현재의 '교자 거리'가 뿌리를
내렸다.

또 이 시기에는 당시 세계에서
손꼽히는 비행기 제작소였던 나
카지마 비행기 공장이 생기고 도
로, 전기, 가스 등의 인프라도 부
설되었다.

그러나 군사 도시였던 까닭에

○ JR 우쓰노미야역 광장에 있는 교자상

제2차 세계대전 중에는 미군의 혹독한 공습을 받는다. 특히 우쓰노
미야 대공습에서는 시가지의 65퍼센트가 소실되었다.

전쟁의 잿더미에서 다시 육상 교통의 요충지로

막심한 피해를 무릅쓰고 우쓰노미야는 다른 도시에 앞서 전후 부흥
토지 구획 정비 사업을 추진한다. 마침내 '복구율 일본 제일'이라고
칭송받는 빠른 속도로 부흥을 이루어 낸다. 우쓰노미야 시청 가까이
에는 천연기념물인 커다란 은행나무가 자라고 있다. 공습으로 이 은
행나무도 새카맣게 타 버렸지만, 이듬해에는 파랗게 싹을 틔워 우쓰
노미야의 부흥과 발전의 상징이 되었다.

고도 경제 성장기에 접어들자 적극적으로 공장 유치 활동을 펼침으로써 일본에서 가장 큰 규모를 자랑하는 기요하라 공업단지를 비롯하여 다양한 공업단지가 생겼다.

1982년에는 도호쿠 신칸센이 우쓰노미야에 개통되었다. 또 1972년에 도호쿠 자동차 도로, 2011년에 기타칸토 자동차 도로가 개통되어 동서남북을 잇는 등, 시간이 흘러도 육상 교통의 요충지로서의 존재감을 뽐내고 있다.

08

천하를 통일한 이에야스의
피·땀·눈물의 도시

도쿄

東京

● 해당 지역 **도쿄도**

○ 도시 인구 **약 1,400만 명(2020년 기준)**

일찍이 에도로 불렸던 일본의 수도 도쿄. 통설로는 도쿠가와 이에야스가 막부를 열기 전에는 가난하고 쇠락한 마을이었다고 하지만, 실제로는 많은 상가가 늘어선 항만도시였다고 한다.

그 후 에도는 이에야스의 노력으로 국정의 중심이 된다. 애초부터 많은 인구를 거느렸던 것은 아니었지만 대대적으로 만의 연안을 매립하고 하천의 물줄기를 바꾸는 공사로 시가지를 넓혀 세계에서 손꼽히는 대도시로 다시 태어난다. 그 배경에는 막부의 정성뿐 아니라 선진적인 인프라 정비가 있었다.

히데요시의 명령으로 에도로 간 이에야스

도요토미 히데요시의 천하통일로 마무리된 오다와라 전투 때의 일이다. 히데요시는 이시가키산에서 함락 직전의 오다와라성을 내려다보면서 도쿠가와 이에야스에게 이렇게 말했다.

"호조 가문을 멸하고 나면 간토 8주(에도 시대 간토 8개국의 총칭으로 현재의 간토 지방에 해당한다-옮긴이)를 그대에게 줄까 하네. 그때는 오다와라도, 가마쿠라도 아닌 에도에 본성을 짓는 것이 좋겠지."

물론 히데요시가 아무 대가 없이 간토 8개국을 주었던 것은 아니다. 미카와(현재의 아이치현 동부)와 도토미(현재의 시즈오카현 서부) 등 도쿠가와 가문의 영지 5개국을 가져가면서 영지를 다시 배치한 것이다. 도쿠가와의 녹봉 자체는 늘었지만 조상 대대로 소유했던 땅을 내

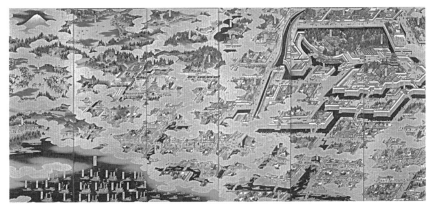

○ 초기 에도의 모습을 담은 병풍도

놓는 데 가신들은 난색을 보였다. 그러나 이에야스는 숙고한 끝에 이 제안을 받아들였다.

히데요시는 왜 간토를 이에야스에게 주었을까. 당시 에도성 주변 마을은 띠로 지붕을 엮은 민가 100호 정도의 규모였다고 한다. 에도 성도 성문 앞에 배의 널조각을 늘어놓아 계단으로 삼은 변변찮은 소성이었다고, 막부의 정사인 『도쿠가와 실기德川實記』에 적혀 있다. 즉 히데요시는 실력자인 도쿠가와 가문을 쇠락한 벽지에 몰아넣음으로 써 도요토미 가문의 천하를 반석처럼 더욱 견고하게 만들려고 획책 했다는 것이 지금까지의 통설이다.

그러나 후세의 연구에서는 실제의 에도가 적어도 스산하고 가난 한 한촌은 아니었던 것으로 보고 있다.

천하 통일의 종착지이자 새로운 권력의 탄생지

문헌상 처음으로 '에도江戸'라는 이름이 등장하는 것은 가마쿠라 시대의 역사서 『아즈마카가미吾妻鏡』이다. 헤이안 말기, 간무 헤이시桓武平氏(간무 천황의 자손으로 다이라라는 성씨를 받은 가계-옮긴이)의 혈통을 잇는 지치부 시게쓰나의 아들 시게쓰구는 무사시(현재의 도쿄도와 사이타마현)의 에도고江戸郷로 이주하여 에도 씨를 자처했다. 주거로 사용했던 저택은 훗날 에도성 혼마루, 현재의 고쿄 히가시교엔皇居東御苑(일본 왕실의 부속 정원-옮긴이)에 있었던 것으로 추정된다. 이 에도 가문은 가마쿠라 막부의 멸망 후 쇠퇴하여 에도고를 떠나게 되었다.

그 후 간토 간레이関東管領(일본의 남북조·무로마치 시대에 가마쿠라 막부

○ **고쿄 히가시교엔 내의 후지미 야구라(망루)** ©Edomura no Tokuzo

의 수장을 보좌하던 직책-옮긴이)인 오우기가야쓰 우에스기 가문의 가재家
宰(가장 대신 가문 내부의 사무를 총괄하던 가신의 우두머리-옮긴이)였던 오타
도칸이 무사시로 진출한다. 축성의 명수인 도칸은 1457년 에도성을
건조함으로써 그 이름을 널리 떨쳤다. 도칸의 에도성에는 자성, 중성,
외성이라는 세 개의 구역이 있고, 현재의 후키아게교엔의 동남쪽에 있
는 '도칸보리道灌壕'는 당시에 만들었던 해자의 자취로 전한다.

에도라는 지명은 '이리에入江(바다가 육지로 파고든 작고 좁은 만이나 강
어귀를 가리킨다-옮긴이)의 입구'를 의미한다. 당시 에도의 해안선은 현
재와 크게 달라서 에도마에지마江戸前島(현재의 도쿄역, 유라쿠초, 신바시
일대)라는 반도가 돌출되어 있었다. 이 반도의 서쪽에 있었던 것이 히
비야이리에日比谷入江이고, 해안선은 에도성의 바로 동남쪽까지 닿아
있었다.

도칸은 에도성을 쌓기 전까지 히비야이리에로 들어가는 메구로
강 하구의 시나가와미나토品川湊(시나가와구)에 머무를 성을 마련했던
것으로 추정된다. 당시의 에도에는 상류 계급인 유력 사원의 장원荘
園(일본에서는 8세기부터 16세기까지 존재한 권력자의 사유지를 가리킨다-옮
긴이)이 있었고, 해상으로는 이세의 항구를 출항한 크고 작은 상선이
빈번히 드나들었다. 시나가와미나토에는 쌀 창고가 늘어서 있었고,
당시의 문헌은 '무사시의 동쪽에서 으뜸가는 도회지'라고 그 일대의
번성한 모습을 기록하고 있다. 도칸은 그 권익을 보호하는 임무를 맡
았다.

그런데 도칸은 주군인 오우기가야쓰 우에스기 가문의 손에 암살

당하고 만다. 그의 높은 명성을 위험시했다는 말도 있고, 대립하는 야마노우치 우에스기 가문에서 모반의 소문을 퍼뜨렸기 때문이라는 설도 있지만, 진상은 밝혀진 바 없다.

그 후 오우기가야쓰 가문도 신흥 세력인 호조 가문에 의해 멸망하고 만다. 호조 가문은 오다와라를 본거지로 삼았기 때문에 에도는 일시적으로 쇠퇴한다.

그러나 히데요시는 일찍이 번영했던 에도를 눈여겨보았다. 이에야스에게 이 땅을 준 의도로는, 아직 도요토미 가문에 복종하지 않은 오우(奥羽)(무쓰국과 데와국을 합쳐 이르는 말로 현재의 도호쿠 지방과 거의 일치한다-옮긴이)의 여러 다이묘를 견제한 것으로 볼 수도 있고, 혹은 '물의 도시'인 오사카와 마찬가지로 대도시가 될 가능성을 에도에서 찾은 것인지도 모른다. 적어도 통설처럼 좌천은 아니었다고 현재로서는 추정된다. 한편으로 이에야스도 히데요시의 제안을 받고 바로 휘하의 장수에게 실지 조사를 맡기는 등 에도에 적지 않은 관심이 있었다고 한다.

연안의 매립으로 확대되는 도시

이에야스는 오다와라 전투가 끝난 1590년 8월에 에도에 들어왔다. 이후 에도성 조카마치의 개발은 4대 쇼군 이에쓰나의 대까지 약 70년에 걸쳐 이루어졌다.

● **이에야스가 막부를 열기 전의 에도 주변 지형** 해안선에서 에도성
이 가까웠기 때문에 이에야스는 히비야이리에를 메웠다.

이에야스가 처음에 손댄 것은 하천의 물줄기를 바꾸고 연안을 매
립하는 일이었다. 옛 영지에서 데리고 온 가신단의 거주 구역을 늘리
면서 동시에 수해로부터 거리를 지키고 수상 교통망을 확충하겠다는
목적이었다. 그때까지 일본에서는 연안부의 저습지에 도시가 건설된
예가 별로 없었기에, 그런 의미에서 에도는 획기적인 도시였다고 할

수 있다.

이에야스는 먼저 에도마에지마가 붙어 있는 부분을 파서 히비야 이리에와 에도마에지마의 동쪽 연안을 운하로 연결했다. 제염업이 성한 교토쿠(지바현 이치카와시)와 에도를 연결하는 것이 주된 목적이 었다. 이 운하는 당시의 저명한 의사인 마나세 도산이 그 연안에 거 주했기 때문에 '도산보리道三堀'라고 불렸는데, 현재의 니혼바시강 유역에 해당한다.

덧붙여 에도마에지마의 동쪽 만으로 흘러들어 가던 히라카와강 하구의 물줄기도 바뀌어 도산보리와 합류한다. 히라카와강은 도산보 리와 교차하듯 신바시로 연장되어 에도성 안쪽 해자의 일부가 되었 다. 또 이 히라카와강은 훗날 성곽 안쪽 해자에서 떨어져 나와 현재 의 간다강이 된다.

하천의 물줄기를 바꿈으로써 생겨난 토사는 연안을 매립하는 데 쓰였다. 히비야이리에는 육지가 되고, 에도의 항만 시설은 에도마에 지마의 동쪽 연안에 일체화되었다. 히비야이리에를 매립한 것은 택 지 면적을 늘리는 동시에 에도성이 해상의 공격에 노출되는 위험을 막는다는 군사적 목적도 있었던 것으로 보인다.

고지대는 무사, 저지대는 서민의 거주 구역으로

이에야스는 1603년 교토의 후시미성에서 정이대장군征夷大將軍(쇼군, 막부의 수장을 의미하는 관직-옮긴이)으로 임명한다는 조정의 명을 받고 에도에 막부를 연다. 이후 에도의 개발은 국가사업이 된다.

에도성의 개수는 천하의 공사로 불렸는데, 주로 서쪽 지방의 다이묘가 노역을 떠맡았다. 10만 석 영지마다 인부 100명이 옮길 수 있는 거석 1,200개를 가지고 오도록 정해졌으며, 이즈와 하코네에서 떼어낸 자그마치 11톤의 거석이 해로로 에도까지 옮겨졌다.

현재도 성곽 바깥쪽 해자의 돌담 같은 곳에서 다이묘 가문을 상징하는 문양이 새겨진 돌을 볼 수 있다. 이것은 어느 다이묘가 어느 부분의 공사를 담당했는지 증명하기 위해서라고 한다.

에도는 에도성을 중심으로 북서쪽이 무사시노 고지대의 구릉으로 동남쪽이 저지대의 습지로 되어 있다. 이 고저의 차가 '야마노테'와 '시타마치'라는 구분의 유래가 되었다. 무가의 거주 구역은 주로 야마노테에 지어지고, 시타마치는 주로 서민의 주거 구역이 되었다.

에도성의 안쪽 해자에는 오테몬(정문), 한조몬, 사쿠라다몬 등의 성문이 설치되었고, 바깥 해자에는 요쓰야몬, 아카사카몬, 도라노몬 등의 성문이 설치되었다. 그중 한조몬에서 요쓰야몬으로 뻗은 길은 고슈 가도로 이어진다. 고슈 가도와 더불어 도카이도, 닛코 가도, 오슈 가도, 나카센도의 '5가도'는 각지의 물자를 옮기는 에도

○ **오테몬** ⓒEdomura no toku zo

의 대동맥인 동시에 도시 방어의 요충지였다. 성문의 경호가 무사의 업무였기 때문에 야마노테는 무사의 주거 구역으로 할당되었다. 이 다섯 개의 도로는 모두 기점이 도산보리에 놓인 니혼바시 다리에 있 다는 공통점이 있다.

무사시노 대지臺地(주위보다 높고 평평한 넓은 땅-옮긴이)의 구릉은 간 다다이臺, 요도바시다이, 메구로다이, 에바라다이 등으로 잘게 나뉜 다. 연안을 메우는 데에는 간다다이를 허문 토사도 쓰였는데, 그 허 문 자리에 스루가(시즈오카현 중부)에 있던 도쿠가와 가문의 가신단이 이주했기 때문에 '스루가다이'라고 불리게 되었다.

일그러진 시가지 구획이 크게 키운 화재 피해

'화재와 싸움은 에도의 꽃'이라는 말이 있듯이 에도는 화재가 매우 자 주 일어나는 도시였다. 특히 1657년에 발생한 메이레키 대화재 때는 에도성의 혼마루가 소실되었다. 막부의 최고 수뇌부에서는 바로 재 건을 계획했지만 어린 4대 쇼군 이에쓰나를 보필하는 역할을 맡았던 호시나 마사유키(3대 쇼군 이에미쓰의 이복동생)는 태평성대에 천수각은 필요 없다고 단정하고, 그 재건 비용을 시가지를 부흥하는 데 충당했 다. 이후 에도성 천수각은 재건되는 일 없이 현재에 이르렀다.

이 큰 화재로 3만 명에서 10만 명 사이의 사망자가 나왔다고 전한 다. 피해가 커진 원인의 하나로 스미다강에 놓인 다리가 센주 대교밖

○ **메이레키 대화재의 현대적 그림(에도도쿄박물관 소장)**

에 없었던 점이 꼽힌다. 스미다강이 무사시와 시모우사(현재의 지바현 북부) 지역을 나누는 경계라는 군사상의 이유인데, 이것이 에도 사람들에게서 도망갈 곳을 빼앗는 결과로 이어지고 말았다.

이후 스미다강에는 료고쿠 다리, 에이타이 다리가 놓이고, 강의 동쪽도 무사시에 편입되었고 후토이강(현재의 에도강)이 무사시와 시모우사의 경계가 되었다.

막부가 에도의 범위를 공식적으로 정한 것은 1818년의 일이다. 그러나 현재의 에도가와구, 가쓰시카구, 아다치구, 네리마구, 나카노구, 스기나미구, 세타가야구, 오타구는 에도에 포함되지 않았다. 이 지역들이 도쿄의 구로 편입되는 것은 메이지 시대 이후이다.

에도의 조카마치 면적의 약 70퍼센트가 무가의 저택이고, 사찰·신사와 조닌町人(에도 시대 도시에 거주하던 상공업자의 통칭-옮긴이)의 주택이 각각 15퍼센트의 비율이었다. 그러나 인구의 구성으로 보면 무

● **메이레키 대화재 후 정비된 에도성 조카마치** 료고쿠 다리와 에이타이 다리가 놓임으로써 에도의 거리는 동쪽으로 확대되었다.

사는 약 절반에 머무른다. 그런 만큼 일반 서민의 주거 구역에는 인구가 밀집되어 있었다. 그들은 현재의 집합 주택에 해당하는 나가야에서 서로 어깨라도 맞닿을 듯 복작복작하게 생활했다. 사농공상의 신분제도에 따른 일그러진 구획 정비도 화재가 일어날 때마다 막대한 피해가 발생한 이유라고 할 수 있다.

808개의 마을을 거느린 친환경 도시

한편 에도는 세계의 대도시와 비교해 선진적인 면도 있었다. 바로 상하수도이다. 에도 동부의 습지대나 매립으로 확장된 구역에서는 지하수를 얻을 수 없었다. 그래서 막부는 간다 상수도와 다마가와 상수도 등 '에도의 여섯 상수도'를 확충하여 시민의 생활 용수로 제공했다.

상수도를 내는 데는 서고동저의 지형이 활용되었다. 서쪽의 구릉 지대에서 끌어온 물은 땅속에 묻은 목제 배관을 통해 시내 구석구석까지 흘러들어 갔고, 사람들은 우물에서 그 물을 길었다. 에도 거리의 상수도 보급률은 60퍼센트에 이르렀다고 한다.

하수는 도로에 판 도랑을 통해 바다로 방류되었다. 당시 하수는 주로 빗물이다. 분뇨는 비료로 재활용되었기 때문에 하수로 방류되지 않았다. 당시 에도는 매우 청결하고 친환경적인 도시였다.

또 에도는 수운의 도시이기도 했다. 성곽 바깥 해자의 안쪽으로만 60개가 넘는 나루터, 다시 말해 배를 대는 '강기슭'이 있어 주변에 시장이 형성되었다. 그런 강기슭 시장들은 육지로 건져 올린 물자의 종류에 따라 '어시장', '목재 시장', 혹은 산지에 따라 '교토쿠 시장' 등의 이름으로 불렸다. 그중에서도 니혼바시강 기슭의 어시장에서는 에도의 근해에서 잡은 신선한 물고기가 도매로 거래되어 에도마에 초밥을 비롯한 다채로운 식문화를 낳았다.

긴자에 있었던 이 어시장은 메이지 시대 이후에도 식품 시장으로 기능했지만, 다이쇼 시대(1912년 7월 30일~1926년 12월 25일)의 간토 대지진으로 괴멸적인 피해를 입는다. 그래서 장소를 옮겨 만들어진 것이 현재의 쓰키지 시장이다.

에도 초기에 15만 명 정도였던 에도의 인구는 18세기 전반에 100

○ **쓰키지 시장의 모습(2018년)** ©kakidai

만 명을 넘어선 것으로 추산된다. 통계 방법에 따라 차이는 있지만, 당시 인구 100만의 도시는 베이징, 런던 등 세계적으로 손에 꼽을 정도였다.

흔히들 이야기하는 '808개의 마을을 거느린 대大에도'라는 말은 4대 쇼군 이에쓰나의 시대에 한 마을(가옥 20~30채 정도의 마을 공동체)당 한 사람만 영업이 허가된 이발사가 808명 있었다는 데서 유래한다. 그 후에도 에도는 확장을 거듭하여 19세기에는 1,700개의 마을이 있었다고 한다.

지진과 전쟁 속에서 지켜낸 번영

에도 시대의 막바지에 해당하는 1868년 7월, 에도는 '도쿄東京'로 명칭을 바꾼다. 문자대로 '교토京都의 동쪽에 있는 도읍'이라는 의미이다. 같은 해 10월에는 그때까지 교토에 있었던 천황의 거처가 에도성으로 옮겨지고 도쿄는 명실상부하게 일본의 수도가 된다. 이때 신정부의 수장인 오쿠보 도시미치는 오사카에 수도를 두는 것도 고려했지만, 정무 청사도 갖추어져 있는 도쿄로 옮기기로 결정이 되었다.

그 후 도쿄는 두 번에 걸쳐 큰 전기를 맞이한다. 첫 번째 전기는 1923년 9월의 간토 대지진이다. 사가미만의 먼 바다를 진원으로 한 대지진은 도쿄의 번화가를 중심으로 괴멸적인 피해를 불러왔다. 당시의 번화가에는 에도 시대에 지어진 목조 가옥이 밀집되어 있었고, 골목의 폭도 좁아 소방차의 진입조차 쉽지 않았다. 이 지진으로 생긴 피해는 흔들림에 의한 가옥의 붕괴보다 화재 쪽이 훨씬 심각했다.

지진이 지나간 후 제도부흥원과 도쿄시는 지주층에게서 토지의 10퍼센트를 무상으로 공출하여 새로운 도시계획을 실행에 옮겼다. 이때 만들어진 것이 종래보다 폭이 넓은 쇼와도리, 다이쇼도리, 에이타이도리 같은 간선도로이다. 또 도내의 명소에는 연소를 막기 위한 녹지대도 만들어졌다.

이렇게 부흥을 이룩한 도쿄는 쇼와 시대에 다시 비극을 겪는다. 제2차 세계대전의 도쿄 대공습이다. 1944년 11월 시작된 미군 비행기의 공중 폭격은 106회에 이르렀으며, 이듬해 3월의 대공습에서는

10만 명 이상의 도민이 목숨을 잃었다.

패전 후 도쿄도의 부흥은 간토 대지진 때와 마찬가지로 구획 정리, 새로운 간선도로의 부설, 그리고 녹지대의 조성이 기본 방침이었다. 그러나 연합군 최고 사령부(GHQ)가 주도하는 일본 부흥 계획에 저촉되는 사례도 있어 사업 규모는 어쩔 수 없이 축소되었다. 그 결과 건설이 예정되어 있던 폭 100미터 규모의 도로는 실현되지 못했고, 번화가를 비롯한 도내 각 지역에는 다시 목조 가옥의 밀집 지대가 생겨났다.

도시계획의 관점에서는 다양한 문제를 안고 있었지만, 전후 일본과 도쿄의 경제 규모는 세제 개혁과 한국전쟁의 특수로 기적이라고 불릴 만한 성장을 이루어 낸다. 1964년 도쿄 올림픽은 하나의 종착점이라고 할 수 있을 것이다.

2020년에는 두 번째 하계올림픽이 개최되는 세계 도시 도쿄. 그 번영은 지금도 계속되고 있다(COVID-19로 인해 2021년 여름에 개최됨).

09
서구의 근대 문화를 수용하고
발신한 문화의 입구

요코하마
横浜

● 해당 지역 **가나가와현**

○ 도시 인구 **약 376만 명(2020년 기준)**

도쿄만 연안의 항구 중에서도 수심이 깊어 대형 선박이 정박하기에 알맞고 대도시인 도쿄와 가까운 요코하마는 일본에서도 손꼽히는 무역항이 되었다.

가마쿠라와도 인접한 입지이기 때문에 요코하마 일대의 항만은 중세부터 이용되어 막부 말기의 개항 이후에 본격적으로 발전한다.

개항 후에는 외국인 거류지가 조성되고, 국가 프로젝트인 생사生絲 수출을 배경으로 철도가 부설되고 항구가 보수됨으로써 첨단 문화의 입구가 된 항구도시의 뿌리를 살펴보자.

꾸준한 발전으로 '일본 최초'가 된 항구

붉은 벽돌 창고가 늘어선 요코하마는 서양풍의 세련된 항구도시로 알려져 있다. 막부 말기에 개항한 이래 잇달아 서양의 물자가 유입된 요코하마는 첨단 문화를 수용하는 동시에 발신하는 중심지가 되었다. 일간지 간행, 은행 설립, 철도와 전화 부설, 맥주 양조장과 서양풍 호텔 건설 등 다수의 분야에서 '일본 최초'의 땅이 되었다.

중세에는 현재의 요코하마시 남부 가나자와구에 있었던 항구 무쓰우라노쓰가 막부가 있던 가마쿠라의 배후에 자리하여, 현재의 도쿄만을 끼고 보소반도와 가마쿠라를 잇는 지점으로서 중시되었다. 1240년, 3대 싯켄 호조 야스토키가 몸소 지휘하여 가마쿠라에서 무쓰우라로 빠지는 '아사이나 고갯길'이 만들어진다. 이 길이 만들어지

○ **요코하마항과 랜드마크 타워의 모습**

면서 보소의 유력자인 지바 가문과의 연대와 지금의 도쿄만을 가로 지르는 물류가 용이해졌다.

1275년에는 무쓰우라의 가네자와고金沢郷를 거점으로 하는 호조 사네토키(가네자와 사네토키)가 사찰 쇼묘지의 경내에 많은 고전 문헌 을 모아 놓은 가네자와 문고(에도 시대 이후 가나자와 문고라고 불렸다-옮 긴이)를 짓는다. 그 후에도 장서는 계속 늘어나 『쓰레즈레구사徒然草』 를 지은 요시다 겐코 등 많은 문인이 찾아왔다. 현재는 가나가와현이 운영하는 현립 가나자와 문고 도서관이 되어 있다.

가네자와고의 북쪽, 즉 현재의 요코하마시 가나가와구에 있던 가나가와미나토神奈川湊도 중세부터 도쿄만의 물류 거점 중 하나로 활용되었다.

에도 시대에 들어서면서 가나가와미나토 바로 가까이에 도카이도를 타고 에도에서 세 번째 역참이 되는 가나가와슈쿠神奈川宿가 지어진다. 역참의 범위는 현재의 게이큐 전철 가나가와 신마치역 부근부터 JR 요코하마역 바로 북쪽 일대에 이른다. 다만 막부 말기 개국 직전에 해당하는 덴포 연간(1830~1844)의 시점에서는 가나가와슈쿠 다음의 역참인 호도가야슈쿠에서는 여관이 공인 여관인 본진本陣을 포함해 68개, 그다음에 있는 도쓰카슈쿠가 77개였던 것과 비교했을 때 가나가와슈쿠는 60개로 딱히 큰 역참은 아니었다.

열강의 요구를 물리치고 개항

1853년 6월, 미국의 동인도 함대 제독 페리가 우라가(현재의 요코스카시)에 내항하여 막부에 개국을 요구한다. 이듬해 페리가 다시 찾아와서 현재의 나카구에 있는 요코하마무라에서 미일 화친 조약이 체결되었다.

지금은 매립으로 완전히 지형이 바뀌었지만, 요코하마무라橫浜村라는 이름은 만 쪽으로 가로로 긴 곳이 툭 튀어나온 지형에서 유래했다고 전한다.

○ 1854년 페리 제독의 내항

　페리 일행은 에도에서 교섭하기를 바랐지만 막부 측은 회담이 결렬되어 전쟁이 벌어지는 상황을 우려했다. 그래서 에도에서 먼, 당시에는 아직 민가가 90호 정도밖에 없었던 요코하마무라를 교섭 장소로 정한다. 페리 일행을 맞이한 응접소가 있던 장소는 현재의 가나가와 현청 바로 근처로 1981년에 요코하마 개항 자료관이 지어졌다.

　그 후 미일 수호 통상 조약이 체결되면서 하코다테, 나가사키 등과 더불어 도카이도에 면한 가나가와미나토의 개항을 요구받는다. 그러나 다이로大老(에도 막부의 쇼군을 보좌하던 최고위직-옮긴이)였던 이이 나오스케는 사람이 많이 드나드는 가나가와슈쿠 인근을 개항하여 외국인 거류지를 만들면 말썽이 잦을 것이라고 생각해서 가나가와미나토 건너편의 요코하마무라에 새로운 항구를 만들기로 했다.

외국 공사들은 난색을 드러냈지만 막부 측은 '요코하마도 가나가 와의 일부'라고 주장했다. 아울러 요코하마가 도쿄만의 안쪽보다 수심이 깊어 대형 선박이 정박하기 알맞다는 점도 들어 요코하마 개항을 밀어붙였다. 실제로 이 지형적 조건이 유리하게 작용하여 요코하마는 국제 무역항으로 발전하게 된다.

겨우 몇 년 만에 일본 최대의 무역항으로

요코하마는 1859년 7월에 개항했다. 개항장의 범위는 오오카강과 나카무라강 사이에 낀 지역으로 이보다 안쪽은 '간나이關內', 바깥쪽은 '간가이關外'라고 불린다. 개항장의 서단에는 간나이와 간가이를 잇는 요시다 다리가 놓이고, 거기서부터 현재의 니시구 센겐초 근방에서 도카이도에 이어지는 요코하마도가 새롭게 개통된다.

지금의 니혼오도리 도로 동쪽에 펼쳐진 야마시타초에 막부가 외국인 거류지를 만들고, 미국이나 영국 등에서 건너온 상인이 그곳에 저택을 마련했다. 야마시타에서는 당시 중국 왕조인 청나라의 상인이나 서양인에게 고용된 중국인 노동자도 대량으로 모여들어 현재까지 이어지는 차이나타운이 형성된다. 또 요코하마 차이나타운은 전쟁 전까지는 한결같이 '도진唐人(중국인)마치', '난킨南京(중국의 난징) 마치'라고 불렸는데, 실제로는 홍콩이나 광둥성 출신자가 많았다고 한다. 야마시타 거류지의 동쪽에는 거류지 건설 때문에 퇴거한 요코하마무라의 원주민이 살았고, 그런 까닭에 그곳은 '원래'의 '요코하마무라'라는 의미에서 '모토무라元村'로 불렀다. 이것이 현재의 모토마치이다.

그런데 1862년, 야마시타 거류지에서 그렇게 멀지 않은 나마무기무라(현재의 요코하마 쓰루미구 나마무기)에서 사쓰마번의 무사가 영국인을 살상하는 나마무기 사건生麥事件이 발생한다. 그래서 거류지의 외국인은 경계심을 강화하고, 현재의 '항구가 보이는 언덕 공원' 일대에는 1875년까지 영국군과 프랑스군이 주둔했다.

야마시타 거류지는 금세 비좁아지고, 1866년에 일어난 '돼지고기집 화재(발화 지점이 돼지고기 음식점인 데서 유래한 이름 - 옮긴이)'라고 불리는 대화재를 계기로 재개발되면서 도로 폭이 넓은 서양풍의 주택

○ **항구가 보이는 언덕 공원 내의 장미 공원의 모습** ©Toshihro Gamo

가가 만들어진다. 이때 방화대(불이 번지는 것을 막기 위하여 빈터로 둔 지대-옮긴이)의 역할까지 겸해 폭 36미터의 니혼오도리 거리가 정비되었다. 덧붙여 모토무라에서 더 동쪽으로 들어가는 고지대의 주택 지구에도 새로운 외국인 거류지가 조성된다. 일련의 사업에 착수한 것은 막부지만 메이지유신 후에는 신정부가 이어받아 마무리했다.

몇 년 전까지 한촌寒村이었던 요코하마의 새로운 주민은 외국인만이 아니었다. 현재의 니혼오도리 서쪽에는 일본인 상인이 모이면서 인구가 급증했다.

사실 메이지유신 이전의 요코하마 무역액은 같은 시기에 개항한 하코다테와 나가사키보다 대폭 많은 상황이었다. 당시 일본 수출품 중 으뜸가는 것은 생사生絲이고, 생사의 주산지는 간토와 고신甲信 지방(나가노현과 야마나시현의 총칭-옮긴이) 등 요코하마에서 가까운 지역이었기 때문이다. 1867년 시점에서 요코하마항을 통한 생사의 수출액은 500만 달러 이상에 달했다. 생사 무역항을 요코하마항 한 곳에 독점시킨 정책 덕분에 요코하마는 급속한 발전기를 맞이한다.

최초의 요코하마역은 지금의 사쿠라기초역

메이지유신 후인 1870년에는 거류지 외국인들의 휴식 장소로서 일본 최초의 서양식 공원인 야마테 공원이 조성된다. 공원에는 히말라야삼나무를 심었고 일본 최초의 테니스 코트를 만들었다.

○ **최초의 요코하마역(지금의 사쿠라기초역)**

이어서 1872년 9월에는 요코하마와 신바시 사이에 일본 최초의 철도가 영업을 시작한다. 이때 만들어진 요코하마역은 현재의 사쿠라기초역에 해당한다. 다이쇼 시대에는 도카이 본선과 연결하기 위해 지금의 니시구에 있는 시영 지하철 다카시마초역에 새로운 요코하마역이 만들어지지만, 간토 대지진으로 역사가 무너지고 1928년에 현재의 위치로 이전했다. 즉 지금의 요코하마역은 세 번째 역사이다.

요코하마에는 동일본 전역의 해군을 총괄하는 도카이東海 진수부도 설치되었지만, 1884년에 요코스카로 이전한다. 요코스카도 막부 말기에는 작은 어촌이었으나, 오래지 않아 조선소와 군항을 거느리는 가나가와현의 대도시로 성장한다.

거류지에서 영국과 프랑스의 군대가 퇴거하자 그때까지 주둔지로 쓰이던 땅도 외국인을 위한 주택지가 되었다. 다만 1887년 무렵부터 요코하마에 있던 각국의 영사관이 도쿄로 이전한다. 거류지는 오래도록 '일본 속의 외국'이었지만 1899년에 여러 외국과 조약이 개정되면서 요코하마를 비롯해 고베, 나가사키 등 각지의 거류지는 정식으로 일본에 반환된다.

● **현재의 요코하마 주변 지형** 개항으로 국제 무역항으로서의 중요성이 늘어남에 따라 매립지가 확대되어 간다.

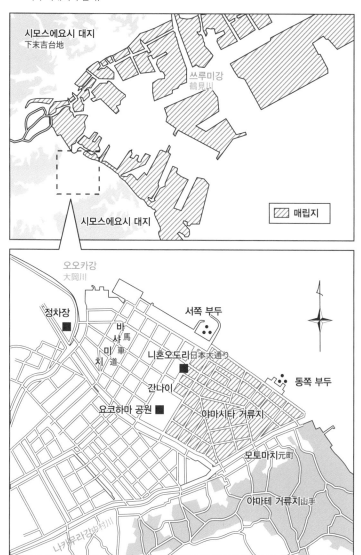

● **메이지 초기의 요코하마항 주변** 야마시타 거류지가 있는 간나이로 들어가려면 다리를 건너야 했다.

도시 풍경을 크게 바꾼 지진과 전쟁

요코하마는 대부분 평지로 이루어졌지만 연안부를 매립하면서 급속도로 확대되고 발전했다. 그러나 원래는 구릉지와 바다가 바로 인접했던 땅인 만큼 지금도 시내에는 언덕을 뜻하는 '사카坂'가 붙은 지명이 약 200개나 있다.

급속도로 발전한 요코하마에 크나큰 타격을 입힌 사건이 1923년 9월에 발생한 간토 대지진이다. 진원지는 요코하마 남쪽 사가미만 먼바다로, 당시 요코하마의 인구는 도쿄시(현재 도쿄도 23구의 범위)의 5분의 1이었지만 파괴된 가옥은 약 1만 6,000동에 이르러 도쿄보다 피해가 막대했다. 피해가 커진 이유로는 시가지가 매립으로 조성되어 지반이 약했던 점을 꼽을 수 있다. 또 요코하마에는 에도 시대 초기에 판 나카무라강, 외국인 거류지와 외부를 분리하기 위해 판 호리카와강 같은 운하와 하천이 다수 있었지만, 이런 강에 놓인 다리가 무너져 피난할 수 없었던 사람도 많았다.

지진이 덮친 후 요코하마와 도쿄에서는 제도부흥원 총재가 된 고토 신페이에 의해 대대적인 부흥 계획이 실행되었다. 종전의 구불구불했던 도로가 정리되고 튼튼한 다리가 놓였으며 화재 피난 구역을 겸해 야마시타 공원과 노게야마 공원이 만들어졌다.

그러나 제2차 세계대전 말기인 1945년 5월에는 시내 남부의 공장 지대를 중심으로 미군이 대공습을 퍼부어(요코하마 대공습) 야마테 지구와 야마시타 공원의 주변 이외에는 다시 잿더미가 되었다.

○ **간토 대지진 직후 요코하마를 사찰하는 쇼와 천황**

1980년대에 접어들면서 나카구에서 니시구에 걸쳐 새롭게 미나토미라이 지역이 정비되고 높이 196미터를 자랑하는 요코하마 랜드마크 타워가 지어졌다. 또 개항 150주년을 맞이한 2009년에는 나카구 해안 도로에 막부 막바지에 지어진 동쪽 부두(통칭 '코끼리 코')가 재정비되고 바다가 보이는 테라스가 명물인 코끼리 코 공원이 문을 열었다. 이처럼 메이지 시대의 한촌에서 출발한 요코하마는 현재도 더욱 발전을 거듭하고 있다.

10

유구한 역사와 문학의 향기가
스며든 천혜의 요새

가마쿠라

鎌倉

- 해당 지역 **가나가와현**
- 도시 인구 **약 17만 명(2020년 기준)**

수많은 명소가 여기저기 흩어져 있는 고도 가마쿠라. 도시의 상징인 쓰루가오카 하치만구는 미나모토 가문의 수호신을 모신 신사로, 미나모토노 요리토모는 이 오래된 신사를 중심으로 가마쿠라 거리를 만들었다. 입지 면에서는 바다와 산으로 둘러싸인 천연 요새이고, 산의 표면을 도려내 뚫은 길은 가마쿠라 막부에 반기를 든 닛타 요시사다의 대군을 괴롭혔다.

센고쿠 시대에 접어들면서 가마쿠라는 차츰 쇠퇴기를 맞이한다. 근세에는 관광지로서 각광을 받았으며 메이지 이후에는 많은 문화인이 옮겨 와 살았다.

가마쿠라의 매력을 세상에 널리 알린 미토 고몬

○ **고도쿠인 대불 정면** ©DBeyer

일본 국내뿐 아니라 해외여행자 사이에서도 인기가 높은 가마쿠라. 대표적인 관광지인 쓰루가오카 하치만구鶴岡八幡宮와 고도쿠인高德院에 있는 가마쿠라 대불은 둘 다 1,000년 가까운 역사가 있지만, 끊임없이 참배객으로 북적였던 것은 아니었다. 무로마치 후기의 가마쿠라는 농업과 어업만으로 생계를 꾸리던 한촌이었다.

가마쿠라가 지금 같은 관광 도시가 될 수 있었던 계기를 만든 것

○ **쓰루가오카 하치만구 참배 길 정문의 모습** ⓒNerotaso

은 미토 고몬이라는 별명으로 유명한 미토번의 번주 도쿠가와 미쓰쿠니이다. 미쓰쿠니는 가마쿠라와 에노시마를 방문하고, 그것을 바탕으로 240개가 넘는 명소와 경승지를 정리하여 『신편 가마쿠라 지리지新編鎌倉志』라는 서적을 펴내도록 했다. 이 문헌은 지금으로 보자면 여행 가이드북으로, 가마쿠라는 에도 중기 이후 많은 관광객이 찾아오게 되었다.

미쓰쿠니가 가마쿠라에 끌린 것은 본격적인 무가 정권의 발상지였다는 점과도 관계가 있다. 미쓰쿠니의 조부 도쿠가와 이에야스는 가와치 겐지河內源氏(현재의 오사카부 동부에 해당하는 가와치국에 근거지를 두었던 겐지, 즉 미나모토源 가문의 일파-옮긴이)였던 닛타 가문의 후예를 자칭하며 가마쿠라 막부의 초대 쇼군 미나모토노 요리토모를 숭배했다고도 전해진다.

애초에 가마쿠라는 간무 헤이시의 일족인 다이라노 나오카타의 영지였다. 나오카타는 다이라노 다다쓰네의 난을 진압한 미나모토노 요리요시의 무용이 마음에 들어 자신의 딸과 영지를 그에게 준다. 요리요시는 미나모토 가문의 수호신을 모신 교토 이와시미즈 하치만구를 권청勸請(그 신사에 모신 신을 나누어 다른 곳에서 모시는 것)하여 유이고(현재의 가마쿠라시 자이모쿠자)에 쓰루가오카(유이) 와카미야若宮를 만든다. 이후 가마쿠라는 가와치 겐지의 거점이 된다.

쓰루가오카 하치만구를 중심으로 한 요리토모의 도시계획

○ 미나모토노 요리토모의 초상

요리요시부터 세어 6대째 자손에 해당하는 요리토모는 다이라 가문 토벌을 위해 군사를 일으킨 1180년에 가마쿠라에 들어갔다. 가마쿠라를 정권의 거점으로 선택한 주요인으로는 이 땅이 방위에 적합했다는 점을 들 수 있다.

사가미만이 위치하고 세 방향을 구릉지가 둘러싸고 있는 가마쿠라는 천연 요새이다. 요리토모는 이시바

시산石橋山 전투에서 패배한 후 아와(현재의 지바현 남부)로 멀리 달아나
는데, 역사서 『아즈마카가미吾妻鏡』에는 그 지역 호족 지바 쓰네타네
가 했다는 "지금 있는 곳은 그다지 요충지가 아닙니다. 그렇다고 선조
와 인연이 있는 땅도 아닙니다. 얼른 사가미국 가마쿠라로 떠나심이
마땅합니다"라는 말이 적혀 있다. 요리토모는 아버지로 따르는 쓰네
타네의 조언에 따라 가마쿠라를 거점으로 삼았다.

가마쿠라로 들어간 요리토모는 먼저 황량해진 쓰루가오카 와카미
야를 고바야시고의 기타야마로 옮긴다. 이것이 현재의 쓰루가오카
하치만구이다. 궁사(궁호를 칭하는 신사)는 평야 북쪽의 구릉 중턱에 있
고, 거기서 사가미만의 해안선을 향해 대로인 와카미야오지가 지난
다. 쇼군의 거처, 막부의 청사, 가신들의 저택 다수는 북쪽에서 동쪽
으로 이어지는 산을 따라 지어졌고, 그것들을 다시 감싸는 동서의 산
자락과 중턱에는 고도쿠인을 비롯한 많은 사찰이 지어졌다.

더 자세히 살펴보면, 요리토모가 자신의 저택을 둔 곳은 현재의 세
이센초등학교 일대로 '오쿠라'라고 불리는 장소이다. 오쿠라 고쇼御
所에는 쇼군의 거처 외에, 고케닌이 대기하는 사무라이 도코로侍所(가
마쿠라·무로마치 시대에 군사와 치안 등을 담당하던 관청-옮긴이), 행정을 담
당하는 구몬조公文所(훗날의 만도코로政所), 소송을 관장하던 몬추조問
注所 등의 청사도 지어졌다. 다만 이 오쿠라 고쇼에서 정무를 본 것은
1225년까지다. 그 후 정청(정무를 집행하는 관청-옮긴이)은 쓰루가오카
하치만구의 남쪽에 위치한 우쓰노미야즈시로 옮겨진 것으로 본다.

정청을 옮긴 이유로는 막부 정치의 대폭적인 쇄신을 들 수 있다.

- **현재의 가마쿠라 지형** 세 방향이 산으로 둘러싸인 가마쿠라로 들어오려면 어쨌거나 고갯길을 지나야만 했다.

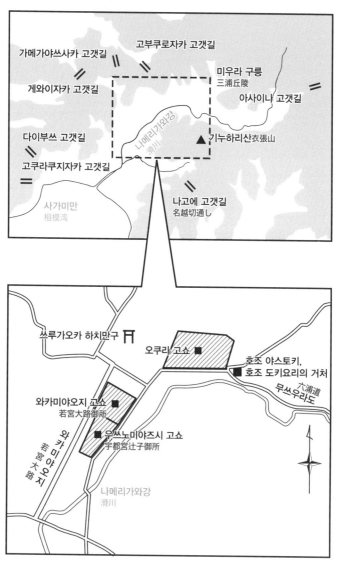

- **가마쿠라 시대의 고쇼 주변도** 와카미야오지는 가마쿠라의 중심부인 쓰루가오카 하치만구에서 유이가하마까지 연결했다.

요리토모의 적통 혈통은 이미 끊어졌고, 3대 싯켄 호조 야스토키는 교토의 공가公家(조정에 봉직하는 귀족과 상급 관리의 총칭-옮긴이) 후지와라노 요리쓰네를 꼭두각시 쇼군에 앉히고, 막부 정치를 싯켄 중심의 합의제로 바꾸었다. 그러나 여기에 정청이 있었던 것은 고작 12년이다. 그 후는 우쓰노미야즈시의 북쪽으로 다시 옮겨진 것으로 추정된다(와카미야오지 고쇼). 이전의 이유는 잘 알려져 있지 않지만 이전이 아니라 확장으로 보는 설도 있다.

'즈시辻子'는 좁은 길을 의미한다. 가마쿠라 시가지는 대로인 와카미야오지와 그 동쪽의 대로인 고마치오지, 맞은편 서쪽의 대로 이마오지를 간선도로로 삼고 있으며 그곳들은 크고 작은 길이 연결하고 있다. 우쓰노미야즈시는 와카미야오지와 고마치오지를 연결하는 길로, 무장 우쓰노미야 도모쓰나의 저택이 있었던 곳이라 하여 그렇게 불렸다.

메인 스트리트인 와카미야오지는 헤이안쿄의 스자쿠오지(주작대로 朱雀大路)를 모델로 삼았다. 당시의 총 길이는 약 1,800미터였다. 현재는 차도의 중앙에 참배객을 위한 큰길이 있고, 두 번째 도리이鳥居와 세 번째 도리이 사이는 한 단 높게 만들어져 있다. 이 참배 길은 '단카즈라'라고 불리는데, 요리토모의 아내 호조 마사코의 순산을 기원하기 위해 만들어졌다고 전한다.

또 쓰루가오카 하치만구에 가까워짐에 따라 도로의 폭이 좁아지는 것도 단카즈라의 특징이다. 이것은 원근법을 이용해 쓰루가오카 하치만구까지의 거리를 길게 보이도록 만든 것인데, 전투가 벌어졌을 때 적군이 공격하기 어렵게 하는 효과가 있었다고 한다.

상업 공간으로서의 가마쿠라

교외로 눈을 돌리면 각지의 가도와 항구가 정비되었으며, 서부 지방과 중국 송과의 교역으로 얻은 이익이 막부의 재정과 서민의 생활을 떠받쳤다. 특히 미우라반도 동부 연안의 무쓰우라(요코하마시 가나자와구)는 파도가 잔잔하여 배가 드나들기 좋은 항구로, 막부의 외항으로 중시되었다. 일대에서는 제염업도 성행하여 무쓰우라와 가마쿠라를 잇는 아사이나(아사히나) 고갯길은 '소금 길'로도 불렸다.

무쓰우라와 마찬가지로 막부의 중요한 외항이었던 와카에섬(가마쿠라시 자이모쿠자)은 현존하는 일본의 항만 시설 중에서 가장 오래되었다. 가마쿠라 시내는 사가미만에 하구를 둔 나메리가와강이 남북으로 흐르고, 오늘날에는 하구의 서쪽 해안이 유이가하마, 동쪽이 자이모쿠자 해안이라고 불린다. 자이모쿠자材木座라는 지명은 문자 그대로 재목材木을 다루는 가마쿠라 시대의 상공업 조합(座)에서 유래되었다.

당시의 나메리가와강 하구는 육지 쪽으로 깊숙이 들어와 있었으므로 와카에섬 같은 항만 시설이 있었던 것으로 추정된다. 요컨대 가마쿠라는 '무사의 도읍'인 동시에 고도로 발달한 상업 공간이기도 했다. 당시의 가마쿠라 인구는 3만 명 정도였다고 한다.

방어선이 된 일곱 개의 고갯길

한편 육로에서는 가마쿠라 가도가 정비되었다. 가마쿠라 가도는 길 하나의 이름이 아니라 가마쿠라 주변에 몇 개나 있는 고도의 총칭이다. 고케닌들은 이 가도를 지나 가마쿠라에 들어왔다. 그때 드나드는 출입구에 해당하는 것이 산 표면을 쪼개듯 파서 만든 고갯길이다. 주요 고갯길은 쓰루가오카 하치만구 북서쪽에 있는 가메가야쓰사카부터 시계 방향으로 고부쿠로자카, 아사이나, 나고에, 고쿠라쿠지자카, 다이부쓰, 게와이자카까지 일곱 개로, 합쳐서 '가마쿠라 7구口'로도 불렸다.

닛타 요시사다가 가마쿠라를 공격했을 때는 이 고갯길이 격전지가 되었다. 1333년, 고다이고 천황의 거병에 호응한 요시사다는 일설에 따르면 기병만 60만에 이르는 대군을 이끌고서 사가미(현재의 가나가와현)를 침공한다. 요시사다는 군세를 세 개로 나누어 고부쿠로

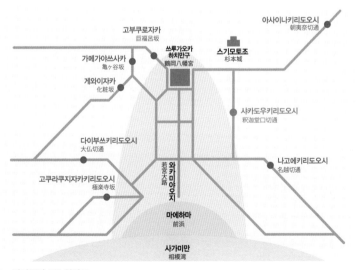

○ **가마쿠라 7구 위치도**

자카, 고쿠라쿠지자카, 게와이자카의 고갯길을 공격한다. 그러나 맞서는 막부군의 저항이 격렬하여 공략은 난항을 거듭했다.

그래서 요시사다는 전략을 바꾸어 이나무라가사키 해안을 우회해 유이가하마에서 가마쿠라로 침입한다. 시가지는 순식간에 제압되고 호조 가문 본가의 당주인 14대 싯켄 다카토키는 쓰루가오카 하치만구의 동쪽에 있는 사찰 도쇼지에서 일족, 가신들과 함께 자결한다.

오늘날 도쇼지 터에는 '하라키리야구라'라고 하여 할복 자살한 자들을 추도하는 횡혈식 납골 굴이 있고 거기에 호조 일족을 애도하는 석탑과 경문이 적힌 탑 모양의 갸름한 나무판자들이 놓여 있다. 이 '야구라'란 암벽을 파서 만든 횡혈식 납골 굴을 이르는 것으로, 다이부쓰자카와 나고에자카에서는 대규모의 횡혈식 납골 굴을 볼 수 있다.

가마쿠라 막부의 멸망으로 쇠퇴하다

가마쿠라 막부의 멸망 후, 가와치 겐지 일족의 아시카가 다카우지를 초대 쇼군으로 하는 무로마치 막부가 성립한다. 막부의 시정 방침을 제시한 『건무식목建武式目』에는 쇼군의 거처를 어디로 할 것인지 다카우지가 여러모로 생각을 거듭하는 모습이 기록되어 있는데, 계속해서 가마쿠라에 거처를 둘 가능성도 있었다고 한다.

결국 막부는 교토에 설치되었지만, 여전히 가마쿠라가 간토 무사에게 상징적인 존재라는 점은 변함이 없었다. 다카우지는 가마쿠라 막부가 있던 자리에 가마쿠라부를 설치하고 장관인 구보公方에게 간토 10개국의 지배권을 주었다.

그러나 구보의 절대적인 권력은 간토 무사의 반발을 불러왔고, 막부와도 알력이 생겼다. 4대 가마쿠라 구보 아시카가 모치우지는 막부와 대립하고, 아들인 시게우지는 항쟁 끝에 가마쿠라에서 쫓겨났다.

이런 어수선한 난리가 끊이지 않는 가운데 가마쿠라 구보를 보좌하는 간토 간레이인 우에스기 가문에서도 동족 간 다툼이 벌어진다. 무로마치 시대의 우에스기 가문은 야마노우치 우에스기, 오우기가야쓰 우에스기의 두 일족이 널리 알려져 있는데, 이들 외에도 이누가케 우에스기, 다쿠마 우에스기 등의 분가가 있었다. 야마노우치, 오우기가야쓰, 이누가케, 다쿠마는 모두 가마쿠라에 있는 지명이다.

이 가운데 이누가케 가문과 다쿠마 가문은 1416년에 일어난 우에스기 젠슈上杉禅秀의 난을 계기로 몰락하고, 이후 야마노우치, 오우기가야쓰 두 가문이 날카롭게 대립한다. 그러나 이들도 신흥 세력인 고호조 가문에게 쫓겨나고 가마쿠라는 고호조 가문의 영지가 된다.

문학의 향기가 감도는 근대

첫머리에서 언급했듯이 가마쿠라가 다시 번영을 맞이하는 것은 에도 중기 이후이다. 당시에는 수많은 사찰과 신사를 찾는 참배객들을 위한 마을이었지만, 1889년에 요코스카선이 개통되고 나서는 온화한

○ **가마쿠라 문학 박물관** ⓒ Wiiii

기후와 더불어 휴양지로서도 주목을 받게 된다. 역사적 정취가 넘치는 거리는 특히 문학가들 사이에서 인기가 높아 시마자키 도손, 나쓰메 소세키, 아쿠타가와 류노스케 등의 많은 문호가 가마쿠라에 거처를 마련하기도 했다.

쇼와 시대에 접어들면서부터 '가마쿠라 문사'라는 말도 생겨나며, 1933년에는 소설가 사토미 돈과 구메 마사오를 중심으로 가마쿠라 펜클럽이 탄생한다. 제2차 세계대전 말기인 1945년 5월에는 구메 마사오, 가와바타 야스나리, 고바야시 히데오 등이 중심이 된 가마쿠라 문고가 창설된다. 이것은 가마쿠라에 사는 문학가들이 들고 온 장서를 빌려주는 책방으로, 전시와 전후의 곤궁한 생활에 신음하는 시민들에게는 몇 안 되는 오락이 되었다.

가마쿠라와 인연이 있는 문화인은 300명이 넘는다고 한다. 20세기에 들어서면서 100년 동안 빚은 문학의 향기는 지금까지의 역사에 지지 않는 가마쿠라만의 매력이 되었다.

11

100년에 걸친
센고쿠 호조 가문의 왕궁

오다와라

小田原

- 해당 지역 **가나가와현**
- 도시 인구 **약 19만 명(2020년 기준)**

간토를 대표하는 명성 오다와라성은 옛날에는 규모가 작은 성이었다. 간토로 내려간 호조 소운은 모략으로 이 성을 빼앗고 간토 제패의 근거지로 삼았다. 그 자손들도 군사와 민정 양쪽에서 수완을 발휘하여 오다와라는 선진적인 도시가 된다.

에도 서쪽의 현관이라고도 할 수 있는 오다와라는 에도 막부의 군사적 요충지였다. 성 밑은 도카이도에서도 손꼽히는 역참 마을로서 번영을 구가했는데, 여행자들은 여기서 여장을 꾸려 험준한 하코네산으로 향했다.

무로마치 막부의 고급 관료였던 소운

오다와라역 서쪽 출구를 나서면 웅장한 기마 무사상이 사람들을 맞이한다. 조각상의 인물은 호조 소운. 100년에 걸친 호조 왕국의 기초를 닦은 다이묘이다.

'소운'이라는 이름은 출가 후의 법명이고, 본명은 이세 신쿠로라고 한다. 이세 가문은 간무 헤이시의 일족으로 무로마치 막부의 요직인 만도코로(막부의 재정과 쇼군 가문의 영지 관리 등을 담당한

○ **오다와라역 앞의 호조 소운 동상**

기구-옮긴이)의 장관인 시쓰지執事(집사) 등을 맡은 명문이다. 젊은 시절의 소운도 9대 쇼군 아시카가 요시히사의 모시쓰기슈申次衆, 말하자면 지금의 총리 비서관과 비슷한 직책을 맡았던 것으로 보인다.

소운은 누나(일설에는 여동생)의 시가인 이마가와 가문의 후계자 다툼을 수습하기 위해 스루가(현재의 시즈오카현 중부)로 내려가서 조카인 우지치카를 당주 자리에 앉히고 이마가와 가문의 객장(손님으로 대우받는 장수-옮긴이)이 되었다.

1495년, 막부와 적대하는 이즈(현재의 시즈오카현 동부)의 호리고에 구보公方(무로막치 막부가 지방에 설치한 파출 기관의 하나)를 무너뜨린 소운은 니라야마성(시즈오카현 이즈노쿠니시)을 거점으로 이즈를 평정하고, 오래지 않아 사가미(현재의 가나가와현) 진출을 꾀하게 된다.

그 창끝을 겨눈 곳이 오우기가야쓰 우에스기 가문의 중신 오모리 가문이 다스리는 오다와라성이다.

산천과 바다로 둘러싸인 천연 요새

'오다와라小田原'라는 지명의 유래에는 여러 가지 설이 있는데, 드넓은 들판을 의미하는 '오타와라大田原'에서 바뀌었다는 설, '고유루기小田留木'라는 지명의 초서체를 잘못 읽었다는 설 등이 있다.

현재의 시가지는 하코네산, 단자와산, 사가미만으로 둘러싸인 아시가라평야의 남단에 있으며, 오다와라성은 하코네산에서 뻗어 나간 구릉지 기슭에 자리하고 있다. 바다와 산 사이에 끼어 있을 뿐 아니라 북동쪽으로 사가와강, 남서쪽으로 하야카와강을 안고 있는 오다와라는 공격하기 어려운 요새였다.

현재의 오다와라성 천수각은 JR 도카이도선의 남쪽에 자리하고 있는데, 오모리 가문의 성이었을 무렵에는 선로의 북쪽, 현재의 오다와라고등학교 부근에 혼마루가 있었다. 당시의 구루와曲輪(성곽 안팎의 토지를 석벽이나 해자 등으로 일정한 구획으로 나눈 구역-옮긴이)는 '하치만야마코카쿠八幡山古郭'라고 불렸고, 현재는 그 일부인 히가시쿠루와東曲輪의 유적지가 사적 공원으로 정비되어 있다.

소운의 오다와라성 공격에 관한 자료는 많지 않아 상세한 내용은

○ **국화가 만개한 오다와라성의 모습**

그다지 밝혀지지 않았다. 군담 소설에는 뿔에 횃불을 단 소 떼를 성 내에 풀어 장병이 대혼란에 빠진 틈을 타 성을 빼앗는 모습이 그려져 있지만, 이것은 에도 시대의 창작으로 보인다.

호조 가문의 전성기를 이끈 승리

소운은 사가미를 평정한 후인 1519년에 세상을 떠나고, 적장자인 우지쓰나가 가독家督을 승계했다. 우지쓰나는 본성을 니라야마성에서 오다와라로 옮기고, 이세에서 호조로 성을 바꾼다. 니라야마는 일찍이 가마쿠라 막부의 싯켄이었던 호조 가문이 대대로 다스렸던 영지이고, 우지쓰나는 그 후계자를 자칭함으로써 간토 지배의 정당성을 얻으려 했다.

오다와라의 시가지 정비는 우지쓰나의 치세 아래 시작되었으며, 고슈 가도와 도카이도를 따라 지어진 저잣거리에는 농민뿐 아니라 상인과 장인도 다수 살고 있었다. 또 지성支城(본성 밖에 따로 지은 작은 성이나 성채, 청사 등을 아우르는 말—옮긴이)과 지성을 잇는 가도를 따라서 역참과 역도 정비되었다. 호조 가문의 영지에서는 이런 역참에 상비된 말을 바꾸어 타며 물자를 운반하는 '전마제伝馬制'가 보급되어 호조 가문이 번영하는 데 일익을 담당했다.

우지쓰나의 뒤를 잇는 우지야스 대에 오다와라성의 혼마루가 하치만산의 등줄기에서 현재의 장소로 옮겨진다. 조카마치를 효율적으로 경영할 필요성에서 더 평지에 가까운 장소로 옮긴 것으로 추정된다.

도시로서 오다와라의 선진성은 일본 최초의 상수도가 부설되었다는 점에서도 알 수 있다. 아시노호를 수원으로 하는 이 '오다와라 용수'는 하야카와강 유역의 이타바시(오다와라시 이타바시)를 취수구로 삼아 에도구치(오다와라시 하마초)까지 이어진다. 이타바시 부근의 수로는 위를 덮지 않아 지금도 그 흐름을 볼 수 있다. 이런 시책으로 지어진 오다와라 시가지의 경관은 성을 중심으로 형성된 근세 조카마치의 모습을 한 발 앞서 구현한 것이라고 할 수 있다.

'사가미의 사자'라고도 일컬어진 우지야스는 민정뿐 아니라 군사면에서도 유례없는 재능을 발휘했다. 1546년의 가와고에성河越城 야전에서는 겨우 8,000명의 병력으로 8만 명에 이르는 야마노우치 우에스기, 오우기가야쓰 우에스기, 고가 구보의 연합군을 격파한다. 이 전투로 무사시(현재 도쿄도와 사이타마현)의 지배권을 확립하고, 오다와라는 간토 남부로 넓어진 호조 왕국의 수도가 되었다.

히데요시의 대군에 맞선 광대한 방패, 소가마에

이윽고 시대는 도요토미 히데요시의 치세가 되었다. 간파쿠關白(성년의 천황을 보좌하며 정무를 총괄하는 관직-옮긴이) 자리에 오른 히데요시는 전국의 다이묘에게 교토에 올라오라고 명한다. 그러나 간토 제패의 야심을 버리지 못한 호조 우지마사(우지야스의 적자)는 명령을 완강하

● **호조 우지마사 통치하의 오다와라성 주변도**
서쪽에서 뻗어 오는 구릉의 끝에 호조 가문은 오다와라성의 혼마루를 지었다.

게 거부했다.

1590년, 히데요시는 전국의 다이묘에게 명령을 내려 오다와라 공격(오다와라 전투)을 시작한다. 선전포고를 받은 호조 가문은 긴 군사 회의 끝에 성문을 굳게 닫고 성을 지키기로 한다. 우지마사에게는 승산이 적잖이 있었다. 히데요시와의 결전을 예측하고서 3년쯤 전부터 오다와라성 주위로 대규모의 소가마에總構(성이나 요새의 외곽이나 그것으로 둘러싸인 내부. 특히 성 외에도 조카마치 일대를 포함하여 바깥 쪽의 둘레를 해자, 돌담, 토루 등으로 둘러싼 구역 일체-옮긴이)를 구축했기 때문이다.

이 소가마에는 오다와라성의 가장 큰 특징이다. 바깥의 둘레는 약 9킬로미터에 이르고, 혼마루와 니노마루, 산노마루뿐 아니라 조카마치별로 해자와 토루를 둘렀다. 그 안쪽에는 밭도 있어 오다와라성은 몇 년에 걸친 농성籠城도 가능했을 것으로 보인다.

소가마에의 흔적은 오다와라 시내 각지에 존재하며, 이나리노모리(오다와라시 가모노미야)에서는 당시에 성을 지키기 위해 판, 물 없는 해자를 볼 수 있다. 또 고미네오카네노다이오호리키리小峯御鍊ノ台大屈切(오다와라시 시로야마)는 우지야스의 대에 지어진 것으로, 전국에서도 가장 큰 규모의 물 없는 해자로 추정된다.

소가마에뿐 아니라 하치오지성(도쿄도 하치오지시)과 하치가타성(사이타마현 요리이마치), 야마나카성(시즈오카현 미시마시) 등 간토에 흩어져 있는 성채와 진지도 호조 가문의 강점이었다. 우지마사는 중요 거점으로 삼은 성에는 일족을 배치하여 광대하고 튼튼한 방어망을 구축했다.

그렇다고 해도 호조의 군사가 5만 6,000명인 것에 비해 도요토미의 군사가 22만 명이라는 병력의 차이는 메울 수 없었다. 성채와 진지는 잇달아 함락되고, 병사의 이탈 또한 끊이지 않았다. 이윽고 중신들 사이에서도

○ 호조 우지마사

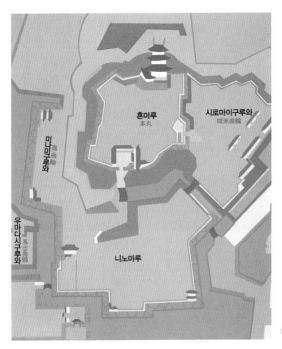

미나미구루와
南曲輪

혼마루
本丸

시로마이구루와
城米曲輪

우마다시구루와
馬出曲輪

니노마루

○ **오다와라성 구조도**

적에게 붙는 배신자가 나오고, 결국 우지마사, 우지나오 부자는 항복한다. 호조 가문의 영화는 이렇게 해서 종언을 고한다.

여행자들이 쉬어 가는 역참 마을

간토의 서쪽 현관인 오다와라는 군사적 요충지였다. 막번幕藩 체제 아래에서 오다와라번은 오쿠보 가문과 이나바 가문 등 도쿠가와의 중신이 역대 번주를 맡았다.

○ 오다와라 여름 제등 축제

오다와라는 도카이도의 아홉 번째 역참 마을로 그 앞에는 험준한 하코네산이 기다리고 있다. 도카이도에서 가장 규모가 큰 역참 마을이었던 오다와라는 가장 번성했던 시기에는 100채에 가까운 여관이 줄지어 있었고, 많은 여행자가 여기서 하코네를 넘을 채비를 가다듬었다. 덧붙여 에도 중기의 히트 상품으로 동요 〈원숭이 가마꾼〉의 가사에도 나오는 오다와라 제등提燈이 있다. 이 제등은 주름이 잡혀 있는 동체를 접어서 휴대할 수 있어서 널리 보급되었다.

메이지 시대에 접어들면 오다와라 마차 철도와 아타미 철도가 개통되어 오다와라는 하코네나 아타미로 향하는 여행자들로 북적인다. 다이쇼 시대와 쇼와 시대에는 간토 대지진과 오다와라 공습으로 피해를 입었지만, 그 후에 재건된 시가지는 에도 시대의 역참 마을로서의 정취가 곳곳에 배어 있다.

제 4 부

chubu
주부 지방

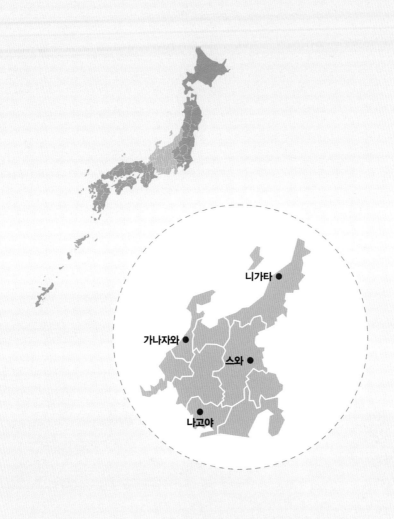

니가타 ●

가나자와 ●

스와 ●

● 나고야

12

신앙과 하이테크 산업이
공존하는 '동양의 스위스'

스
와

諏訪

● 해당 지역 **나가노현**
○ 도시 인구 **약 5만 명(2020년 기준)**

산악 지대가 많은 일본에는 내륙 분지에 지어진 도시가 많다. 산지가 85퍼센트를 넘는 나가노현 중부에 자리한 스와는 대표적인 예다.

사방이 산으로 둘러싸인 스와호 주변에는 고대에 스와 대사大社가 지어져 현대에 이르기까지 많은 참배객이 찾고 있다. 스와 대사의 신직神職을 맡은 스와 가문은 센고쿠 시대의 한 시기를 제외하고 중세부터 스와의 지배권을 줄곧 유지했다. 평지가 적어 벼농사에는 부적합하지만 긴키近畿(일본 혼슈 중앙부를 차지하는 지방으로 미에현, 시가현, 교토부, 오사카부, 효고현, 나라현, 와카야마현의 총칭-옮긴이)에서 간토, 도호쿠를 연결하는 교통의 요충지인 스와는 해안 도시에는 없는 독자적인 역사가 있다.

자연 그대로를 숭배하는 전통 신앙

나가노현의 거의 중앙에 자리한 스와 분지는 해발 750~1,200미터로 일본의 분지 중에서도 가장 높은 곳에 있다. 그 땅 아래에는 일본 열도를 동서로 가로지르는 '주오 구조선'과, 혼슈의 중앙을 남북으로 지나는 '이토이가와-시즈오카 구조선'이라는 두 개의 대

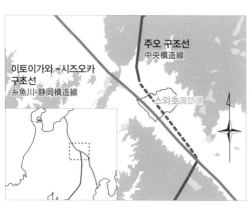

● **스와호 주변 지형** 스와호는 1만 수천 년 전에 탄생한 것으로 추정된다.

단층선이 교차하고 있다. 단층 활동으로 움푹 팬 땅에 하천의 물이 흘러들어 와 생긴 것이 스와호이다. 그 남쪽에는 스와시, 북쪽에는 시모스와마치와 오카야시의 시가지가 펼쳐져 있다.

숱한 일본의 마쓰리 중에서도 스와 대사에서 6년에 한 번씩, 범띠해와 원숭이띠 해에 산에서 벌채한 17미터 높이의 나무 기둥을 경내에 세우는 '온바시라 마쓰리御柱祭'는 그 웅대함으로 잘 알려져 있다. 스와 대사는 홋카이도에서 규슈까지 전국 1만 개가 넘는 스와 신사의 총본사로 알려져 있으며(일본의 신토에는 특정 신사에서 받드는 신령이 마치 촛불과 같이 온전한 형태로 다른 곳으로 옮겨질 수 있다는 관념이 존재한다. 이 관념에 따라 일본열도 각지에는 같은 신령을 받드는 신사가 다수 존재한다.), 스와는 그 몬젠마치로서 발전해 왔다.

스와 대사는 스와호 남쪽에 가미샤上社인 마에미야前宮와 혼미야本宮, 스와호 북쪽에 시모샤下社인 하루미야春宮와 아키미야秋宮의 네 개 신사를 거느리고 있다(가미샤와 시모샤는 지위나 격의 상하 관계에 따른 구분이 아니라 위치의 고저 관계에 따른 구분-옮긴이). 특징적인 것은 본전의 건물이 없으며 가미샤에서는 남쪽으로 우뚝 솟은 모리야산을, 시모샤에서는 삼나무와 주목으로 된 신목을 그대로 신체(신령이 깃든 물체)로서 모시고 있다는 점이다.

원래 고대의 신토神道(자연과 조상을 숭배하는 일본 고유의 전통 신앙-옮긴이)에서는 상설된 신사 건축물 없이 자연의 바위나 산을 그대로 신이 깃든 장소로서 숭배했다. 이처럼 오랜 신앙의 형태를 계승한 스와 대사는 일본에서도 가장 오랜 신사의 하나로 추정된다.

○ **시모샤 아키미야의 폐배전幣拜殿 전경**

신관에서 다이묘가 된 스와 가문

사방이 산으로 둘러싸인 스와에는 조몬 시대부터 많은 취락이 형성되어 농경이 일찍 시작되었다. 일본에서 가장 오래된 역사서인 『고사기古事記』에는 태양신 아마테라스오미카미의 이즈모 지배에 저항한 다케미나가타노카미가 스와로 도망쳐 와서 스와의 토착신인 야사카토메노카미와 함께 스와 대사의 제신이 되는 모습이 적혀 있다. 즉 스와 땅에는 이즈모에서 농경 등의 선진 문화가 전해지지 않았나 생각해 볼 수 있다.

율령 시대 이후, 스와는 기나이畿内(수도나 왕의 거처에 가까운 지역을 일컫는 호칭으로 현대의 수도권 개념과 비슷하다-옮긴이)와 도호쿠를 잇는

도로인 도산도의 경유지 중 하나로서, 헤이안 초기에는 사카노우에
노 다무라마로가 에미시를 정벌할 때 스와 대사에 들러 전승을 기원
했다고 전한다. 온바시라 마쓰리가 시작된 정확한 연대는 밝혀지지
않았지만, 스와 대사가 지어진 내력을 오늘날까지 전하는 『스와대명
신회사諏訪大明神絵詞』에는 8세기 말 무렵에 간무 천황이 시나노국에
파견한 행정관에게 스와 대사의 온바시라 마쓰리를 실시하라고 명했
다고 적혀 있다.

스와 대사의 신관 중 우두머리는 '오호리'라고 불렸는데, 스와 가
문이 대대로 이 직책을 맡았다. 스와 가문 아래에서 역대 신관을 맡
았던 모리야 가문은 6세기 소가 가문과의 정쟁에 패해 스와로 도망쳐

○ 온바시라 마쓰리

온 모노노베노모리야의 후예로, 가미샤의 신체이기도 한 모리야산에는 모노노베 일족이 신사를 지었다고도 전하지만 확실하지는 않다.

스와 가문은 가마쿠라 시대에 일어난 조큐承久의 난(1221년 고토바 상황이 가마쿠라 막부를 토벌하기 위해 군사를 일으켰다가 패배한 병란-옮긴이)에서 막부의 재상 호조 가문을 편들었으며, 이후 유력한 무사단으로 성장해 갔다. 센고쿠 시대에는 시나노 지역의 슈고쇼쿠守護職 오가사와라 가문, 사라시나 지역의 무라카미 가문, 기소다니 지역의 기소 가문과 함께 시나노 사장군으로 일컫는 세력이 되었다.

그러나 1542년 스와 가문은 가이 지방을 거점으로 하는 다케다 가문의 침공을 받고 일시적으로 괴멸한다. 그 후 스와의 지배권은 다케다 가문, 오다 가문을 거치고 도요토미 정권에서 스와의 영주가 된 히네노 다카요시가 1598년 무렵에 스와호의 남동쪽에 다카시마성을 쌓는다. 한편 일족의 재기를 꾀했던 스와 요리타다는 시나노의 평정을 노리는 도쿠가와 이에야스의 신하가 되어 에도 막부가 성립한 후에 스와로 복귀한다.

스와호에 떠 있는 다카시마성

1648년, 3대 쇼군 도쿠가와 이에미쓰는 스와 신사의 가미샤에 1,000석, 시모샤에 500석의 영지를 내렸다. 이것을 계기로 스와 대사는 스와번(다카시마번)에서 독립하여 신사의 영지로서 운영되고, 스와 가문

○ **다카시마성 천수각** ⓒ663highland

은 신관의 수장을 맡는 일족과 다카시마성에서 정무를 집행하는 다이묘 가문으로 나뉜다.

현재의 다카시마성 동쪽에는 국도 20호가 있는데, 거기서 더 동쪽으로 가면 보이는 옛 고슈 가도의 도로변 일대가 옛날의 조카마치였다.

호반에 가까운 다카시마성은 '스와호에 떠 있는 성'이라고도 불렸다. 에도 시대의 스와 가문은 호반을 간척하여 마을과 농지를 확대했고 에노도강, 나카몬강, 가쿠마강 등을 뚫어 성의 바깥 해자로 삼았다. 현재 스와호의 수심은 평균 약 4미터로 얕지만, 센고쿠 시대까지는 이보다 몇 미터 더 깊었다고 한다.

한편 스와호 북동쪽의 시모스와는 나카센도와 고슈 가도의 분기점으로서 역참이 정비되었으며, 참근교대나 조정이 정기적으로 닛코

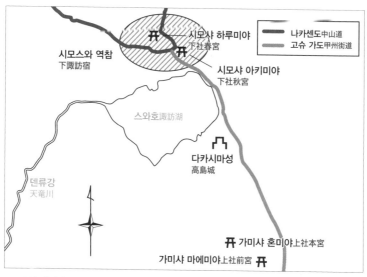

● **스와 대사와 가도의 위치 관계** 시모샤 주변에는 역참 마을이, 스와 다카시마성 주변에는 조카마치가 형성되었다.

도쇼구에 파견했던 레이헤이시例幣使(매년 조정이 도쿠가와 이에야스를 모신 닛코 도쇼구에 바치는 공물을 들고 가는 제사관-옮긴이)의 행렬 등에도 이용되었다. 비교적 소규모였지만 나카센도의 역참 마을 중에서는 유일하게 온천이 있는 역참으로 여행자들의 인기를 끌었다고 한다.

시모스와 역참 마을의 숙소들 가운데 오가사와라 가문의 후예인 이와나미 가문이 운영한 본진(역참 마을에서 신분이 높은 사람들이 머무는 건물-옮긴이)은 많은 다이묘와 조정의 관리, 귀족들이 이용했다. 그렇기에 이와나미 가문은 교토에서 장인을 불러들여 나카센도의 숙소 가운데 유일하게 정원을 정비했다. 막부 말기인 1862년에는 14대 쇼군 이에모치에게 시집가기 위해 교토에서 에도로 향하던 가즈노미야 지카코 내친왕의 일행도 이와나미 가의 본진에서 숙박했다.

참고로 나카센도를 따라 시모스와 역참 마을과 바로 이웃하는 시오지리 역참 마을은 태평양 쪽의 미카와(현재의 아이치현 동부)와 동해 쪽의 이토이가와 양쪽에서 내륙으로 소금을 운반해 오는 '소금 길'의 종점이었다. 스와 분지는 동서남북으로 가도가 펼쳐진 땅이었다.

메이지유신 이후 일본 최대의 생사 산지

산이 많은 시나노는 벼농사에 알맞지 않은 땅이었지만, 에도 후기부터 뽕나무 재배와 양잠이 보급되면서 실 만드는 일을 겨울철 부업으로 삼는 농가가 늘어났다.

메이지유신 이후, 식산흥업殖産興業(생산을 늘리고 산업을 일으킨다는 뜻-옮긴이) 정책으로 생사는 일본의 대표적인 수출품이 되고, 나가노현은 생사의 일대 산지가 된다. 특히 스와 분지는 스와호 덕분에 수리 시설이 잘되어 있어 실을 만드는 공장이 많이 세워졌으며, 이웃 현에서도 직공이 모여들었다. 1879년에는 전국의 제사 공장 중 절반 이상이 나가노현 내에 모여 있었고, 현에서 실을 만드는 노동자의 약 3분의 1이 스와와 오카야 일대에서 일했다.

20세기 초에 일본의 생사 수출량은 세계 1위가 되고, 한때는 그 절반에 가까운 양이 스와에서 생산되었다.

쇼와 초기에는 스와에 모인 제사 노동자 중 3분의 2가 여성이었

○ **스와시에 위치한 세이코 엡손 본사** ⓒAratsuku

다. 그들의 복리후생을 위한 장소가 바로 스와시 고간도리에 있는 가타쿠라관館이다. 이곳은 여러 사업으로 재산을 모은 가타쿠라 재벌이 1928년에 지은 서양풍 건축 양식의 온천 시설로 많은 직공이 이온천에 몸을 담그고 피로를 씻어 냈다.

제2차 세계대전 말기에는 도쿄에서 많은 공장이 공습을 피해 스와로 옮겨졌다. 이것이 기초가 되어 전후의 스와에서는 시계, 카메라, 의료기기 등의 정밀 기계 공업이 발달하고, 세이코샤(훗날의 세이코 엡손) 등의 기업이 진출해 온다.

그래서 산이 깊은 지형의 스와는 '동양의 스위스'로 불리게 된다. 다만 산업의 발전에 뒤따르는 공장 배수로 스와호의 수질이 변화하고, 연간 수온이 높아지면서 조류가 대량으로 번식하여 호숫물의 색이 녹색으로 보이는 지경에 다다랐다. 그래서 지자체가 수질 정화에 힘썼고, 이에 따라 21세기의 시작을 전후하여 수질이 대폭 개선되었다.

이런 산업화의 과제를 극복하면서 지금도 변함없이 온바시라 마쓰리를 여는 등, 스와의 산업과 신앙의 공존은 계속되고 있다.

13

일본을 넘어 세계로
뻗어 나간 국제 무역항

니가타

新潟

● 해당 지역 **니가타현**
○ 도시 인구 **약 81만 명(2020년 기준)**

근세 이전의 니가타는 동해 연안에 흩어져 있는 항구 마을의 하나였다. 그러나 니가타에는 수량이
풍부한 시나노강이 흐르고 있었고, 이후 수운의 중심지가 되어 동해 연안 굴지의 항구로 발전했다.
현대에 이르러 니가타는 외국과 많은 항로로 연결되어 국제 무역항을 둔, 동해 연안에서 으뜸가는
항만도시가 되었다. 어떻게 해서 니가타가 항구와 더불어 커졌는지 역사를 더듬어 보자.

하천과의 싸움을 통한 성장

시나노강 하구 유역을 중심으로 하는 니가타시는 인구 80만 명이 넘는 동해 연안 유일의 정령 지정 도시(일본 지방 자치법에 따라 내각의 정령으로 지정된 인구 50만 명 이상의 시-옮긴이)이다.

일본에서 네 번째로 넓은 에치고평야가 펼쳐져 있고, 일본 최대의 논 면적을 보유한 농업 도시이다. 그러나 오늘날의 니가타가 만들어지기까지는 하천과의 혹독한 싸움과 사람들의 노력이 있었다.

시나노강은 고부시가타케 산자락에서 시작되어 나가노현(나가노현에서는 지쿠마강이라고 부른다)과 니가타현을 지나 동쪽에서 흘러온 아가노강과 함께 동해로 흘러들어 간다. 총 길이 367킬로미터로 일본에서 제일 긴 하천이다. 1년 동안 흐르는 수량도 전국 1위. 이 방대한

○ 니가타 서항 중앙 부두와 시내의 모습

수량은 논밭을 윤택하게 적시면서 한편으로는 홍수를 일으키고 상류에서 대량의 토사를 운반해 왔다.

센고쿠 시대 이전의 에치고평야는 잦은 홍수 때문에 해안선이 현재와 다른 모양이었고, 그곳에는 '석호潟湖'가 많이 존재했다. 석호란 강이 운반한 토사가 하구부에서 제방 모양으로 쌓이다가 뻗어 나가면서 맞은편에 다다라 후미를 막음으로써 외해에서 떨어져 나와 생긴 호수이다. 니가타新潟라는 지명은 시나노강과 아가노강이라는 두 줄기 하천의 하구 부근에 '새롭게 생긴 석호'에서 유래되었다고 한다.

시나노강의 홍수는 지형의 변화뿐 아니라 니가타의 마을이 이전하는 사태를 초래했다. 1631년에 홍수가 일어났을 때는 시나노강 하류의 강줄기가 아가노강과 합류했는데, 토사로 강바닥이 얕아져서 당시 항구이던 니가타노쓰에 배를 정박하기가 어려워질 정도였다.

그래서 니가타 지역은 1655년에 시나노강의 가운데 모래톱에 있는 요리이섬과 하쿠산섬, 즉 현재의 위치로 이전되어 섬의 동쪽을 항구로 삼았다. 이 지역이 현재의 후루마치 지구이다. 새로운 항구는 이전 항구보다 수심이 깊어 더욱 편리해졌다.

이것을 계기로 새롭게 시가지 구획이 이루어진다. 이로써 도시의 구조가 혼마치도리本町通(현재의 주오구中央區)를 축으로 삼아 남북의 다섯 갈래로 갈라지는 형태로 정리되었다.

18세기에 들어서면서 오랜 과제였던 에치고평야의 치수 대책이 세워진다. 1730년에는 시바타번의 주도로 새로운 논밭을 개간하고 수량이 늘었을 때 배수하기 위해 아가노강이 직접 동해로 흘러들어가는 수로(마쓰가사키 수로)가 만들어졌다.

계속해서 1817년에는 특히 수해가 극심했던 시나노강 유역 니시칸바라군의 세 석호(오가타, 다가타, 요로이가타)에서 물을 빼기 위해, 농민의 주도로 동해까지 다다르는 방수로로서 인공 하천인 신카와강이 만들어졌다. 신카와강의 굴착 공사는 에도 시대를 통틀어 최대 규모의 굴착 공사였다.

이런 수로에 의해 에치고평야의 간척이 이루어지고, 쌀의 수확량도 늘었다. 신카와강에는 현재 철제 수로교가 놓여 있는데, 이것이

● **니가타시 하구 유역의 지형**　시나노강과 아가노강 등 상류에서 운반된 토사로 에치고평야가 생겼다.

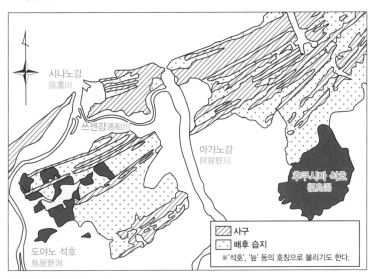

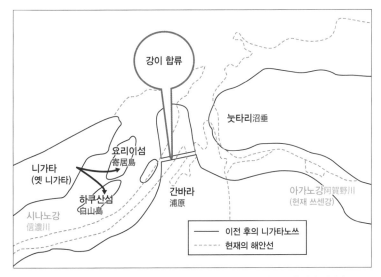

● **에도 전기의 니가타노쓰 주변**　홍수로 지형이 변화했기 때문에 항구를 옮기게 되었다.

니가타시 니시구와 니시칸구 일대의 기간 배수로이다. 오랜 세월에 걸친 치수 대책으로 논이 확대되고 쌀의 수확량이 비약적으로 늘면서 니가타 일대는 곡창지대가 되었다.

동해 연안에서 으뜸가는 무역항이 되기까지

현재의 니가타항은 페리 승선장이 있고 옛 니가타항이기도 한 '서항'과, 1969년에 개항하여 외국 자본의 컨테이너 기지와 천연가스 등의 에너지 공급 기지로서의 역할을 하는 '동항'의 두 항구가 있다. 또 동해 연안에서 으뜸가는 국제 무역 컨테이너 터미널로서 러시아의 블라디보스토크, 중국의 칭다오, 한국의 부산을 비롯하여 동남아시아 여러 국가와도 연결되는 컨테이너 항로가 있다.

무역항이 된 니가타항의 뿌리는 나라 시대(710~794년)로 거슬러 올라간다. 시나노강 하구에는 나라 시대에 간바라노쓰라는 항구가 존재하여 뱃길 운송의 중요 거점이 되었다. 헤이안 중기에 편찬된 법령집 『연희식延喜式』을 보면 간바라노쓰는 구니쓰國津, 다시 말해서 에치고국의 공적인 항구로 인정받았으며 사람과 물자가 모이는 교통의 요충지였다고 적혀 있다. 남북조 시대(1336~1392년, 일본에서 고다이고 천황이 요시노에 세운 남조와 아시카가 다카우지가 교토에 세운 북조의 두 조정이 대립하던 시대-옮긴이)에는 간바라노쓰를 둘러싼 쟁탈전이 펼쳐질 정도였다.

센고쿠 시대에는 아가노강 하구 동쪽 연안에는 눗타리미나토가 시나노강 하구 서쪽 연안에는 니가타노쓰라는 두 항구가 생겼으며, 여기에 간바라노쓰를 합쳐 '산카쓰(세 개의 항구라는 뜻-옮긴이)'라고 불렀다. 에치고의 다이묘 우에스기 겐신은 이 세 항구를 다이칸代官(주군을 대신하여 조세 징수와 지방 행정을 맡은 관리-옮긴이)을 두고 지배했다.

현재 확인된 사료에서 니가타라는 지명이 처음 문헌에 등장한 것은 센고쿠 시대이다. 1520년에 다카노산에 있는 진언종 사찰 쇼조신인淸浄心院에서 니가타 사람이 공양을 의뢰한 사실이 공양첩인 『에치고 과거 명부越後過去名簿』에 적혀 있다.

문을 연 니가타노쓰는 훨씬 더 편리했기에 간바라노쓰를 대신하여 니가타의 중심 항구가 되었다. 1586년에는 겐신의 후계자인 우에스기 가게카쓰가 센고쿠 무장 시바타 시게이에가 점거한 니가타노쓰를 탈환한다. 그 기세로 시바타 가문을 멸하고 에치고국을 통일한다. 니가타라는 도시의 원형은 이 무렵에 생겨 게이초 연간(1596~1615)에 형성되었다고 한다. 간바라노쓰는 17세기 후반 무렵 문을 닫았다.

그 후 우에스기 가문은 도요토미 히데요시의 명령으로 아이즈로 영지를 옮기게 되지만, 니가타는 후시미성 건설을 위한 물자의 집적지가 되는 등 중앙 정권과의 관계는 강화된다.

에도 시대에 들어서면서 니가타는 나가오카번의 영지, 눗타리는 시바타번의 영지가 되었다. 나가오카번은 부역 면제 정책을 내세우고, 회선廻船(일본에서 가마쿠라 시대부터 사용된 화물 수송선-옮긴이)의 니가타 내항과 상업의 진흥을 장려한다. 나아가 아라마치, 자이모쿠마

○　**니가타 시가지의 야경**

치, 스사키마치 등 새로운 거리를 만들도록 지시하여, 니가타의 도시 규모를 확대했다.

이때 만들어진 시가지는 현재의 히가시나카도리보다 해안 쪽으로 치우친 부분에 해당한다. 그리고 홍수에 따른 마을 이전을 거쳐 양호한 항구가 된 니가타미나토는 서회 항로(에도 시대, 동해 연안의 항구와 오사카를 잇는 간선 항로-옮긴이)가 널리 이용되면서 전성기를 맞이하고, 1697년에는 동해 연안에서 손꼽히는 무역항으로 발전했다.

오사카와 에도의 배를 채워 준 서회 항로

니가타의 발전에 박차를 가한 것은 서회 항로의 개설이다. 서회 항로는 1672년, 에도의 거상으로 막부의 공공사업에도 깊이 관여했던 가와무라 즈이켄에 의해 정비되었다.

그 주된 목적은 현재의 도호쿠에서 수확된 쌀을 해운만으로 에도에 보내는 것이었다. 쌀을 옮겨 쌓을 필요 없이 서회 항로를 타고 단기간에 대량으로 운송할 수 있게 되자 인구 증가가 현저했던 에도 사람들의 위를 채울 수 있었다.

또 서회 항로에 쓰인 선박은 민간 소유였던 만큼 상인이 적극적으로 시장을 개척하고자 경제활동을 더욱 활성화함으로써 교역권이 확대되었다. 다시마와 청어 등 에조치 원산의 교역품도 다루어지게 된다.

그렇게 해서 기타마에부네의 중요한 기항지가 되었던 니가타미나토는 눗타리미나토의 쇠퇴까지 더해져 겐로쿠 연간(1688~1707)에는 1년에 약 40개국, 3,500척에 이르는 배가 입항하는 북적이는 항구가 되었다.

또 치수의 성공으로 쌀 생산량이 늘어나면서 싸고 맛있는 쌀을 대량으로 니가타에서 오사카와 에도 등 대도시로 운반할 수 있게 된다. 한창 전성기였을 무렵에는 에치고국 안에서 거둔 3만 4,000섬의 연공미(조세로 징수한 쌀-옮긴이)가 니가타미나토에 모여 전국으로 옮겨졌다.

에도 중기에는 니가타미나토가 동해 연안에서 최대의 상품 거래량을 자랑하게 된다. 기타마에부네의 기항과 쌀의 증산은 니가타에 거대한 부를 안겼다.

항구 진출에 소극적이었던 여러 나라들

러시아의 남하 정책과 외국 선박의 근해 출몰 등이 잇따르며 일본이 크게 흔들린 막부 말기에 니가타도 혼란과 무관하지 않았다. 1845년, 해안선을 방위할 목적으로 니가타는 막부령(막부의 직할지-옮긴이)이 되고, 부교쇼가 설치된다.

1853년, 일본에서 장작과 물의 보급지를 확보하기 위해 미국 함대 사령관 페리가 이끄는 흑선이 우라가(가나가와현 요코스카시)에 내항한 것을 계기로 막부는 개국을 결정한다.

1858년에는 미일 수호 통상 조약이 체결되면서 가나가와(요코하마), 효고(고베), 하코다테, 나가사키, 그리고 니가타까지 다섯 항구가 개항되었다. 나머지 네 항구와 마찬가지로 니가타항에도 번드bund라고 불리는 부두를 겸한 상관(개항장의 외국인 거류지에 설정된 숙소와 창고를 겸한 상업 시설-옮긴이)이 늘어선 긴 해안과 해안선이 정비되었다.

애초에 니가타가 선택된 이유로는 막부령이었다는 점, 동해 쪽으로 외국 선박이 정박할 수 있는 규모의 항구가 필요했다는 점 등을 들 수 있겠다.

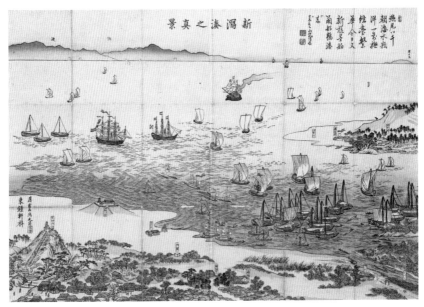

○ **1859년 니가타항의 전경**

그런데 대부분의 외국 선박들은 니가타항으로 진출하는 데 소극적이었다. 왜냐하면 니가타항은 시나노강에서 흘러나온 토사가 쌓인 탓에 수심이 얕아서 외국의 대형 선박이 정박할 수 없었기 때문이다. 게다가 설상가상으로 전쟁이 발발한다. 구막부군과 신정부군 사이에 보신 전쟁이 시작되자 구막부군의 무기 탄약의 보급 거점이 된 니가타항을 신정부군은 제압의 첫 번째 목표로 삼는다.

1868년 7월, 신정부군 측에 붙은 시바타번의 주선으로 신정부군을 이끄는 구로다 기요타카의 선단이 니가타 사구에 상륙한다. 오우에쓰열번동맹의 일원으로 파견되어 니가타항을 지켰던 아이즈번의 군대와 요네자와번의 군대는 신정부군과 시바타번의 군대에 맞서 니가타 거리에서 교전했으나 패퇴하였고 니가타 거리는 신정부군이 점거한다.

보급선이 끊긴 후에도 아이즈번은 마지막까지 맹렬하게 저항했지만 신정부군에 패배한다.

현청 설치의 결정타가 된 항구의 존재

개항이 결정된 지 10년이 지난 1869년, 니가타항은 사도섬의 료쓰항을 보조항으로 삼음으로써 간신히 개항하기에 이른다.

그러나 다른 항구보다 10년이 뒤처지면서 애당초 설치되었던 영국 등의 외국 영사관이 철거되었고, 결국 니가타는 국제 무역항이 될 좋은 기회를 놓치고 말았다.

1871년 폐번치현으로 나가오카번과 시바타번이 폐지되고 가에쓰 지역은 니가타현이, 주에쓰 지역과 조에쓰 지역은 가시와자키번이 되었다. 그리고 이 두 현과 사도섬이 통합되어 현재의 니가타현이 탄생한다. 니가타현이 탄생할 즈음, 이미 도시가 정비되어 있던 시바타나 나가오카가 아니라 니가타에 현청이 설치되었다. 이것은 해외로 열린 니가타항의 존재를 신정부가 중시했기 때문이다.

현청 소재지가 된 니가타는 현 의회의 개설, 제4은행의 설립 등 근대화에 박차를 가한다. 인프라 정비 면에서는 1889년에 시나노강에 니가타마치와 눗타리마치를 잇는 목조 다리 반다이교가 놓인다. 길이는 782미터로 당시 일본에서 최장 길이를 자랑했으며, 통행료는 유료였지만 통과량은 해마다 증가하여 니가타 시가의 중요한 교통로가 되었다.

이처럼 쌀의 증산, 금은 광산이 있는 사도섬으로 가는 뱃길, 동해 연안의 중요 항구라는 매력을 갖춘 니가타에는 수많은 사람이 모여들었다.

세계로 뻗어 나가는 니가타항

니가타는 석유 산업에서도 혜택을 보았다. 니쓰마치(현재의 니가타시 아키하구)의 니쓰 유전은 1899년에 기계를 사용한 석유 굴착을 시작했고 다이쇼 시대에는 일본 최대의 유전으로 성장했다.

1914년에는 니가타시와 눗타리마치가 합병되고 근대적인 항구 만들기가 시작된다. 이 시기에 시나노강 하류의 홍수 대책을 위한 인공 수로인 오코즈 분수로가 완성됨으로써 홍수 위험이 해소되고 니가타항 건설 공사가 가능해졌다. 1926년에 부두가 완성됨으로써 대형 선박의 출발과 도착이 가능해지고, 화물 열차가 항구 내로 들어올 수 있게 된다.

일본이 대륙으로 진출한 쇼와 초기에는 만주로 가는 현관으로서 정기 항로가 열리고, 많은 인원과 물자가 니가타를 기점으로 드나들었다.

2019년, 니가타항은 개항 150주년을 맞이했다. 니가타항을 중심으로 니가타는 세계를 향해 한층 더 발전할 것으로 기대를 모으고 있다.

14

사찰에서 발전한
유네스코 창조 도시

가
나
자
와

金沢

● 해당 지역 **이시카와현**

○ 도시 인구 **약 46만 명(2020년 기준)**

일향종一向宗(신란을 종조로 하는 일본 불교 일파. 오늘날에는 정토진종 혹은 진종이라고 불린다 – 옮긴이)의 지나이초(무로마치 시대에 정토진종 등의 사찰이나 도량을 중심으로 형성된 자치 취락 – 옮긴이)에서 출발한 가나자와였지만, 마에다 가문의 통치 아래 122만 석 영지의 가가번에 걸맞은 조카마치가 형성되어 간다. 그렇지만 그 도시 건설 과정의 이면에서는 에도 막부의 경계심을 누그러뜨리기 위한 고심을 엿볼 수 있다.

역대 번주의 문화 진흥 정책으로 가나자와에는 금박을 비롯한 다양한 전통 공예가 뿌리를 내렸다. 이런 공예 문화는 에도 시대의 분위기를 오늘날까지 전하고 있는 시가지의 경관과 더불어, 가나자와 고유의 매력을 보여 주고 있다.

사찰인 가나자와 미도를 정청으로 삼은 지배 기구

호쿠리쿠 3현(이시카와현, 도야마현, 후쿠이현-옮긴이)의 중심 도시 하면 이시카와현 중앙부에 자리한 가나자와시를 대부분 떠올릴 것이다. 그 역사는 1546년, 지금 가나자와성 공원이 있는 땅에 가나자와 미도金沢御堂(오야마 고보尾山御坊)라는 사찰이 건립되면서 시작된다.

가나자와 미도는 일향종의 본산인 오사카 혼간지本願寺(정토진종 혼간지파)의 별원(본산 외에 따로 지은 본산 소속의 절-옮긴이)이라고 할 만한 사찰이었다. 이 사찰은 당시의 가가(현재의 이시카와현 남부)를 승려와 지방 호족을 포함하여 일향종 신도가 다스리고 있었기 때문에 지어졌다. 오사카 혼간지처럼 돌담 위에 지어져 절이면서도 성 같았다고 한다.

○ **복원된 가나자와성의 모습**

가가국에 무사 계급의 지배자가 없었던 것은 1488년에 가가의 슈고 도가시 마사치카가 일족의 내분으로 죽고 나서 도가시 가문이 실권을 잃었기 때문이다. 그로부터 약 100년 후 가가국은 "백성(농민)이 주인인 나라 같다"고들 했다.

○ 오다 노부나가　　　　　　　　　　○ 시바타 가쓰이에

　그렇다고 해도 실제로 일향종 신도가 다스린 것은 아니다. 오사카 혼간지에서 파견한 보칸坊官(사찰 최고 지도자 일문의 사무를 담당하던 기관. 혹은 거기에 소속된 승려―옮긴이)의 지배 아래 가나자와 미도가 호쿠리쿠에서 일향종의 중심 도량 및 정청政廳의 역할을 했다. 또한 가나자와 미도는 일향종 신도의 정신적, 정치적 지주로서 호쿠리쿠에 영향력을 미쳤고, 그 주변에는 일향종 신도와 상인이 거주하면서 지나이초로서 발달한다.

　그런 지나이초도 오다 노부나가의 대두와 더불어 종언을 맞이한다. 노부나가 휘하의 시바타 가쓰이에가 미야노코시(가나자와시 가나이와)를 거점으로 삼고 1580년에 가나자와 미도를 공략한다. 이로써 일향종의 세력은 진압되고 가가국은 노부나가의 지배 아래 놓인다.

　가나자와 미도는 수리를 거친 뒤 오야마성으로 이름이 바뀌고 가

○ 시즈가타케 전투를 그린 그림

쓰이에의 조카 사쿠마 모리마사가 입성한다. 모리마사는 일향종 신도와 맞선 전투에서 여러 차례 전공을 세운 인물이다. 모리마사의 지배 아래 가나자와는 지나이초가 편입된 조카마치를 형성해 간다.

그러나 모리마사의 가나자와 지배는 오래 지속되지 못했다. 1582년 혼노지本能寺의 변(부하인 아케치 미쓰히데의 모반으로 오다 노부나가가 혼노지에서 기습을 당하고 자결한 사건-옮긴이)을 계기로 가쓰이에와 하시바(훗날의 도요토미) 히데요시 사이에 오다 가문의 후계자를 둘러싸고 싸움이 벌어진다. 이듬해 시즈가타케 전투에서 가쓰이에는 패배하고, 모리마사는 히데요시에게 붙잡혀 처형당했다.

이때 20만 석 영지인 노토국의 다이묘로 가쓰이에의 휘하 무장이었던 마에다 도시이에는 전투가 한창일 때 무단으로 퇴각하여 결과적으로 히데요시의 승리에 공헌한다. 그래서 도시이에는 히데요시에

게 옛 영지의 소유권을 인정받는 동시에 가가국의 2개 군을 받아 오
야마성에 입성했다.

지명에 녹아 있는 일본 최대의 금 생산량

일향종에서 사쿠마 모리마사, 그리고 마에다 가문으로 지배자가 바
뀌었던 가나자와는 지명도 시대별로 달라졌다. 16세기 후반에는 '가
나자와金沢'와 '오야마尾山'가 모두 사용되었지만, 도시이에가 오야
마성에 들어가면서 '오야마'로 정해진다. 그러나 오야마라는 지명은
정착하지 못했고, 2대 번주 도시나가의 시대에 가나자와가 정식 지
명이 되었다고 한다.

　가나자와라는 지명이 처음 문헌에 등장하는 것은 1546년에 혼간
지 제10대 종주 쇼뇨가 쓴 『천문일기天文日記』이다.

　지명의 유래 중 같은 땅에 흐르는 사이가와강의 상류에 금이 나오
는 구라타니 광산이 있었기 때문이라는 설이 있다. 그 밖에도 마를
캐어 먹고사는 도고로라는 정직한 사람이 마에 붙은 사금을 밑천 삼
아 부자가 되었다는 이야기가 바탕이 되었다는 설도 있다. 도고로가
마를 씻은 장소가 현재 겐로쿠엔 남쪽에 있는 긴조레이타쿠金城霊沢
라는 샘인데, 이것이 가나자와의 지명이 되었다는 이야기다.

　실제로 가나자와는 오늘날에도 금과 관계가 깊은 땅이다. 금박 생
산량 국내 점유율의 98퍼센트를 가나자와시가 차지하고 있다.

한편 '오야마'는 지형에서 유래한 지명이다. 가나자와의 지형은 가나자와평야에 길쭉하게 튀어나온 '우타쓰산 구릉', '고다쓰노 대지', '데라마치 대지'의 세 개 대지와 그 사이를 흐르는 아사노강과 사이가와강으로 이루어져 있다. 가나자와 미도가 지어진 자리는 아사노강과 사이가와강 사이에 낀 고다쓰노 대지의 끄트머리, 즉 꼬리였는데 이런 지형을 두고 꼬리(尾)에 있는 산이라 하여 '오야마尾山'라고 불렀다. 그것이 지명의 유래가 되었다는 설이 있다.

도시나가를 함락한 이에야스의 모략

가나자와에 입성한 마에다 도시이에는 도시의 기초를 다진다. 1568년에는 가나자와성의 천수각을 완성한다. 그리고 큰길이 성을 향하도록 상공인의 마을을 만들고, 권위의 상징인 천수각을 큰길에서 바라볼 수 있도록 만들었다.

그 뒤를 이어 아들 도시나가는 성을 둘러싼 방어시설인 소가마에를 건설한다. 여기에는 이유가 있다. 1599년, 도시이에는 도시나가에게 도요토미 히데요리를 지키고 3년간 오사카를 떠나지 말라는 유언을 남겼다. 하지만 도시나가는 약속을 깨고 가나자와로 돌아갔다. 그러자 도쿠가와 이에야스를 암살하고자 하는 무리의 주모자라는 의혹을 받는 등 이에야스와 도시나가 사이에 긴장이 높아진다.

도시나가는 도쿠가와군이 공격해 올 때를 대비하여 하안단구를

- **가나자와성 주변의 지형** 두 줄기 강 사이에 낀 대지 위에 성을 지어 자연의 지형을 방위에 활용했다.

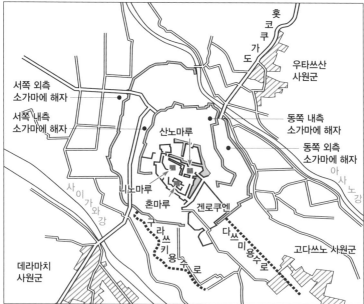

- **에도 전기의 가나자와성 주변 시가지** 이중으로 두른 성곽부터 세 곳의 사원군까지, 가나자와는 높은 방어력을 보유했다.

따라 해자를 파고, 거기서 나온 흙을 해자 옆에 쌓아 올린 토루로 약 3킬로미터에 달하는 소가마에(내측 소가마에)를 두른다.

도시나가의 이복동생으로서 그의 양자가 되었던 3대 번주 도시쓰네의 대에서는 소가마에의 바깥쪽으로 다시 약 4킬로미터에 이르는 소가마에(외측 소가마에)를 두른다. 가나자와성을 끼고 동서로 지어진 이중 외곽의 흔적을 지금도 시내에서 볼 수 있다.

다행히 전쟁에서 이 구조가 사용된 적은 없었다. 교전에 반대하던 도시이에의 아내이자 도시나가의 모친인 호슌인이 스스로 인질이 됨으로써 도쿠가와 가문과 화해하고 전쟁을 모면한다.

이후 마에다 가문은 도쿠가와 가문을 신하로 따르게 되었다. 1600년에 벌어진 세키가하라 전투에서 도시나가는 동군으로서 서군의 다이쇼지성(현재의 이시카와현 가가시)을 공략하고, 호쿠리쿠를 전장으로 삼았던 아사이나와테 전투에서 서군에 가담한 니와 나가시게(오다 가문의 중신 나가히데의 장남)를 상대로 승리를 거둔다. 그 결과, 전후의 논공행상에서 영지가 늘어나 현재의 이시카와현과 후쿠야마현에 이르는 122만 5,000석 규모의 일본 최대 영지 가가번이 탄생했다.

마에다 가문이 진흥시킨 문화 예술

에도 막부가 열리자 가가번은 조카마치를 정비한다. 성 외곽 바깥으로 직선 도로를 깔고 방위를 위해 주변에 사찰을 두루 배치하였다. 유사시에는 본성을 보좌할 외성으로 활용하기 위함이었다. 또 중신의 거처를 성 외곽 바깥으로 이전시킨다. 이때는 아직 내측 소가마에 안에 상인과 장인 등 서민의 주거지가 존재했다.

이윽고 오사카 전투大坂戰爭(1614~1615년에 에도 막부와 도요토미 가문 사이에 벌어진 전투. 이 전투로 도요토미 가문이 멸망했다-옮긴이)가 끝날 무렵, 막부는 유력한 다이묘의 세력을 꺾기 위해 영지를 삭감하거나 몰수하는 데 힘을 기울인다. 도시쓰네는 신참 무사를 고용하고 가나자와성을 보수한 탓에 모반을 꾀한다는 의심을 받았지만 해명하여 죄를 모면한다. 도시쓰네가 2대 쇼군 도쿠가와 히데타다의 딸인 다마히메를 정실로 맞아들여 도쿠가와 가문의 인척이 된 것도 의심을 씻어낼 수 있었던 이유일 것이다.

가나자와성의 천수각은 1602년에 낙뢰로 소실되지만 재건되는 일 없이 혼마루에 3층 망루, 니노마루에 성주의 거주 공간인 어전이 지어졌다. 재건하지 않았던 데는 재정적인 이유도 있었지만, 일설에 따르면 도쿠가와 가문을 자극하고 싶지 않았기 때문이라고 한다. 이처럼 마에다 가문은 철저하게 도쿠가와 가문에 충성심을 드러내 보

○ **겐로쿠엔** ⓒOilstreet

였다.

삭감된 군사비는 공예와 예술 같은 문화 방면에 할당되었다. 5대 번주 쓰나노리를 필두로 역대 번주는 문화 진흥에 힘을 기울여 구타니야키(채색 자기의 일종-옮긴이), 가가 유젠(기모노 염색법의 일종-옮긴이), 칠기 등 오늘날에도 이어지고 있다.

○ 나가마치 무사 거리 입구

일본 3대 정원의 하나로 꼽히는 겐로쿠엔兼六園은 쓰나노리가 조성한 뒤 역대 번주의 관리를 거쳐 13대 번주 나리야스가 확장 정비하여 현재의 형태가 되었다. 이는 문화 사업을 추진함으로써 도쿠가와 가문에 야심이 없음을 보여 주려 한 것이다.

1631년 가나자와에 대화재가 발생하여 가나자와성 혼마루와 3층 망루가 소실되었다. 지금 있는 가나자와성과 성곽 안팎의 구역 배치는 이 대화재 후에 만들어진 것이다. 총 길이 11킬로미터에 이르는 다쓰미 용수로는 식수를 공급하는 데도 쓰였지만 성안의 빈 해자에

물을 채워 방어력을 높이는 데도 쓰였다.

이를 계기로 성의 내측 소가마에 안에 있던 상인과 장인 등 조닌의 거주지는 내측 소가마에 바깥으로 이전하고, 그 땅에는 성안에 있던 중신과 무사의 저택이 옮겨졌다. 이곳은 오늘날 나가마치 무사 저택 거리라는 이름의 관광 명소가 되었다.

이렇게 해서 가나자와는 성을 중심으로 바깥쪽을 무사의 저택과 상공인의 거주지가 에워싸는 도시로 성장해 왔다.

전쟁의 불길에 휩싸이지 않은 행운의 도시

메이지유신 이후, 정부는 성을 철거하라는 폐성령을 내린다. 마에다 가문이 사라진 가나자와성의 성터에는 육군 제9사단 사령부가 설치되었다.

1887년에는 센고쿠마치(현재의 가나자와시 히로사카)에 제4고등학교(훗날의 가나자와대학에 통합)가 문을 열고, 그때를 전후하여 이시카와현 사범학교와 가나자와시 고등 여학교 등의 고등 전문학교가 개교한다.

군사 도시이자 배움의 도시가 된 가나자와로 사람들이 이주하게 되자, 에도 시대에는 에도, 오사카, 교토에 이어 약 12만 명이었던 인구가 1897년에는 8만 명으로 감소했다가 1920년에 13만 명까지 회복한다.

○ **일본의 전통적인 공간과 현대적인 공간이 조화된 모습의 가나자와역** ©Kazu Masuda
　가나자와역 동쪽 출구의 모습, 높이 13미터의 츠츠미몬은 역을 상징한다.

　　제2차 세계대전 중 가나자와는 미군의 공습을 받지 않아 전쟁 피해를 모면한 덕분에 오랜 시가지가 명소로 남아 있다. 2015년에는 호쿠리쿠 신칸센이 개통되어, 정취 넘치는 거리 풍경을 보기 위해 많은 관광객이 찾아오고 있다.

15

화려한 문화가 녹아 있는 일본 제1의 신도시

나고야
名古屋

● 해당 지역 **아이치현**
○ 도시 인구 **약 230만 명(2020년 기준)**

도카이 지방의 경제·문화의 중심지인 나고야는 고대부터 아쓰타 신궁의 소재지였다. 이 땅이 요충지로 주목받게 된 것은 센고쿠 시대에 오와리(지금의 아이치현 서부 – 옮긴이) 출신이던 오다 노부나가가 세력을 확대했기 때문이다. 그 후 에도 시대 나고야에는 오와리 도쿠가와 가문의 조카마치로서 본격적으로 도시가 건설되어 간다.

나고야는 일본에서도 드물게 폭이 100미터나 되는 도로가 놓이는 등 다른 지역에는 없는 독특한 도시를 만들었다. 에도(도쿄)의 방침에 얽매이지 않으며 화려한 것을 좋아하고 상술이 빼어난 나고야 문화는 어떻게 태어났을까?

표기가 달라진 지명

도로가 바둑판 모양으로 된 도시라고 하면 보통 교토나 나라를 떠올리지만 나고야시의 중심부를 지도로 보면 동서남북으로 도로가 나뉘어 있는, 깔끔한 바둑판 모양을 하고 있다. 사실 나고야는 에도 초기에 계획적으로 건설된 뉴타운이다.

　에도 막부의 성립 직후, 도쿠가와 이에야스는 도요토미 가문과 서쪽 지방 다이묘들을 엄중히 감독하기 위해 오와리에 거점을 둔다.

　당시 오와리의 중심지는 일찍이 오다 노부나가의 거성이 있던 기요스였지만 기요스는 수해가 일어나기 쉽고 대군을 수용할 시설이 없었다. 그래서 1610년에 금박을 입힌 샤치호코(성곽 용마루에 장식하는 몸은 물고기이고 머리는 호랑이인 상상의 동물-옮긴이)로 유명한 나고야

○ **나고야성 천수각과 방어 목적의 포탑** ©Alpsdake

성이 지어지고, 기요스의 마을을 통째로 나고야로 이동시키는 '기요스 옮기기'가 이에야스의 명령으로 단행된다.

이후 '나고야名古屋'라는 지명이 정착된다. 에도 중기까지는 '名護屋(나고야)'라는 표기도 사용되었고, 헤이안 시대부터 무로마치 시대까지는 '那古野(나고야)'라는 표기도 쓰였다. 이렇게 표기하는 지명은 현재도 나고야시의 나카무라구와 니시구에 남아 있다.

이 '나고야'라는 지명은 '안개(ナゴ, 나고)'가 많은 들판, 혹은 파도가 높은 땅을 가리키는 '나미코시浪越'에서 변했다는 설이 있다. '나고야'란 이름은 아이치현 외에도 도요토미 히데요시가 임진왜란을 일으키기 전 축성한 '나고야성'이 있는 현재의 사가현 가라쓰시 등 각지에 있으며, 대개 파도가 밀려오는 해안가에 붙는다.

오다 노부나가를 키운 나고야성

나고야시에 있는 노비평야는 동쪽이 구릉지이고 서쪽이 저지대이다. 동쪽 구릉지에 접하는 나고야시는 시가지 중심부가 'n' 자 같은 형태를 띠고 있는데, 쑥 들어간 부분은 '나고야 대지'라고 불리고, 그 북서쪽 고지대에 나고야성이 자리하고 있다.

나고야 대지의 서쪽에서 남쪽으로 길쭉하게 뻗은 부분은 '아쓰타 대지'라고 하는데, 모양새 때문에 '코끼리 코'에 비유되기도 한다. 그 남단에 있는 것이 아쓰타 신궁이다.

전설에 따르면 아쓰타 신궁은 2세기에 야마토다케루노미코토(일본 신화 속의 인물-옮긴이)가 동쪽 지방을 정벌할 즈음 창건되었으며, 왕실의 삼종신기三種神器 중 하나인 구사나기의 검草薙劍을 모시고 있다.

그렇기에 고대부터 중세까지 나고야 남단에는 아쓰타 신궁을 오가는 사람들을 위한 마을, 곧 몬젠마치가 발전했다. 당시에는 아쓰타 신궁 바로 남쪽은 해안이라 항구가 있었고, 아쓰타 신궁의 주위에는 저습지가 펼쳐져 있었다.

헤이안 중기까지 나고야를 포함한 오와리 일대를 다스린 것은 아쓰타 신궁의 다이구지大宮司(신관의 우두머리-옮긴이)를 맡은 오와리 가문이었다. 가마쿠라 막부를 연 미나모토노 요리토모의 모친도 아쓰타 신궁 다이구지의 딸이었다.

무로마치 시대에 들어서면 아시카가 쇼군 가문의 혈통을 이은 시바 가문이 오와리 슈고쇼쿠에 취임하고, 그 밑에서 슈고쇼쿠의 대리로서 실무를 맡은 것이 오다 가문이다. 이 오다 가문에서 오다 노부나가가 등장한다. 노부나가는 현재의 나고야시 나카구에서 태어났으며, 도요토미 히데요시는 그 서쪽에 인접한 나카무라구에서 태어났다.

○ **야마토다케루노미코토와 그의 구사나기의 검**

1518년 동쪽의 스루가(지금의 시즈오카현 중앙부-옮긴이)에서 침공해 온 이마가와 우지치카는 오와리의 동쪽 절반을 지배 아래 두고, 서쪽을 치는 최전선 기지로서 나고야성을 지었다. 그 자리는 훗날 나고야성의 니노마루가 지어진 장소라고 전한다. 1532년에는 오다 노부히데가 나고야성을 침탈해 거성으로 삼고, 자식인 노부나가에게 물려준다.

노부히데의 사후 오다 가문을 계승한 노부나가는 나고야에서 북서쪽에 자리한 기요스를 새로운 거점으로 삼고 기요스성을 짓는다.

나고야성은 그 후에도 한동안 오다 가문에 의해 사용되었지만, 노부나가가 천하통일을 노리고 교토에 가까운 오미(현재의 시가현)에 아즈치성을 짓고 나서는 중요성이 떨어져 1582년 무렵에는 사용하지 않게 되었다.

○ **기요스성** ©Bariston

오와리 도쿠가와 가문의 성립과 번부의 건설

나고야 일대의 중요성이 다시 높아진 것은 1600년에 도쿠가와 이에야스가 세키가하라 전투에서 승리를 거두고 나서다. 일본 전역을 안정적으로 통치하기 위해 이에야스는 도카이도를 정비하고, 신궁이 있는 아쓰타를 역참으로 지정했다. 또 에도 막부의 성립 후에도 오사카에는 도요토미 가문이 존속했고, 서일본에는 도요토미 가문의 은

혜를 입은 다이묘가 많았기 때문에 오와리는 서쪽을 엄중히 감시하는 요충지가 되었다.

당초에 오와리를 다스리는 기요스성의 성주는 후쿠시마 마사노리였지만, 이에야스는 그 자리에 4남인 마쓰다이라 다다요시(마쓰다이라 이에타다에게 입양되었다-옮긴이)를 앉힌다. 그러나 다다요시는 병으로 일찍 세상을 떠난다. 9남인 도쿠가와 요시나오가 새롭게 성주가 되고, 요시나오를 시조로 하는 오와리 도쿠가와 가문이 창설된다. 오와리 도쿠가와 가문은 기슈 도쿠가와, 미토 도쿠가와 가문과 더불어 쇼군의 가문에 버금가는 문벌로 자리 잡는 '고산케御三家'의 필두가 된다.

이때 번의 중심이 되는 기요스성은 고조강과 바로 접해 있는 까닭에 수해를 입기 쉬운 데다 비좁았다. 그래서 번부(번의 관청-옮긴이)의 이동이 검토되고 나고야, 후루와타리, 고마키가 후보지에 오른다. 최종적으로는 현지를 시찰한 이에야스에 의해 나고야로 정해진다. 나고야는 도카이도의 역참인 아쓰타와도 가깝고 바로 남쪽으로 항구가 있으며, 드넓은 나고야 대지의 남쪽으로 도시를 확대해 갈 여지가 있었다.

이렇게 해서 1610년 나고야성과 조카마치가 건설되기 시작한다.

○ **도쿠가와 요시나오**

도시를 통째로 옮기다

1616년에는 성과 조카마치가 거의 완성된다. 조카마치는 동서로 약 5.8킬로미터, 남북으로 약 6.1킬로미터에 이르는 역삼각형 형태로, 기요스의 조카마치보다 다섯 배 이상 넓었다.

　성을 중심으로 도시가 건설되면서 나고야에서 직선거리로 10킬로미터쯤 북서쪽에 있는 기요스에서 온갖 건물이 옮겨져 왔다. 무사

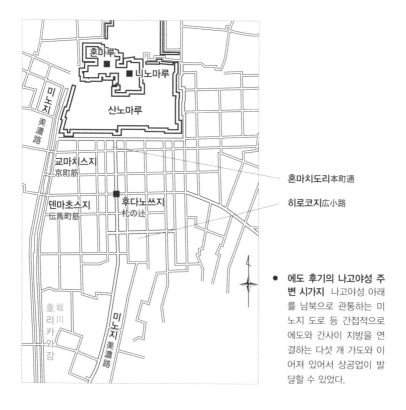

혼마치도리本町通

히로코지広小路

● **에도 후기의 나고야성 주변 시가지** 나고야성 아래를 남북으로 관통하는 미노지 도로 등 간접적으로 에도와 간사이 지방을 연결하는 다섯 개 가도와 이어져 있어서 상공업이 발달할 수 있었다.

의 저택과 상인의 집 외에도 성문, 다리, 세 개의 신사, 100개가 넘는
사찰 등이 옮겨져 다시 지어졌다. 나베야, 조자, 고후쿠, 오쓰 등 기
요스에 있던 많은 마을 이름도 그대로 옮겨졌다.

성의 바로 남쪽에는 한 변이 약 91미터인 정사각형이 늘어선 바둑
판 모양으로 시가지가 정비되고, 남북으로 뚫린 대로는 '도리通', 동
서로 뚫린 대로는 '스지筋'라고 불렀다. 성의 정문에서 남쪽으로 뻗
은 혼마치도리本町通(후다노쓰지에서 미노지 가도와 합류)는 아쓰타에서
도카이도와 만난다. 또한 미노지 가도는 교마치스지와 덴마초스지와
도 이어졌다.

성안에서는 아쓰타 대지의 서쪽에 있는 쇼나이강의 물줄기를 끌어
들여 호리카와강을 파서 물자 운송에 활용했다. 메이지 시대에는 시
가지 중앙을 구불구불 흐르던 쇼진강을 정비하여 신호리카와강을 만
들고 하수 처리 등에 이용했다. 성의 바로 남쪽에는 무가의 저택이 늘
어섰고, 상인과 수공업자 같은 조닌이 사는 지역은 동서 11구획, 남북
9구획의 99블록으로 나뉘었으며, 각 구획의 중앙에는 작은 사찰이 자
리했다. 막부의 명령에 따른 강제 이주였지만 이주자는 약 7만 명에
이르렀으며 서로 좋은 장소를 차지하고자 앞다투어 이사했다고 한다.

번주의 기질이 나고야인의 기질로

에도 시대를 지나는 동안 나고야는 에도와도, 오사카와도 다른 독자

성을 지닌 도시로 성장했다. 1699년에 4대 번주가 된 도쿠가와 요시미치는 쇼군 자리에 오르는 것보다 번주의 직무를 중시하는 방침을 정하고 가훈으로 삼는다. 그런 까닭에 7대 쇼군 이에쓰구의 후계자 경쟁에는 소극적이었다고 한다.

8대 쇼군 요시무네의 치세에서 오와리 번주를 맡은 7대 번주 무네하루는 유별나게 화려한 차림을 즐기고 언동이 특이했던 멋쟁이로 알려져 있다.

요시무네가 검약을 역설하며 교호享保 개혁(막부 재정의 확보와 쇼군 권력의 부활을 목표로 실시한 개혁. 교호는 1716~1735년의 연호-옮긴이)을 추진한 것과 반대로, 무네하루는 극장과 유곽, 호화찬란한 마쓰리를 공인했다. 그 결과 나고야에는 많은 예인과 상인이 모여들어 활기 넘치는 도시가 되었다. 화려한 것을 좋아하고 상술이 뛰어나다는 현대 나고야인의 기질은 무네하루가 지향한 바를 계승한 것일 터이다.

나고야의 상인 중에서도 염색업자인 고자카이 가문, 포목점을 크게 하던 자야 가문 같은 거상은 도쿠가와 가문에서 많은 일을 맡아 나고야의 상업 발전에 크게 기여했다. 포목점을 운영하던 이토 가문은 에도 후기에 에

○ 도쿠가와 무네하루를 연기한
   배우를 그린 '꿈의 흔적'

도로 진출하여 우에노의 포목점 마쓰자카야松坂屋를 흡수했고, 이는 훗날 전국적인 백화점 체인이 된다.

한편 오늘날 나고야의 명물 과자로 잘 알려져 있는 '우이로'는 중국 명나라에서 건너와서 오와리번의 2대 번주 미쓰토모를 섬긴 진원빈이 번의 어용상인인 떡집 주인 미즈타니 분조에게 제법을 전수한 것이 유래라고 한다. 메이지 이후 본격적으로 나고야에 널리 퍼졌다.

대화재를 계기로 생겨난 메인 스트리트

조카마치와 나란히 발달한 아쓰타의 역참 마을은 250채 가까운 여관이 처마를 잇대어 늘어서 있었고, 차츰 조카마치와 일체화되어 갔다. 세월이 흐르면서 새로운 경지 개발로 아쓰타 남쪽의 저습지가 간척되어 도시가 넓어져 갔다.

에도와 마찬가지로 나고야도 여러 차례 대화재를 겪었다. 1660년에 발생한 만지 대화재에서는 조카마치의 남쪽 절반이 소실되었다. 폭이 약 5.5미터였던 남부의 도로 호리키리스지는 대화재 후 도로 폭이 다섯 배 확장되어 '히로코지広小路'로 불리게 되었다. 메이지 시대에는 이 대로를 따라 나고야역에서 사카에까지 이르는 일대가 나고야시의 메인 스트리트로 개발된다.

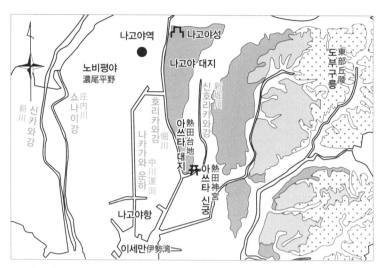

● **현재 나고야시 주변의 지형** 나고야성이 있던 장소에서는 노비평야를 한눈에 볼 수 있어, 서쪽에서 공격해 오면 바로 알아차릴 수 있었다.

'100미터 도로'의 선견지명

1871년, 히로코지에 있던 가타마치가 사카에마치로 개명되었다. 이곳은 원래 사코무라(현재 메이테쓰 사코역 주변)에서 상인이 이주해 생긴 마을이라고 한다. 히로코지의 서쪽 끝에 가까운 사사시마에는 1886년에 도카이도선 나고야역이 설치되었다. 정부는 당초에 도카이도가 아니라 나카센도에 철도를 부설할 것을 검토했지만, 초대 나고야 시장 요시다 로쿠자이가 시의 개발을 고려해서 사사시마에 역을 유치했다고 한다. 또한 1898년에는 히로코지에 노면전차가 개통되었다.

메이지 시대 막바지에는 사카에에 나고야 최초의 백화점인 마쓰자카야가 문을 열고 나고야역과 히로코지 사이에 음식점과 영화관 등 상업 시설이 늘어선다. 쇼와 시대에 접어들어서는 '동양 제일'이라고 불렸던 철근 콘크리트로 이루어진 6층 건물의 새 역사가 지어졌다.

그런 나고야시도 제2차 세계대전 말기에는 공습으로 막대한 타격을 받는다. 전후, 나고야 시장은 토목 사무소 소장을 역임한 다부치 주로에게 부흥 계획을 일임했다.

다부치는 앞으로 자동차가 널리 보급될 것을 내다보고, 폭 100미터의 도로 두 개, 폭 50미터 도로 아홉 개를 정비하는 장대한 계획을 제안하고, 시의 중심부를 사분할하여 방화대를 짓고자 했다. 이렇게 해서 시의 중심을 동서로 달리는 와카미야오도리, 사카에의 남북으로 뚫린 히사야오도리라는 두 갈래의 '100미터 도로'가 완성되었다. 일본에서 이 정도 규모의 도로는 공원화된 삿포로의 오도리를 제외하면 히로시마시의 헤이와오도리

○ **히사야오도리 공원의 전경** ©Bariston

○ **나고야 TV탑 정면(2020년의 모습)** ⓒTomio344456

뿐이다.

현재의 교통량을 생각하면 100미터 도로의 건설은 선견지명이라고 할 수 있다. 그러나 사카에와 오스라는 2대 번화가가 분단된 측면도 있다. 또 넓은 도로를 수많은 자동차가 통행했기 때문에 보행자는 지하도를 이용하게 됨으로써 나고야는 '지상에 사람이 없는 도시'로도 불리게 되었다.

다부치의 손을 거친 또 하나의 대규모 사업은 나카구와 히가시구에 있던 300개나 되는 사찰과 19만 기에 가까운 묘지를 지쿠사구의 헤이와 공원으로 이전한 것이다. 그 밖에도 부흥 계획을 실현하는 과정에서 '기요시 이사'를 재현이라도 하듯 건물 이전이 숱하게 이루어졌다.

1954년에는 부흥의 상징이 된 나고야 텔레비전탑이 사카에에 완성된다. 높이는 180미터로 4년 후에 완성된 도쿄 타워의 약 절반 높이지만 완성되었을 때만 해도 '동양 제일의 고층 건축물'로 불렸다. 이처럼 근대 이후에도 나고야는 나고야만의 문화를 만들어 가고 있다.

제 5 부

kansai
간사이 지방

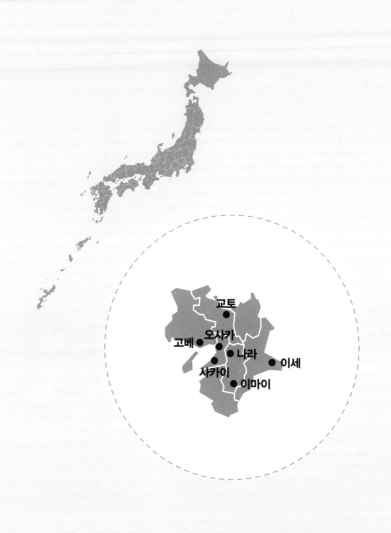

교토

오사카

고베

나라

자카이

이세

이마이

16

일본의 모든 공물이 모이는 신의 도시

이세

伊勢

● 해당 지역 **미에현**
○ 도시 인구 **약 13만 명(2020년 기준)**

이세는 일본의 도시 중에서도 신사를 중심으로 발전한 몬젠마치의 대표적인 사례이다. 전승에 따르면 2,000년쯤 전에 왕실의 선조로 알려진 아마테라스오미카미를 모시는 신궁(이세 신궁)이 이세평야 남단에 지어졌다.

에도 시대에는 『도카이도추히자쿠리게東海道中膝栗毛』(야지로와 기타하치라는 두 남자가 도카이도를 따라 여행하면서 겪는 이야기 – 옮긴이)에 적혀 있듯이 '이세 참배'가 유행하여 전국에서 많은 참배자가 모여든다. 그러나 중세까지 이세 신궁은 신분이 고귀한 사람에게만 참배가 허용되었다. 오늘날에도 에도 시대 역참 마을의 분위기가 남아 있는 몬젠마치 이세는 어떤 길을 걸어왔을까?

도시의 4분의 1 이상이 신궁

2016년 주요 7개국 정상회담의 개최로 각국 정상이 방문한 이세는 이세 신궁의 몬젠마치로서 발전해 왔다.

이세 신궁은 왕실의 선조로 알려진 태양신 아마테라스오미카미를 모신 '내궁'과, 오곡을 관장하는 여신 도요우케오미카미를 모신 '외궁'을 중심으로 125개의 신사가 있는 거대한 종교 시설이다. 면적만 해도 5,500제곱미터나 되어, 이세시의 4분의 1 이상을 차지한다.

이세시는 1955년까지 우지야마다시라는 이름이었다. 내궁의 몬젠마치인 '우지', 외궁의 몬젠마치인 '야마다'를 중심으로 발전해 온데서 유래한 이름이다.

이세시는 지금도 조례로 역사적 거리의 보존을 위해 노력하고 있

○ **오하라이마치** ⓒRyosuke Yagi

다. 특히 내궁 앞에 놓인 우지교에서 이스즈강을 따라 형성된 '오하라이마치'는 신축 가옥도 일부러 중세 이래의 상가 양식을 따라 지어 오늘날에도 에도 시대의 분위기가 감도는 관광 명소이다. 이 상가는 대부분 '쓰마이리妻入' 가옥으로 되어 있다는 점이 특징이다.

일본 가옥은 지붕이 용마루에서 내려오는 면에 입구가 있는 '히라이리平入'와, 지붕이 용마루에서 양쪽으로 내려오는 삼각형의 단면에 입구가 있는 '쓰마이리'가 있다. 야마다에 쓰마이리 양식의 상가가 많은 것은, 이세 신궁의 본전이 히라이리인데 똑같이 하면 황공해서 쓰마이리로 했다는 설이 있다. 사실인지 아닌지 확실하지는 않지만, 이런 통설이 만들어진 것도 신궁과 마을의 관계가 깊어서일 것이다.

각지를 돌아다니다 이세에 정착한 신궁

8세기에 성립한 『이세국풍토기伊勢國風土記』에 남겨진 글에 따르면 이세 땅에는 원래 이세쓰히코라는 토착신이 있었지만 진무 천황에게 나라를 양도했다고 되어 있다. 이세쓰히코 일족은 연안에 사는 어민으로, 그 이름은 '갯바위'를 뜻하는 '이소磯'에서 변했다고 한다.

그러면 왜 이세 땅에 신궁이 지어진 것일까? 『일본서기日本書紀』에 따르면 아마테라스오미카미는 원래 천황이 있는 야마토국에 모

○ 동굴에서 나오는 일본의 태양신 아마테라스오미카미

셔져 있었다. 그러나 스이닌 천황 대에 이르러 역병이 만연하자, 아마테라스오미카미의 노여움을 산 탓이라 하여 신체神体를 이가(현재의 미에현 북서부-옮긴이), 오미, 미노(지금의 기후현 남부-옮긴이) 순으로 옮기다가 최종적으로 아마테라스오미카미의 신탁을 받아 이세 땅에 모셨다고 전한다.

672년에 일어난 진신壬申의 난(왕위 계승을 둘러싸고 발발한 내전-옮긴이)때에는 이세 신궁에 전승을 기원한 오아마 황자(훗날의

오미나토 大湊

이 세 만
伊勢湾

미야가와강
宮川

이스즈강
五十鈴川

아쓰타강熱田川

산구선参宮線

가와사키河崎
우지야마다
宇治山田

외궁

긴테스도바선 近鉄鳥羽線

아사마가타케산 朝熊ヶ岳

내궁

● **현재 이세 신궁 주변의 지형** 전국에서 신궁에 바친 공물은 오미나토와 가와사키를 통해 거두어들였다.

덴무 천황)가 적대하는 오토모 황자에게 승리를 거둠으로써 이세 신궁의 권위가 확립되었다.

헤이안 중기, 율령제가 무의미해진 이후에는 유력 귀족과 무사가 잇달아 영지를 기부했기 때문에 이세 신궁은 특정한 영주의 지배를 받지 않고 독립을 유지한다.

현재의 이세평야에는 미에현에만 흐르는 강 중에서 가장 긴 미야가와강과 이스즈강을 활용한 농업 용수로가 발달했다. 그러나 원래 강바닥이 얕은 미야가와강은 범람이 쉽게 일어났고, 강의 좌안에 자리한 평야는 물결처럼 굽이치는 홍적대지(홍적세의 지층으로 구성된 평탄한 대지-옮긴이)였기에 둑을 쌓기도 쉽지 않아 벼농사에는 알맞지 않은 토지였다.

○ **하늘에서 바라본 오미나토 마을** ⓒ일본 국토교통성

　그래도 이세 신궁에는 각지의 영지에서 바치는 공물이 모였기 때문에, 미야가와강과 이스즈강이 합류하는 하구의 사주에는 그 짐을 부리는 항구로서 오미나토라는 마을이 정비되었다.

　이세의 몬젠마치에서 미야가와강은 외궁을 찾는 이들의 부정을 씻어 내는 재계에 활용되었고, 내궁 앞을 흐르는 이스즈강은 이른바 속세와 성역의 경계선으로 간주되었다. 세월이 흘러 미야가와강과 그 지류인 세타강, 이스즈강은 신궁에서 사용되는 목재나 참배객을 운송하는 데 쓰이고, 세타강 연안의 가와사키에는 배로 옮긴 물건이 모이는 도매상 거리가 생겼다.

세속화하는 이세 땅

무로마치 시대에 이세만 일대는 고쿠시(조정에서 파견한 지방관-옮긴이)이자 슈고 다이묘守護大名였던 기타바타케 가문이 가도를 정비하여 시가지를 동서로 관통하는 산구가도를 중심으로 야마다가 발전한다. 나중에 에도 시대가 되면 도카이도에서 갈라져 나와 히나가노오이와케(현재의 욧카이치시)로 이어지는 참배 루트가 정착하고, 신궁에 귀의하는 신자들의 기부로 이정표와 상야등常野燈이 놓이게 된다.

한편으로 무가 사회의 성립과 전란의 이유로 귀족이나 황족과 신궁의 영지 사이의 결속은 차츰 옅어졌다. 무로마치 시대에는 외궁이 있는 야마다는 '산포三方', 내궁이 있는 우지는 '에고会合'라는 자치 조직이 행정을 맡게 된다.

원래 이세 신궁은 귀족이나 신분이 높은 무사만 참배하는 시설이었다. 그러나 센고쿠 시대에 접어드는 15세기 후반부터 상업과 교통망이 발전하며 도샤道者(순례자)라고 불리는 일반 참배자가 각지에서 모이게 되었다. 요컨대 이세의 세속화가 진행된 것이다. 그와 동시에 신궁 경내에서는 신관이 아닌 지게닌地下人이라고 불리는 주민이 참배객의 숙박을 맡게 되었다.

○ **이세 신궁 내궁의 가구라덴 모습** ©ztanuki

　또 이세 신궁 일대뿐 아니라 이세에서는 차츰 각지에 있는 신궁의 영지에서 보내오는 공물을 다루는 해상 운송업자, 도매상, 전매 상인 등이 활약한다. 이런 이세 상인들은 에도 시대에 접어들면서 활발히 에도로 진출하여 오사카 상인, 오미 상인과 나란히 전국적인 네트워크를 구축했다. 기모노를 다루는 포목점에서 발전한 미쓰코시 백화점, 메이지 시대에 대재벌이 된 미쓰이 가문은 이세 상인이 기원이다.

이세 참배를 유행시킨 영업인, 오시

에도 막부의 성립 후, 1631년에는 이세 신궁의 관리 운영을 책임지는 막부 직할 기관으로 야마다 부교쇼山田奉行所가 설치되었다. 8대 쇼군 도쿠가와 요시무네의 치세에 에도의 미나미마치부교南町奉行(에도 시대 직명의 하나. 기타마치부교와 격월로 에도의 행정과 사법을 담당했다-옮긴이)로 활약한 오오카 에치젠(다다스케)이 사실은 이 야마다 부교의 경험자였다.

도카이도가 정비되어 가던 에도 시대에는 서민 사이에 이세 참배가 널리 퍼졌다. 이 유행에 공헌한 것이 오시御師(특정의 신사나 절에 소속되어 그곳을 찾는 참배자를 안내하고 참배, 숙박 등에 필요한 시중을 드는 사람-옮긴이)였다. 오시는 제 수입을 올리기 위해 참배객이 머물 숙방을 경영하면서 신궁의 풍경을 그린 관광 안내서 같은 참배 만다라를 보급하여 참배자를 모집했다. 숙소 알선, 부적 발행, 액막이 등도 맡아 처리했다. 최전성기에는 야마다와 우지를 합쳐 오시가 영업하는 곳이 700채를 넘었다고 한다.

이세 참배는 몇십 년 걸러 한 번씩 폭발적으로 대유행하여 1830년에는 약 500만 명이 참배하였으며, 이세 신궁의 신자를 자처하는 집이 전국적으로 440만 채에 이르렀다고 전한다.

서민에게 이세 참배는 견문을 넓히는 일종의 사회 공부이기도 했

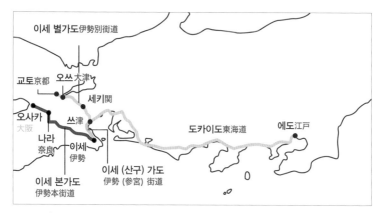

● **삼도(교토, 오사카, 도쿄의 세 도시)에서 이세에 이르는 참배 길** '이세'라는 이름이 붙는 가도가 몇 개나 생길 만큼, 이세 신궁을 향한 참배는 활기를 띠었다.

다. 짓펜샤 잇쿠가 이세 참배를 제재로 지은 『도카이도추히자쿠리게 東海道中膝栗毛』에 나오는 것처럼 에도에서 오는 참배자 중에는 겸사 겸사 오사카나 교토에 들르는 사람도 적지 않았다.

야마다와 우지에는 참배자를 위한 숙박 시설과 찻집이 늘어섰고, 그 중간에 자리한 후루이치에는 유곽 거리가 지어져 많은 손님을 끌어들였다.

또 야마다와 우지는 학문의 거리이기도 했다. 이세 신궁에 한학과 와카和歌(일본 고유 형식의 시-옮긴이) 등의 많은 문헌이 바쳐지면서 그것을 연구하는 학자들이 모여들었기 때문이다. 이세시 고다쿠지모토초에 있는 신궁문고에는 현재도 31만 권의 역사서와 신토 관련 문서가 소장되어 있다.

메이지유신 이후, 이세 신궁은 새롭게 국가 신토의 중심으로서 정

○ 1869년 메이지 천황의 이세 신궁 참배를 묘사한 우키요에(에도 시대의 풍속화)

부의 관리를 받게 되고, 신궁과 서민을 이어 주었던 오시도 폐지되었다. 그렇다고 해도 이세 참배의 열기는 식지 않아 수학여행의 대표적인 코스가 되는 등 단체 참배자가 오히려 증가했다.

1893년에는 쓰에서 미야가와에 이르는 구간에 산구 철도가 개통된다. 종래의 산구 도로변에 살던 주민들은 참배객을 빼앗긴다고 반발했지만, 이 철도로 미에현의 운송업은 크게 발전했다. 산구 철도는 지금도 미에현에서 와카야마현에 이르는 JR 기세이 본선의 일부와 다키초에서 도바시를 잇는 JR 산구선으로 존속하고 있다.

전후에는 국가 신토가 폐지되고 이세 신궁을 찾는 참배객도 서서히 줄어들었다. 그러나 근년에는 첫머리에서 언급한 오하라이마치가

관광지로 주목을 받는 등, 이제 거리는 다시 서민에게 사랑받는 몬젠
마치로 활기를 띠고 있다.

17

천황이 선택한
1,300년 역사의 시작

나
라

奈 良

● 해당 지역 **나라현**
○ 도시 인구 **약 36만 명(2020년 기준)**

겐메이 천황에 의해 건설된 나라의 수도 헤이조쿄平城京. 그 모델은 당의 수도 장안이며, 건설지 선정과 도시계획도 고대 중국의 사상에서 배워 왔다. 당시 헤이조쿄에는 고위 귀족부터 노예까지 다양한 신분의 사람들이 살고 있었고 그들의 생활 수준에는 큰 격차가 있었다.

이윽고 수도로서 부족한 면이 다양하게 드러나면서 헤이조쿄는 버림을 받는다. 헤이조쿄가 있던 자리는 오랜 세월 초목만이 무성하게 자라는 들판이 되었지만, 메이지 시대에 들어서면서 어느 장인의 발안으로 옛 도시를 보존하고 널리 알리자는 운동이 일어나 지금의 모습이 되었다.

견당사가 앞당긴 헤이조쿄 천도

8세기의 도읍인 헤이조쿄는 나라 분지의 북부에 지어졌다. 메이지 시대의 민속학자 야나기타 구니오에 따르면 '나라(なら)'의 어원은 평평하게 한다는 뜻의 '나라ㅍㅅ'이며, 구릉지를 완만하게 만든 데서 변형한 것으로 보고 있다. 고대 문헌에는 '나'와 '라'를 나타내는 만요가나萬葉假名(고대 일본어를 표기하기 위해 한자의 음을 빌려 쓴 가나 문자의 하나―옮긴이)를 나란히 놓은 '奈良'뿐 아니라 '那羅', '寧楽', '平城' 같은 표기도 보인다. 어느 것이나 '나라'라고 읽었으며, '平城京'는 '나라노미야코'라고 읽었다.

　구릉지로 둘러싸인 입지에는 중요한 의미가 있었다. "바야흐로 지금 나라의 땅은 사금도四禽圖에 잘 맞으며, 삼산三山이 지켜 주고, 귀서龜筮의 점술을 따른다." 이것은 겐메이 천황이 헤이조쿄 천도를 정했을 때 낸 조칙의 한 구절이다.

'삼산'은 동쪽의 가스가산, 북쪽의 나라산, 서쪽의 이코마산을 가리킨다. '사금도에 잘 맞는다'라는 말은 '사신 상응(풍수지리에서 동쪽의 청룡, 서쪽의 백호, 남쪽의 주작, 북쪽의 현무가 잘 어울리는 땅의 형세-옮긴이)'의 토지, 다시 말해서 풍수지리에서 좋은 땅의 조건을 충족하는 땅이라는 뜻이다. '귀서'는 당시 점술의 일종이다. 그 당시 정치에는 고대 중국의 사상이 도입되어 있어, 이에 따라 헤이조쿄는 도읍을 두기에 적합한 땅으로 여겨졌다.

한편으로 천도 그 자체의 이유로는 종래의 도읍이었던 후지와라쿄(현재의 가시하라시)의 치수와 교통망의 미비, 빈번히 발생하는 기근과 역병 등이 있었다.

● **헤이조쿄를 중심으로 한 사신 상응** 헤이조쿄는 동서남북 각각의 수호신이 지켜 주는 도읍이었다.

● **7세기 당나라에 파견된 견당사의 모습** © PHGCOM

　때마침 그 무렵 32년 만에 파견된 견당사遣唐使가 막 귀국한 참이었다. 그들이 전해 준 당나라의 수도 장안이 번영을 구가하는 모습이 새로운 수도의 건설을 앞당겼을 것으로 보인다.

도시의 모델은 당의 장안

헤이조쿄의 건설은 708년에 시작되었는데, 겐메이 천황은 건설 도중이었던 2년 후에 서둘러 천도한다.

　헤이조쿄의 규모는 남북 4.8킬로미터, 동서 6.3킬로미터에 이른

● **헤이조궁 본관을 1,000분의 1로 축소한 모형의 일부**

● **헤이조쿄의 도시 구획** 사쿄의 일부이기도 한 게쿄가 언제 만들어졌는지를 두고 여러 가지 설이 있다.

다. 후지와라쿄의 궁전이 시가지의 중앙에 위치했다면, 당의 장안을 모델로 삼은 헤이조쿄에는 시가지의 북단에 궁전(헤이조궁)이 지어진다. 천황이 사는 대궐인 다이리內裏, 정무를 보던 다이고쿠덴大極殿, 효부쇼兵部省과 식부쇼式部省(고대 일본에서 율령제에 따라 설치된 8개 기관 중 하나. 조정 문관의 인사, 왕실의 예식, 서훈 등을 맡았다 - 옮긴이) 등 2관 8성의 청사는 모두 헤이조궁에 두었다.

헤이조쿄는 헤이조궁에서 남쪽으로 뻗은 스자쿠오지朱雀大路(주작대로)를 중심으로 동쪽의 사쿄左京와 서쪽의 우쿄右京로 나뉜다. 사쿄의 동쪽으로는 게쿄外京가 건설되었고, 도다이지와 고후쿠지, 간고지 등의 대사찰이 줄지어 세워졌다. 게쿄가 지어진 경위는 밝혀지지 않았지만, 고후쿠지는 후지와라 가문의 보리사(조상의 위패를 모시어 명복을 빌고 천도와 축원을 하는 가문 소유의 절-옮긴이)이며 가문의 위세를 나타내기 위해 지었다는 설이 있다.

게쿄에서 좀 더 동쪽에 위치한 가스가산 자락에 있는 가스가 대사도 후지와라 가문의 씨족 신을 모신 신사이다. 가시마 신궁(이바라키현 가시마시)의 주신인 다케미카즈치노미코토는 사슴을 타고 나라에 왔다고 전해지는데, 이 때문에 가스가노에 서식하는 사슴은 신의 사자로 숭배를 받았다. 당시에는 사슴을 죽이면 벌금을 내야 했다. 그래서 사람들은 아침에 일어나면 집 앞에 사슴 사체가 없는지 확인했다고 한다. 여기서 생겨난 것으로 추정되는 것이 "일찍 일어나면 조금이라도 득을 본다"라는 속담이다.

목간으로 밝혀진 귀족의 호화로운 생활

헤이조쿄 시가지에는 거리를 바둑판처럼 구획하는 '조방제'가 도입되어, 동서로 뻗는 10개의 조条 대로와 남북으로 뻗는 11개의 방坊 대로가 가지런하게 뻗어 있다. 이 대로로 나뉜 구획을 '방坊'이라고 하고, 방은 다시 가로세로 3개씩의 소로로 16개의 구획으로 나뉘었다.

이 16분의 1구획을 '평坪(훗날의 정町)'이라고 하며(현대의 면적 단위 '평'과 '정'과는 다르다), 사방 약 133미터인 사각형으로 되어 있다. 고위 귀족의 택지는 헤이조궁 가까이에 할당되었고, 부지 면적은 당시의 단위로 1~4평 정도였다. 1986년부터 실시한 발굴 조사에서는 쇼핑센터 이토요카도 나라점이 있던 일대에서 수만 점의 목간(문자가 새겨진 나뭇조각)이 출토되면서 이곳이 유력 귀족인 나가야왕의 저택이 있었던 자리임이 판명되었다.

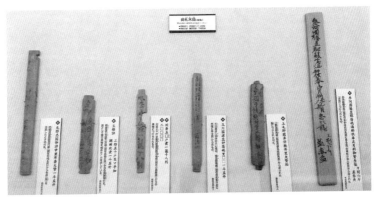

○ **발견된 7~8세기 목간**
고대의 목간은 종이의 역할을 했기에 당시 사회상을 파악할 수 있는 역사 자료이다.

목간은 귀족들의 호화로운 생활상을 뚜렷하게 전달한다. 나가야 왕은 쌀, 미나리, 무 외에 도미와 전복 같은 고급 식재료도 들여와 먹었다고 한다. 또 부지 내에는 집안의 행사나 사무를 담당하는 기관이 있는가 하면 주물이나 목화 농사를 관할하는 관청도 있었으며, 일하는 사람만 수백 명에 다다랐을 것으로 보인다. 그중에는 말을 담당하는 마사, 개를 담당하는 견사, 학을 담당하는 학사 등 동물을 돌보는 관리도 있었다.

헤이조쿄의 인구는 10만 명 정도로 추산되며, 귀족 이외에도 관인, 서민, 노비가 살았다. 신분이 낮은 서민은 궁전에서 멀리 떨어진 팔조대로, 구조대로 주변에 살았으며, 그 일대에서는 평 구획으로 16분의 1평, 32분의 1평인 비교적 소규모의 택지 유적이 발견되었다.

서민은 대부분 가까운 지방에서 강제로 이주한 농민으로 헤이조쿄에서는 토목 작업이나 경비 등에 주로 종사했다. 중노동을 버티다 못해 도시에서 도망친 사람도 많았다고 한다.

천도의 원인은 화장실 문제?!

헤이조쿄에서는 저택마다 우물을 파서 생활용수로 삼았고, 배수에는 도로 옆에 판 도랑이 쓰였다. 말할 필요도 없이 상하수도의 정비는 도시계획의 중요한 요소이다. 후지와라쿄가 버려진 이유 중 하나로 오수가 저습지에 있는 궁전으로 흘렀다는 점을 드는 설이 있다. 헤이조쿄에서는 사호강과 아키시노강이 운하이자 배수로로 이용되었지만 대규모 하천에서 멀었기 때문에 근본적인 개선은 되지 못하였고, 덴표天平 연간(729~749)에는 전염병이 자주 발생했다.

덧붙여 당시는 나가야왕과 후지와라 가문을 비롯한 귀족들이 권력 투쟁으로 세월을 보내고 있었다. 당시 위정자인 쇼무 천황은 이변이 일어날 때마다 구니쿄(교토부 기즈가와시), 나니와노미야(오사카부 오사카시), 시가라키노미야(시가현 고카시), 그리고 헤이조쿄로 천도했다.

그러나 최종적으로 헤이조쿄는 버림받고 간무 천황에 의해 나가오카쿄(교토부 나가오카쿄시)로 천도된다. 그 후에는 헤이제이 천황 시대에 다시 헤이조쿄로 수도를 옮긴다는 구상이 있었지만 실현되지 못했고, 이윽고 헤이조쿄의 건조물과 도로는 파괴되어 밭이 되었다.

전쟁의 불길에 휩싸여 무너져 내린 '나라의 대불'

나가오카쿄로 천도한 것은 불교의 여러 종파가 지닌 영향력을 떨어뜨리기 위한 목적도 있었던 것으로 보인다. 헤이조쿄에는 '7대사'라고 불리는 일곱 개 유력 사찰의 가람이 있었지만, 나가오카쿄로의 이전은 허용되지 않았다.

헤이안 말기에는 조정이나 후지와라 가문과 관계가 깊은 난토南都(헤이조쿄의 별명. 헤이안쿄로 천도한 후 남쪽의 옛 수도라는 뜻에서 불린 이름)의 여러 사찰이 궁중을 좌지우지하는 다이라노 기요모리와 대립한

○ 도다이지 대불 ©JakubHałun

다. 고시라카와 천황의 아들 모치히토왕의 거병을 지원한 난토는 기요모리의 5남 시게히라의 침공을 받았고, 도다이지와 고후쿠지는 화공에 소실되었다.

『헤이케平家 이야기』에 따르면 이때의 화공은 횃불을 피우라는 시게히라의 명령을 불을 지르라는 명령으로 병사가 잘못 알아들어 일어난 것이었다. 사건의 경위와 상관없이 이 만행은 세간의 맹렬한 반발을 불러왔고, 다이라 가문의 정권 구심력은 현저히 낮아졌다.

다이라 가문이 멸망한 후 도다이지와 고후쿠지는 재건되지만, 도다이지는 센고쿠 시대에 다시 대규모 화재에 휩쓸린다. 당시의 야마토(현재의 나라현)에는 슈고 다이묘가 없었고 고후쿠지가 그 역할을 맡고 있었다. 훗날 야마토 슈고가 되는 쓰쓰이 준케이도 부친이 고후쿠지의 승려였다.

준케이는 야마토를 제압하려는 센고쿠 무장 마쓰나가 히사히데와 대립하고, 미요시 일족이 가담한 양 진영은 나라 시가지에서 대치한다. 전투의 형세는 도다이지에서 불길이 치솟음으로써 크게 변화하고, 경내에 포진하던 쓰쓰이와 미요시 삼인방(미요시 정권의 핵심 인사인 미요시 나가야스, 미요시 마사야스, 이와나리 도모미치의 세 사람을 가리킨다-옮긴이) 연합군은 물러난다. 오늘날 이 방화는 히사히데가 저지른 것으로 보고 있지만, 실화라는 설, 쓰쓰이와 미요시 삼인방의 진영에 있던 기독교도 병사가 저지른 짓이라는 설도 있어 진상은 분명하지 않다.

이 화재로 비로자나불상의 불두佛頭는 불에 타 무너져 내리고 말았다. 그 후 간소하게 수복이 이루어졌을 뿐, 오래도록 비바람을 맞으며 방치되었다. 대불전의 수복이 완료되고 완성을 축하하는 법요가 치러진 것은 1709년의 일이다.

궁전의 보존에 생애를 바친 식목 장인

에도 시대에 들어서자 야마토에서는 고리야마번(나라현 야마토고리야마시), 다카토리번(나라현 다카이치군 다카토리초) 등이 세워진다. 다만 현재의 나라시 중심부는 번이 설치되지 않았고 현 남부의 산간 지역과 함께 막부령(천령天領. 막부의 직할지)이 되었다. 이는 고후쿠지를 비롯한 사찰과 신사는 조정에 대한 영향력을 여전히 유지하고 있어 그것을 감시할 목적으로 직할화한 것으로 추정된다.

17세기 나라 부교의 조사에 따르면 나라 중심부의 촌락은 200개가 넘었으며 약 3만 6,000명이 살았다. 그들은 주로 상공업에 종사했다. 당시 7대사의 하나인 간고지 경내에 조성된 '나라마치奈良町'라는 지역은 현대까지 이어지고 있다.

나가오카 천도와 더불어 버려진 헤이조궁의 사적은 도다이지 등과 함께 세계문화유산에 등록되었으며 다이고쿠덴은 나라로 천도한지 1,300년 후인 2010년에 복원되었다.

현재 스자쿠몬(주작문) 쪽에는 다나다 가주로 조각상이 서 있다. 그는 현재에 이르는 헤이조궁 사적 보존 운동의 발단이 된 인물이다.

○ **복원된 다이고쿠덴의 모습** ⓒ名古屋太郎

메이지 말기, 나라의 식목 장인이었던 가주로는 도읍이 있던 자리가 황폐해진 현실을 한탄하며 보존 운동을 시작한다. 토지의 소유권자와 정부 당국을 찾아다니며 토지의 매수와 보존을 청원하는 활동을 계속했으나 거절하는 지주도 많아서 교섭은 여러 차례 암초에 걸렸다.

그래도 가주로의 뜻은 스러지지 않았다. 1913년에는 귀족원 의원인 도쿠가와 요리미치를 회장으로 하는 '나라 다이고쿠덴 사적 보존회'를 설립하기에 이른다. 하지만 가주로는 갖은 마음고생 끝에 실명하고, 이윽고 토지 매수에 얽힌 불상사로 인해 스스로 목숨을 버리고 만다.

다이고쿠덴이 있던 자리가 국가 사적으로 지정된 것은 가주로가 사망한 이듬해인 1922년의 일이다. 일개 식목 장인의 염원이 여기서 야 열매를 맺은 것이다.

18

육지의 중계무역으로 번영한 금융의 중심지

이마이

今井

- 해당 지역 **나라현**
- 도시 인구 **약 12만 명(2020년 기준)**

일향종 사찰의 지나이초寺内町로 탄생한 이마이는 사카이와 나라를 연결하는 가도를 따라 형성되었고, 그 때문에 물류의 중심지로 발전한다.

에도 시대에는 그 재력에 눈독을 들인 막부의 직할지가 되었지만, 조닌(에도 시대에 도시에 사는 상공인의 총칭 – 옮긴이)에 의한 자치 또한 여전히 인정되었다. 부호들은 금융업으로 더욱 부를 쌓아 '야마토의 돈은 이마이에 7할이 있다'라는 말이 나올 만큼 번성하게 된다. 이러한 번영의 배경에는 조닌에게 부과된 상세한 생활 규칙이 있었다.

전체가 에도 시대의 전통 건축 박물관인 도시

나라 분지 남부에 자리한 이마이초는 1956년의 정촌町村 합병으로 야기초, 우네비초 등과 함께 가시하라시가 되었다.

이마이라는 지명이 한국인에게는 낯설 수 있지만, 일본인이라면 대부분 텔레비전 같은 매체에서 시가지를 본 적이 있을 것이다. 왜냐하면 이마이초는 에도 시대 이전의 건물이 다수 현존하여 시대극의 촬영지로 종종 이용되고 있기 때문이다. 2015년에는 메이지 시대를 무대로 하는 NHK 아침 드라마 〈아침이 온다あさが来た〉의 촬영지로 주목을 받았다.

이마이초는 가시하라시 북서쪽에 있는 동서 600미터, 남북 310미터 정도 크기의 구획이다. 약 760채 민가의 80퍼센트가 에도 시대

○ **이마니시 가문의 주택** ⓒTokiwokakeru

이전에 지어졌으며, 소도시요리惣年寄(에도 시대, 오사카 등에서 마치 부
교의 지휘하에 시중의 공무를 총괄하던 벼슬–옮긴이)를 맡았던 이마니시 가
문과 우에다 가문 등 아홉 동의 저택이 국가 중요 문화재로 지정되
어 있다. 오늘날 일본에서 이만큼 많은 전통 건축이 집중된 지역도
없어, 이마이는 당시 건축 양식과 서민의 생활을 알 수 있는 귀중한
문화유산이 되고 있다.

환호와 토루로 지켜진 도시

정토진종 혼간지파(일향종) 사찰의 지나이초에서 출발한 이마이는 센고쿠 시대에 자치 도시로 발달했다. '이마이今井'라는 지명이 문헌에 등장하는 것은 1386년부터이며, 장원으로서 이마이쇼庄(장원 또는 본디 장원이었던 곳의 지명에 붙이는 호칭의 하나-옮긴이)의 성립은 그로부터 300년 정도까지 거슬러 올라가는 것으로 추정된다.

원래 이마이쇼는 야마토(현재의 나라현)에서 세력을 떨치던 고후쿠지의 장원으로, 센고쿠 시대에 혼간지가 야마토에 진출했을 때도 고후쿠지는 도량을 파괴하는 등 혼간지를 견제했다. 그러나 사찰의 소유지를 확보하기 위해 서로 교분을 맺는 승려도 많아 혼간지에 대한 고후쿠지의 태도가 꼭 일정하지는 않았다. 덴분 연간(1532~1555)에는 혼간지 주지의 일족인 이마이효부 도요히사라는 무사가 이마이에 도량(훗날의 쇼넨지)을 짓는다. 혼간지는 야마토에 영향력을 지닌 센고쿠 무장 마쓰나가 히사히데와 미요시 삼인방과 이어져 있어 이 도량은 고후쿠지의 공격을 받지 않았다. 도요히사는 신도를 모아 지나이초를 일으키고, 이것이 오늘날까지 이어지는 이마이초今井町의 시작이라고 알려져 있다.

이윽고 혼간지는 오다 노부나가와 대립한다. 기나이에서는 10년에 걸친 이시야마 전투石山合戰(1570년부터 1580년까지 정토진종 교도를 중심으로 한 세력과 오다 노부나가 사이에 벌어진 전쟁-옮긴이)가 발발한다. 지나이초인 이마이도 오다 군의 공격 대상이 되었지만, 주민은 도시 주위로 해자를 두르고 토루를 쌓았으며 떠돌이 무사를 고용해 저항했다.

사카이(오사카부 사카이시)와 나라를 잇는 가도를 따라 형성되었던 이마이는 상인에게는 중요한 물류 거점이었고, 그 거점이 파괴되는 것을 우려한 사카이 상인 쓰다 소규는 지기였던 아케치 미쓰히데를 통해 이마이에 항복을 촉구한다. 노부나가가 제시한 정전 조약도 대단히 관대했다. 주민이 무장을 해제하면 도시를 허물지 않고 계속해서 상업 활동도 인정하는 것이었다. 이 조건을 받아들인 이마이는 야마토 남부에서도 손꼽히는 상업 도시로 비약적으로 발전하여 '바다의 사카이, 육지의 이마이'로 불리게 되었다.

주위에 호를 판 환호 도시로서 이마이의 흔적은 현재 시가지 구획에서 볼 수 있다. 당시의 일반적인 촌락은 도로가 바둑판처럼 갈라놓은 구획 위에 존재했지만, 이마이는 도로가 시가지 말단까지 일직선이 아니라 비스듬히 교차하는 정丁 자형으로 되어 있다. 이것은 외적의 침입을 막기 위해 일부러 앞이 잘 내다보이지 않도록 고안한 방식이다.

또 도요토미 정권 치하에서는 히데요시의 허가를 받아 아홉 곳에 있는 도시 출입구에 문이 설치되었다. 야간에도 열려 있는 네 개의 문에는 파수막이 병설되어, 파수꾼이 침입자가 있는지 밤새도록 망을 보았다고 한다.

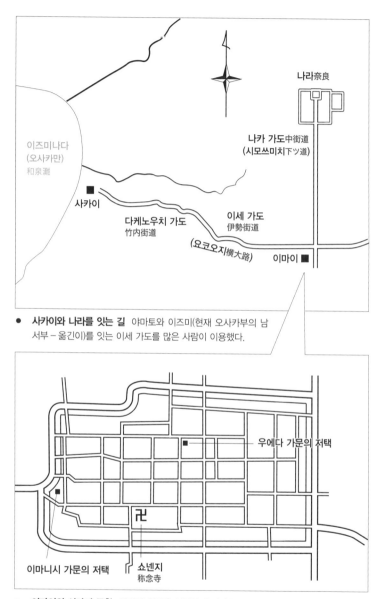

- **사카이와 나라를 잇는 길** 야마토와 이즈미(현재 오사카부의 남서부 – 옮긴이)를 잇는 이세 가도를 많은 사람이 이용했다.

- **이마이의 시가지 구획** 외적의 침공을 상정하여 막다른 곳과 엇갈리는 곳이 있도록 시가지를 구획했다.

야마토의 돈은 이마이에 7할

에도 막부 시대, 이마이는 그 재력에 눈독을 들인 4대 쇼군 이에쓰나에 의해 막부령이 된다. 다만 행정, 사법, 경찰 등의 자치 특권은 종래대로 인정되고, 이마니시 가문, 오자키 가문, 우에다 가문 이렇게 세 가문이 소도시요리로서 시정을 책임지고 관리했다.

덧붙여 그때까지 지역의 지도자 노릇을 했던 이마이효부 일족은 주민과 불화를 빚고, 무사의 신분을 박탈당하여 불문에 귀의한다.

이마이는 여섯 개 지역으로 나뉘고, 한창 정점에 달한 17세기 후반에는 1,300호가 구성되었고 4,000명 이상이 살았던 것으로 추산된다. 당시 일반적인 촌락이 20~30호로 구성되었던 점을 고려하면 그 규모는 더욱 두드러진다.

상인들은 비료, 목면, 된장 등의 거래에 종사했고, 부를 축적한 거상들은 이윽고 환전상 등 금융업에도 손을 대기 시작한다. 주로 돈을 빌려주는 대상은 하타모토旗本(에도 시대 쇼군 직속의 가신단 중 1만 석 미만의 영지를 하사받고, 쇼군을 알현할 수 있었던 무사-옮긴이)나 하급 무사였지만, 오사카 상인과 마찬가지로 다이묘를 대상으로 한 대부업도 이루어졌다. 그중에는 다른 번의 재정에 관여하는 상인도 있었다. 소도시요리 중 하나인 오자키 가문은 고후번 도쿠가와 가문이 멀리 나라에 소유하고 있던 땅의 가케야掛室(공금의 출납을 다루는 업자)를 맡기도 했다.

에도 전기에는 한사쓰藩札라 하여 각 번에서 발행한 지폐가 그 번

○ **이마이사쓰**

내에서 유통되었다. 이마이에서도 1634년이라는 비교적 이른 시기부터 한사쓰에 준하는 '이마이사쓰今井札'가 유통되었다.

그러나 신용을 뒷받침하는 금, 은, 철화의 비축분이 모자라는 번도 있어 화폐 경제의 혼란을 우려한 막부는 1707년에 한사쓰의 유통을 금지한다. 그때 이마이에서는 지체 없이 경화硬貨로 교환할 수 있어서 다른 번의 주목을 받았다고 한다.

항간에 떠돌았던 '야마토의 돈은 이마이에 7할', '(벌레와 습기를 없애기 위해) 볕을 쬐는 돈이 현관까지 길게 늘어섰다'라는 민요도 꼭 과장은 아니었다고 한다.

자치 규정이 막은 대규모 화재

이마이가 발전한 배경 중 하나로는 주민에게 부과된 규칙의 존재를 들 수 있다. 이곳에는 17개 조로 이루어진 규정이 있었다. 도박의 금지는 물론 쓰레기 버리는 방법부터 소와 말을 끄는 법에 이르기까지 일상생활의 규칙이 상세하게 규정되어 있었다.

그중에서도 특기할 만한 것은 4개 조로 이루어진 소방에 관한 규정이다. 화재가 일어났을 때 불을 끄는 일을 맡은 사람과 일반 주민

○ **이마이초에 위치한 마을 교류 센터** ⓒignis
이마이초의 역사와 정보를 알 수 있는 자료관이다.

의 역할이 명확히 구분되어 각각 정해진 도구를 들고 모여 신속하게 소화 작업을 실행했다. 이것이 에도 시대를 거치는 동안 대규모 화재가 일어나지 않고 지금까지 시가지의 옛 모습이 남아 있는 이유 중 하나이다.

덧붙여 방범 대책도 철저해서 주민의 친족을 제외한 외부인의 출입이 엄격하게 제한되어 있었다. 거리에 여관은 없었으며 숙소를 구하는 사람은 일반 저택에 머물렀다. 다만 숙박은 원칙적으로 1박만 가능했다. 그 이상은 마치도시요리町年奇(에도 시대에 시중의 공무를 처리하던 관리-옮긴이)에게 신고서를 제출해야 했다.

이런 규정이 이마이 거리를 갑갑하게 만들었는지는 알 수 없지만, 일반 주민에게 가혹한 세금도 부과되어 18세기 전반부터 이마이의 인구는 서서히 감소해 간다. 이윽고 메이지 시대에 접어들자 가부나카마株仲間(에도 시대, 막부나 번의 허가를 받아 결성된 상공업자의 동업 조합-옮긴이) 등이 폐지되어 거상이 몰락하고, 이마이의 번영은 일단 종지부를 찍는다.

　　다이쇼 이후에는 인접한 야기초에서 개발이 진행되는 한편, 이마이의 옛 시가지는 그대로 남겨 놓았다. 제2차 세계대전 후에는 본격적인 경관 보전 운동이 일어나 에도 시대의 운치가 물씬 풍기는 지금의 이마이초로 이어지게 된다.

19

히데요시가 초석을 다진
일본 유수의 경제 일번지

오사카
大阪

● 해당 지역 **오사카부**
○ 도시 인구 **약 269만 명(2020년 기준)**

세토 내해 동쪽 끄트머리에 면한 오사카는 예부터 동아시아 여러 국가와의 교류 거점으로 번영하였고, 고대에는 도성이 세워지기도 했다. 중세에 들어서자 종교 세력인 혼간지가 사상 최대 규모의 지나이초를 구축한다. 도요토미 히데요시는 그 자리에 오사카성을 짓고, 전국의 다이묘를 지배했다.

상인의 도시이기도 했던 오사카는 에도 막부도 중시하여 전국에서 물자와 돈이 모이는 경제 도시로서 발전했다. 이 시기에 양성된 상인 기질과 활기 넘치는 풍토는 현대의 오사카에 어떻게 이어져 오고 있을까?

왕족 정치의 중심지가 된 나니와

오사카시를 대표하는 랜드마크인 오사카성. 최상층의 전망대에서는 도요토미 히데요시의 시대부터 이어져 온 오사카 거리를 한눈에 볼 수 있다. 지금으로부터 약 430년 전, 오다 노부나가의 후계자가 된 히데요시는 셋쓰(현재의 오사카부 북중부)의 남부와 현재의 오사카시 주오구에 거성을 짓고 전국의 다이묘를 자신의 지배하에 두었다.

오늘날의 오사카성은 1931년에 재건된 것으로 도쿠가와 시대의 천수대 위에 도요토미 시대를 흉내 낸 천수각을 세웠다. 단 소재지는 예나 지금이나 변함없이 우에마치 대지라고 불리는 고지대 북단에 자리하고 있다. 고대에 이 우에마치 대지는 '나니와難波'라고 불렸으며 몇 개의 궁과 도성이 존재했다.

전승에 따르면 우에마치 대지에 지어진 최초의 도성은 닌토쿠 천황의 거처였던 나니와다카쓰궁이다. 당시 오사카평야에는 가와치호라는 커다란 호수가 있었는데, 이 호수 때문에 주변 촌락이 때때로 홍수 피해를 입었다. 『고사기』에 따르면 닌토쿠 천황은 호수의

● **고대 오사카의 지형** 훗날 우에마치 대지의 끄트머리에 도요토미 히데요시가 오사카성을 건설한다.

범람을 피하기 위해 운하를 개발했으며, 공사로 건너편 기슭과 분리된 우에마치 대지의 북단에는 나니와즈難波津라는 항만 시설을 정비했다. 이 나니와즈는 세토 내해에서 가와치만(고대의 오사카만)과 요도가와강을 거쳐 내륙부에 다다르는 수상 교통의 요충지로, 훗날 견수사遣隋使와 건당사를 태운 배의 출발점이자 도착점이 되었다.

그 후 도성은 야마토(현재의 나라현)의 아스카로 옮겨졌지만, 아스카에 지어진 이타부키노궁에서는 나카노오에 황자(훗날의 덴지 천황)와 중신 나카토미노(훗날 후지와라노) 가마타리가 오래도록 조정의 실권을 쥐고 있던 소가 가문을 멸망시킨 잇시乙巳의 변이 일어난다. 정변을 계기로 고토쿠 천황은 도성을 나니와의 나가라노토요사키궁(전

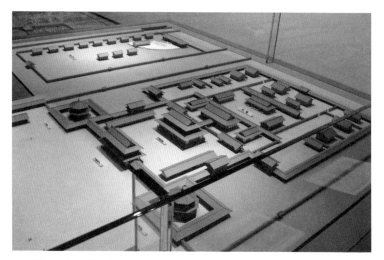

○ **전기 나니와궁 복원 모형** ©Wikiwikiyarou

기 나니와궁)으로 옮기고 '다이카 개신大化改新(7세기 중엽 일본에서 왕 중심의 중앙집권적인 정치 체제를 구축하기 위해 실행한 정치 개혁-옮긴이)'을 실행한다.

나니와로 다시 천도한 것은 유력 호족이 좌지우지하는 정치에서 왕족에 의한 친정으로 바뀌는 전환점이 되었다.

그러나 시대가 흐르면서 나니와의 교통과 물류의 거점이라는 지위는 차츰 낮아진다. 요도가와강 하구부의 토사가 쌓이면서 대형 선박이 가와치만에서 거슬러 올라가지 못하게 되었기 때문이다.

그 후에는 나니와쿄(후기 나니와궁)가 헤이조쿄를 보조하는 도성 노릇을 했지만 조정은 784년에 야마시로(현재의 교토부)의 나가오카쿄로 천도하고, 이후 나니와가 도읍지가 되는 일은 없었다. 우에마치 대지에 있던 도성은 아마 논밭이 되었을 것이다.

이렇게 해서 나니와는 수도로서의 역할에는 종지부가 찍혔지만, 모든 것이 버려진 것은 아니었다. 나니와즈를 계승한 와타나베노 쓰渡辺津는 교토를 연결하는 요도가와강 수운의 출발점으로 발달하고, 시텐노지 주변은 참배자가 끊이지 않아 크게 번성했다.

또 센고쿠 시대에는 정토진종의 혼간지가 우에마치 대지에 본산의 별원을 지었다. 이후 나니와는 혼간지의 지나이초로서 발전해 간다.

근세 도시의 선구자가 된 오사카 지나이초

혼간지 교단은 '일향종'의 별명으로도 알려져 있다. 15세기의 법주였던 렌뇨는 호쿠리쿠 지방에서 포교 활동을 했지만, 슈고 다이묘와 교도 사이에 대규모 쟁란이 발생하자 야마시로의 야마시나로 거점을 옮겼다. 이 야마시나 혼간지는 렌뇨의 사후, 덴분 연간(1532~1555)에 발생한 법화종(일련종)의 소요로 소실되었다. 교단은 야마시나 혼간지가 소실된 다음 해인 1533년, 생전의 렌뇨가 은거지로 눈여겨보았던 우에마치 대지의 북단에 새롭게 본산을 짓는다. 당시 이 일대는 '오사카大坂'라고 불렸다.

오늘날 이 본산은 '이시야마 혼간지'라는 이름으로 널리 알려져 있는데, 그렇게 불리게 된 것은 도요토미 시대 이후의 일로 '오사카 혼간지'가 정확한 호칭이다. 또한 렌뇨가 1497년에 교도 앞으로 발급한 문서에 '오사카大坂'라고 적혀 있는데, 이것이 일본사 최초로 '오사카'란 표기가 쓰인 예라고 한다.

오사카 지나이초는 혼간지를 중심으로 여섯 개의 마을로 구성되었다. 다이묘 세력으로부터 군사적 압력을 받는 일도 많아서 대항하기 위해 지역 전역을 해자와 토루로 둘러쌌을 것으로 보인다.

방어 시설이라는 면에서는 센고쿠 다이묘의 조카마치와 비슷하다. 다만 인근의 일원적 지배라는 관점에서 보면 지나이초 쪽이 더 선진적이었을지도 모른다. 센고쿠 시대 후기까지 다이묘가 머무는 성은 산꼭대기에 지어지는 일이 많아서 산간부의 가신 거주 지역과 산기슭의 그 외 지역이 분단되어 있었다. 이것과 비교해 오사카 지나이초는 인접하는 와타나베노쓰 같은 항만 시설이나 숲 같은 환경을

○ **오사카 역사 박물관에 전시되어 있는 이시야마 혼간지의 내부 모습** ⓒBreizeman

품으면서 도시로서의 범위를 넓혀 갔다.

주목해야 할 것은 새롭게 편성된 취락의 거주인들이 일향종 신도뿐만은 아니었다는 점이다. 혼간지와 거주민들의 결속은 신앙뿐 아니라 혼간지가 획득한 권익이 그들의 자유로운 경제활동을 담보함으로써 이루어졌다. 영주의 주권이 지역의 말단까지 미치고, 활발한 경제활동이 이루어졌다는 두 가지 사실을 들어 오사카 지나이초는 근세 조카마치의 선구지였다고 할 수 있다.

그 후 오사카 혼간지는 노부나가와 충돌하고, 10년에 걸친 전쟁 끝에 오사카에서 물러날 수밖에 없었다. 그 터 위에 지어진 것이 오사카성이다.

히데요시가 품은 수도 구상

천하인天下人(천하를 얻은 사람이라는 뜻으로 주로 센고쿠 시대부터 에도 초기에 걸쳐 류큐와 에조치를 제외한 일본 전역을 통일시켜 자신의 지배하에 둔 사람을 가리킨다-옮긴이) 도요토미 히데요시가 오사카를 본거지로 선택한 가장 큰 이유는 수상 교통의 편리성이다. 일찍이 오사카평야에 가와치호가 있었다는 사실은 앞에서 언급했지만, 조몬 시대까지 거슬러 올라가면 현재의 오사카평야 일대는 바다 밑이고, 우에마치 대지는 가와치만에 돌출된 반도였다.

그 후 기후 변화와 간척 등으로 만의 육지화가 이루어지고, 평야

○ **오사카성** ©jnto

에는 그물코 같은 하천이 남았다. 그중 몇 개는 요도가와강과 합류하여 교토로 이어진다. 조정과의 관계를 중시한 히데요시가 오사카를 눈여겨본 것은 자연스러운 흐름이라고 할 수 있다.

요도가와강의 하구부는 히데요시의 치세 아래 준설(퇴적물을 제거하는 일)이 이루어져 오사카만에서 배가 거슬러 올라갈 수 있게 되었다. 육상에서도 오사카를 중심으로 효고, 이바라키, 히라카타, 나라, 사카이 등 사방팔방으로 뻗어 가는 도로가 발달했다. 이로써 오사카는 수륙 양면으로 교통의 요충지가 되었다.

히데요시는 노부나가의 사망 이듬해인 1583년에 오사카성과 조카마치의 건설에 착수한다. 먼저 천수각과 혼마루가 지어지고, 착공한 지 1년 반 만에 니노마루까지 완성된다. 그 후는 성의 외곽인 소가마에가 지어지고, 니노마루와의 사이에 산노마루가 건설되었다.

소가마에의 범위는 동쪽의 네코마강, 서쪽의 히가시요코보리강, 남쪽의 가라호리도리, 북쪽의 오오카와강(요도가와강의 옛 물길) 사이에 낀 약 4제곱킬로미터이다. 히데요시가 처음 구상하기로는 전국의 다이묘를 성시에 살게 하고, 교토의 유력 사찰을 옮겨 지을 뿐 아니라 더 나아가 교토에서 천황을 옮겨 올 작정이었던 것으로 보인다.

다만 이 구상은 실현되지 못했다. 히데요시는 오사카 성시城市의 개발과 병행하여 교토에 주라쿠다이聚樂第를 지었고, 만년에는 후시미성으로 거점을 옮겼다. 오사카성은 도요토미 가문의 성, 주라쿠다이는 간바쿠로서 정무를 보는 정청, 후시미성은 은거한 히데요시의 처소라고 볼 수 있다.

일본 최대의 경제 도시를 꿈꾼 히데요시

그런데 히데요시는 오사카성 조카마치의 개발에 즈음하여 상업 도시였던 사카이(현재의 사카이시)와 히라노(현재의 오사카시 히라노구)의 상인을 성 아래로 이주시켰다. 당시 일반적인 조카마치는 약 70~80퍼센트를 무가의 저택이 차지했지만, 히데요시의 만년에 오사카는 70퍼센트 이상이 상공업자의 거리였다. 처음부터 오사카를 경제 도시로 만들고자 했던 히데요시의 의도를 엿볼 수 있다.

● **오사카 삼향 주변의 지형과 시가지 구획** 혼마치도리를 경계로 기타
센바를 비롯한 지역을 '기타구미', 미나미센바를 비롯한 지역을 '미나미
구미', 또 오카와강 이북의 덴마를 비롯한 지역을 '덴마구미'라고 정했다.

　오사카에 이주한 상인들은 도시를 서쪽으로 확대해 갔다. 우에마
치 대지의 서쪽은 습지이거나 모래흙으로 이루어진 땅이어서 택지로
는 맞지 않았지만 상인들은 매립 등으로 지반을 개선한다. 이렇게 해
서 개발된 것이 센바와 시마노우치 일대이다.

　또 센바를 에워싸듯 흐르는 히가시요코보리강, 니시요코보리강,
나가호리강, 도사보리강 등도 정비되었다. 오늘날까지 계승되는 '물

의 도시'로서의 원형은 이때 완성되었다. 현재 센바에는 히데요시가 부설한, 일본에서 가장 오래된 하수구인 '다이코 하수'의 자취를 볼 수 있으며, 그 일부는 지금도 사용 중이다.

또한 오늘날 오사카 시가지의 도로는 나가호리도리나 센니치마에 도리 같은 '도리通'와 미도스지, 다니마치스지 같은 '스지筋'로 나뉘는데, 원칙적으로는 동서 방향으로 난 길을 '도리', 남북 방향으로 난 길을 '스지'라고 부른다. 이렇게 칭하는 것은 오사카성으로 향하고 폭이 넓은 간선도로를 '도리', 그것과 직각을 이루며 교차하는 좁은 생활 도로를 '스지'로 구별했기 때문이라는 설이 있다.

전국에서 물자가 모이는 '천하의 부엌'

히데요시는 1598년 교토에서 숨을 거두었다. 정권은 적자인 히데요리가 계승했지만, 도쿠가와 가문과의 결전에서 패배하여 도요토미 가문은 멸망한다. 주전장이 되어 잿더미가 되어 버린 오사카는 에도 막부의 치하에서 새로운 출발을 하게 된다.

오사카 부흥을 지휘한 것은 이에야스의 손자로 이세(현재의 미에현)의 가메야마 번주였던 마쓰다이라 다다아키라이다. 새로운 영지로서 10만 석 규모의 오사카를 하사받고, 다다아키라는 1대에 그치지만 오사카 번주의 자리에 올랐다.

다다아키라는 먼저 다이묘의 처소가 있던 산노마루를 시가지로 개방하고, 후시미 등에서 상인을 이주시킨다. 이후 전쟁으로 중단되었던 하천 개발을 재개한다. 이렇게 해서 완성된 운하의 하나가 도톤보리道頓堀이다. 그 명칭은 히데요시 밑에서 굴착 공사에 종사하다가 오사카 여름 전투(1615년 여름 오사카에서 도쿠가와 이에야스의 군대가 도요토미 가문의 군대를 공격하여 오사카성을 함락한 전투–옮긴이)에서 전사한

○ **도톤보리** ©Martin Falbisoner

상인 나리야스(야스이) 도톤에서 비롯되었다. 다다아키라는 토지대
장(토지의 소유 현황을 기재한 장부)에 근거하여 새롭게 시가지를 구획하
고, 교외에서는 논밭의 개간에도 힘을 기울였다.

오사카 부흥에 힘쓴 다다아키라는 그 공적으로 야마토코리야마
번주로 영전하고, 오사카는 1619년부터 막부의 직할지가 된다. 부흥
사업은 막부에서 파견한 오사카조다이大坂城代(에도 막부 시대 관리직의
이름. 쇼군 직속으로 측근 가신이 임명되어 쇼군의 대리로서 오사카성을 관리하
는 일을 맡았다-옮긴이)가 지휘하고, 다다아키라가 실행한 부흥의 기본
방침도 계승되었다.

막부는 상업 활동이 성했던 센바 일대의 지역을 혼마치도리를 경
계로 삼아 북쪽의 기타구미와 남쪽의 미나미구미로 나누고, 양 지역
에서 선출된 '도시요리年寄'라고 불리는 대표자에게 행정 실무를 맡
겼다. 이후 기타구미에서 덴마구미가 분리되는데, 이 세 구역에 해당
하는 지역을 '오사카 삼향大坂三郷'이라고 부른다. 이 지역에는 일정
량의 자치권이 주어졌으며, 막부의 문서 통달, 연공미의 징수 등 다
른 조카마치라면 무사가 맡았을 업무도 그들이 맡아 처리했다.

이런 정책에 더하여 택지세의 면제, 서회 항로의 개발도 경제활동
의 순풍이 되었고, 이윽고 오사카는 '천하의 부엌'이라고 불릴 만큼
발전한다. 이 말은 각 번의 특산품이 오사카 다이묘의 '구라야시키'
라고 하는 창고 겸 저택에서 매매된 후 전국의 소비지로 옮겨진 데서
비롯되었다.

마찬가지로 서쪽 규슈 지방과 호쿠리쿠 지방의 각 번에서 보내는

연공미도 오사카를 경유해 에도로 옮겨졌다. 이것은 쌀의 시세가 오사카에서 정해졌기 때문이다. 그중에서도 도지마에 개설된 쌀 거래소(도지마 고메카이쇼)는 세계 최초로 쌀의 선물 거래가 이루어진 곳으로 알려져 있다.

상인 기질이 낳은 유머 넘치는 문화

오사카는 문화 면에서도 독특한 발전을 이루었다. 겐로쿠元祿 연간(1688~1704)을 대표하는 극작가 지카마쓰 몬자에몬과 이하라 사이카쿠, 하이쿠 작가 마쓰오 바쇼 등은 하나같이 가미카타上方(에도 시대에 교토, 오사카를 비롯한 기나이畿内 지역을 일컫는 명칭-옮긴이)의 문화인이다. 그들이 쓴 작품의 특징은 상인을 비롯한 시정 인물들의 생활을 생생하게 표현했다는 점이다.

상인에게 고객과의 커뮤니케이션은 빼놓을 수 없는 일이고, 그 경험 속에서 배양된 유머가 오늘날 오사카 문화를 대표하는 '웃음'에도 계승되었다고 할 수 있을 것이다.

또 오사카는 '구이다오레', 즉 '먹다 망하는' 거리로도 잘 알려져 있는

○ **이하라 사이카쿠 동상** ⓒKENPEI

데, 그 말의 유래에 대해서는 여러 가지 설이 있다. 그중 하나는 '말뚝 세우다 망한다'는 의미의 '구이다오레杭倒れ'에서 변했다는 설이다. 하천이 많은 오사카에서는 다리 건설에 사재를 투자하는 일이 부호에게는 일종의 지위를 나타내는 일이 되었다. 개중에는 낭비로 파산하는 사례도 있었는데, 그것이 변하여 음식에 돈을 들이는 모습을 두고 '먹다 망한다'라고 부르게 되었다는 설이다. 다만 이것은 전후에 생겨난 표현이라고 보는 설도 있어 어쩌면 단순한 언어유희일지도 모른다.

일본 산업 혁명의 중심지

오사카의 중심지인 오사카 삼향의 인구는 18세기 후반에 히데요시의 시대를 넘어섰다고 추정되지만, 그 후는 서서히 감소해 갔다. 이것은 성숙기를 맞이한 에도로 오사카 상인이 옮겨 간 점을 이유로 들수 있다.

이윽고 메이지 시대에 들어선 오사카는 '大坂'에서 '大阪'로 다시 태어난다. 신시대의 도래는 오사카 경제에 역풍이 되었다. 상공업자의 동업 조합인 가부나카마 등 에도 시대에는 인정되었던 특권이 박탈되었고, 번의 해체와 더불어 다이묘의 구라야시키가 폐지됨으로써 거상의 도산이 잇따랐다.

식산흥업을 슬로건으로 내건 메이지 정부는 수출 품목의 주력이었던 생사와 면직물 등의 섬유업에 주력한다. 이에 오사카에서도 방직업이 활발해진다. 1882년에 일본 최초의 근대적 방적 회사인 오사카 방적 회사(현재의 도요보)가 설립된 것을 시작으로 방적 회사가 잇따라 탄생한다. 오사카는 전국 1위의 공업 생산액을 기록하고, 일본에서 으뜸가는 섬유 도시가 된다.

그 후 오사카에서는 경공업뿐 아니라 중공업 분야에서도 공장이 잇달아 설립되고, 러일전쟁 무렵에는 공업 인구가 상업 인구를 넘어서게 된다. 일본 산업 혁명의 중심지는 틀림없이 오사카였다.

시대의 순풍을 타던 1889년, 오사카는 시의 기본 구조를 정한 법률인 시제를 시행한다. 당시 오사카시의 면적은 에도 시대의 오사카 삼향과 거의 같았지만, 그 후에도 이웃 시정촌市町村과의 합병을 거듭하여 20세기 초에는 세계 제6위의 인구를 자랑하는 대도시로 약진한다.

제2차 세계대전에서는 동양 최대의 병기 공장인 오사카 육군 조병창이 중요한 역할을 맡았으며, 동시에 오사카 대공습이라는 비극도 닥쳤다. 미군 폭격기의 공중 폭격은 1만 명이 넘는 일반 시민의 생명을 앗았다.

그러나 오사카는 역경에도 활력을 잃지 않았다. 전후, 오사카시는 부흥 계획을 바로 실행해 나갔고, 오사카만의 보수와 고속철도의 부설에도 착수한다. 오사카는 호황과 불황의 파도를 반복하면서도 경제 규모가 착실히 회복되어 일본 유수의 대도시로 부활했다.

20

상인의 자치로 발전한 '동양의 베네치아'

사카이

堺

- 해당 지역 **오사카부**
- 도시 인구 **약 84만 명(2020년 기준)**

오사카와 교토, 고베와 어깨를 나란히 하는 간사이의 중핵 도시 사카이. 널리 알려진 것처럼 사카이는 무로마치 시대 일본 최대의 상업 도시였다. 그 성장 과정을 더듬어 보면, 산업이 융성하게 일어나기 시작하는 기점은 고훈古墳 시대(일본 역사의 시대 구분 중 하나. 각지에서 거대한 고분이 축조되던 3세기 중반부터 7세기 말까지 약 400년 동안을 가리킨다 – 옮긴이)로 거슬러 올라간다.

또 사카이는 자치 도시로서의 측면도 있다. 오다 노부나가와 도요토미 히데요시의 간섭을 받기 전까지 상인들은 100년 동안이나 권력자의 지배를 받지 않았다. 다양한 지배층이 난입한 기나이에 있으면서 그들은 어떻게 자치를 확립한 것일까?

바다와 해자로 둘러싸인 도시

중세 일본의 도시 중에서 당시 유럽 사회에 가장 이름이 알려져 있었던 도시는 도쿄도 하카타도 아닌 사카이였다. 1556년 일본을 찾은 포르투갈 선교사 가스파 빌레라는 사카이를 '동양의 베네치아'로 자신의 저서에 소개했으며, 당시의 세계 지도에도 그 이름이 적혀 있었다고 한다.

상인에 의한 자치가 이루어졌던 사카이는 서쪽으로 닿아 있는 이즈미나다(현재의 오사카만)와 나머지 세 방향으로 해자가 둘러싼 환호 도시이기도 했다. 배수가 나쁜 모래 퇴적층 위에 건설되어 도시의 입지로서는 알맞지 않았지만, 이러한 악조건이 방위의 관점에서는 유효했다.

○ **사카이 구 항구의 입구에 있는 등대** ©Toru kimura

천하통일을 노리는 도요토미 히데요시는 사카이의 경제력을 오사카성 아래로 거두어들일 속셈으로 해자의 폭을 반쯤 매립해 버렸다. 왜 전부 매립하지 않았는지는 확실하지 않다.

한편 에도 막부는 사카이를 직할화하여 새로운 시가지를 구획하고, 옛 해자의 바깥쪽을 파서 도이강을 열었다. 이 도이강은 제2차 세계대전 후에 대부분이 매립되어 현재는 한신 고속도로 15호 사카이선이 지나고 있다. 또 시의 서부를 흐르는 우치카와강은 당시의 해안선에 해당하며, 우치카와강과 한신 고속의 고가도로로 둘러싸인 일대는 에도 중기까지의 사카이 시가지였다.

에도 중기에는 야마토강의 수로 공사가 이루어져 그때까지의 사카이 경관이 확 바뀌었다. 막부는 종종 범람하던 야마토강의 하구를 종래보다 남쪽, 사카이의 북쪽으로 옮겼다. 새로운 하구에 쌓인 토사는 미나미지마신덴南島新田을 비롯한 새로운 땅이 되었다. 이렇게 지금 사카이시의 윤곽이 만들어졌다.

이 수로 공사로 사카이의 기존 항만 시설이 기능할 수 없게 되자 막부는 1810년에 항만 시설을 서쪽의 매립지로 이전한다. 중세의 사카이항은 현재 자비에르 공원 부근에 있고, 공원 내에는 당시의 해안선을 나타내는 비석이 서 있다.

상인이기도 했던 중세의 장인 집단

에도 시대에 그려진 지도를 보면 사카이의 시가지에는 남북으로 뻗은 다이도스지와 그것을 동서로 관통하는 오쇼지가 지나고, 그 십자로를 중심으로 시가지가 구획되어 있음을 알 수 있다.

이 두 줄기 길은 고대부터 기나이의 주요 간선도로이며, 그중에서도 오쇼지는 셋쓰(현재 오사카부 북중부)와 이즈미(현재 오사카부 남서부)의 경계선이기도 했다.

'사카이堺'라는 지명도 이러한 입지에서 유래한다. 또한 취락으로서 '사카이'가 처음 등장하는 것은 헤이안 시대의 귀족 후지와라노 사다요리가 지은 노래를 모은 『사다요리슈定頼集』인데, 여기에 사람들이 염탕욕(병의 치료를 위한 해수욕)을 하기 위해 이 땅을 찾은 모습이 그려져 있다.

현재의 사카이시는 닌토쿠 천황의 능으로 예상되는 다이센 고분이 있는 곳으로도 잘 알려져 있다. 사카이를 포함하는 고대의 센보쿠 구릉에는 야마토 왕권(야마토 지역을 중심으로 고대 일본을 통치한 최초의 통일 국가-옮긴이)을 섬기는 사람들의 취락이 다수 존재했다. '스에키'라고 불리는 토기를 만든 스에베는 천황을 섬기는 기술자 집단의 하

○ **하늘에서 본 다이센 고분** ⓒ 국토교통성

나이며 센보쿠 구릉에서는 당시의 가마터가 많이 발견되었다.

가마쿠라 시대에 접어들면, 범종 등을 주조하는 단난이모지丹南鑄
物師라고 불리는 장인이 활약한다. 상인이기도 한 그들은 지방에서
가지고 돌아온 물품을 사카이에서 매매했다. 원래 어항이었던 사카
이항은 이렇게 해서 무역항으로 발전해 간다.

사찰과 신사의 비호를 받으며 성장하는 자치 조직

남북조 시대, 이즈미 슈고는 야마나 가문이 맡았다. 야마나 가문은
11개국(구니國)의 슈고를 맡았던 유력 다이묘였지만, 1391년 메이토
쿠明德의 난(야마나 우지키요·미쓰유키 등이 무로마치 막부를 상대로 일으킨
반란-옮긴이)을 계기로 몰락하고, 반란을 진압하여 무공을 세운 오우
치 가문이 새롭게 이즈미 슈고가 되었다. 그때까지 후추(오사카부 이즈
미시)에 있었던 슈고쇼(슈고가 거처하던 관저의 소재지-옮긴이)가 사카이
로 옮겨진 것은 이 무렵으로 보인다.

그러나 오우치 가문도 무로마치 막부와 대립하여 사카이는 1399
년에 막부군의 침공을 받게 된다. 이 오에이応永의 난으로 사카이에
있던 1만 호의 가옥이 불타 사라졌다고 전한다.

그 후 이즈미는 막부 간레이를 역임하는 호소카와 가문이 슈고가
된다. 하지만 영내에는 아시카가 쇼군 일가의 직할령이 많은 데다,
조정이나 아시카가 가문과 관계가 깊은 사찰과 신사의 장원이 각지

에 있었다. 당시의 이즈
미는 조정, 무가, 사찰과
신사라는 권력자가 모자
이크처럼 뒤섞여서 다층
적으로 지배하는 장소였
다. 뒤집어 말하면, 두드
러지게 강한 권력을 휘
두르는 지배자가 없다는
뜻이기도 해서 도시의
상공업자, 즉 조닌에 의
한 자치가 이루어진 간
접적인 원인으로 볼 수
있다.

특히 종교 세력과 사
카이의 결속은 강했다.
조닌은 사찰이나 신사의
건립 비용을 기부함으로

● **에도 말기의 사카이 시가지** 에도 초기, 당시의 연호
를 딴 '겐나元和(1615~1624년)의 시가지 구획'이라
고 불리는 도시계획에 의해 시가지가 바둑판 모양으
로 정비되었다.

써 비호를 받고, 제례의 운영 등을 통해 시정市政의 조직화가 이루어
진 것으로 보인다.

또 당시의 사카이는 법화종, 시종, 일향종 등 다양한 종파의 사찰
이 늘어서 있었는데, 이러한 관용성과 다양성이 조닌의 교양을 높이
는 결과로 이어졌다.

국제 무역항의 계기는 오닌의 난

사카이에는 기나이 이외의 지역에서도 많은 상인이 모여들게 되고, 그때까지 내항이었던 사카이항은 무로마치 시대 중기부터 국제 무역항으로 변모한다. 그 계기가 된 것은 1467년에 일어난 오닌応仁의 난이다.

이때 서군의 오우치 가문이 막부의 외항인 효고노쓰를 점령한다. 이 일은 막부와 동군의 호소카와 가문에는 세토 내해에서 현해탄으로 빠질 수 있는 항로가 봉쇄된 것을 의미한다. 이후 막부가 추진하는 대명 무역은 사카이가 거점이 되고, 현재의 고치 앞바다에서 가고시

○ 우타가와 요시토라가 묘사한 오닌의 난

마을 돌아 명으로 향하는 항로가 주류가 되었다. 사카이는 일본과 명, 조선, 류큐, 동남아시아 여러 나라와의 무역 기지로서 발전해 간다.

센고쿠 시대의 사카이를 이탈리아의 베네치아에 비유했다는 것은 이미 앞에서 이야기했다. 이 호칭은 상업 도시로서 번영을 자랑하는 것이 아니라, 자치를 실행한 조닌의 조직을 베네치아시를 운영하는 '10인 위원회'에 빗대었기 때문이다. 당시의 사카이는 이마이 소큐, 센노 리큐 등 '에고슈会合衆(무로마치 시대부터 근세 초기에 걸쳐 도시에서 자치의 지도자 역할을 하는 특권적 상인 조직 또는 그 조직의 구성원-옮긴이)'라고 불리는 거상들이 합의제로 시정을 맡아 처리했는데, 실제 담당자는 베네치아와 똑같이 10명이었다.

현대까지 계승되는 기술력

공업 도시였던 사카이에서는 이윽고 철포의 제조가 시작된다. 이 기술을 눈여겨본 오다 노부나가는 아시카가 요시아키를 15대 쇼군으로 옹립하는 대가로 사카이에 자신을 대리할 관리인 다이칸을 두는 것을 인정받았다. 처음에는 대항 자세를 취했던 에고슈도 노부나가의 군세에 항복한다.

다만 노부나가가 다이칸으로 임명한 것은 소큐였고, 계속해서 에고슈의 자치는 인정되었다. 소큐와 마찬가지로 거상인 쓰다 소규 등은 노부나가를 지원했으며, 정권을 이어받은 히데요시도 리큐를 중

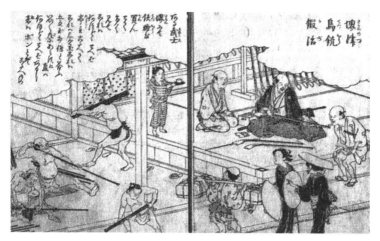

○ 사카이에 있던 철포 대장간의 모습

용했다.

그러나 히데요시가 심복인 무장 이시다 미쓰나리를 사카이 부교에 임명함으로써 조닌에 의한 자치는 명실상부한 종언을 맞이한다. 상인은 오사카 조카마치로 강제로 이주해야 했고, 오사카 여름 전투로 2만 호나 되는 가옥이 소실되는 큰 피해를 입었다.

그 후 사카이는 에도 막부에 의해 부흥한다. 상인은 대부분 오사카에 옮겨 가 있었지만 철포를 벼리는 금속 가공 기술은 오늘날에도 계승되었다. 그중에서도 특히 날붙이를 제조하는 일은 전통 산업이 되었다. 현재 약 80만이 넘는 인구가 사는 사카이는 지금도 한신 공업 지대의 한 귀퉁이를 차지하고 있다.

21

일본을 간직한
천년의 도시

교토

京都

- 해당 지역 **교토부**
- 도시 인구 **약 147만 명(2020년 기준)**

헤이안 천도 이래 오랜 세월에 걸쳐 일본의 수도였던 교토. 신사와 사찰을 비롯한 각지의 유적과 예스러운 제례는 지금도 문화유산으로 면면히 이어져 오고 있다.

그러나 그 과정은 결코 평탄하지 않았다. 황족, 공가(조정에 출사하여 공무를 맡아 하는 문신 귀족과 관리 – 옮긴이), 무가武家(군사를 주무로 하는 관직을 가진 가문의 총칭 – 옮긴이)가 혼재하는 교토는 여러 차례 동란의 무대가 되어 막대한 피해를 입기도 했다. 교토는 어떤 역사를 밟으며 오늘날과 같은 대도시로 부활하게 되었을까?

천도의 원인은 기근과 전염병

헤이안 시대부터 에도 시대에 이르기까지 천황의 거처가 있었던 교
토쿄都. '京'과 '都'라는 글자는 일본어로 둘 다 '미야코'라고 읽으며
천자, 즉 야마토 왕권의 수장인 천황의 소재지라는 뜻이 있다. 스이
코 천황부터 덴무 천황에 이르기까지 치세 동안 천황이 바뀔 때마다
수도를 옮기는 것이 관례였지만, 645년의 다이카 개신을 계기로 언
제나 변함없는 수도의 건설을 꾀하게 되었다.

이 방침에 근거하여 지어진 것이 후지와라쿄(나라현 가시하라시)와
헤이조쿄(나라현 나라시)이다. 그러나 교통이나 치수 같은 면에서 부족
한 점이 있어 간무 천황은 784년에 헤이조쿄에서 나가오카쿄(교토부
나가오카쿄시)로 도읍을 옮겼다.

당시는 호족과 관계가 깊은 불교 세력이 정치에 개입하는 일이 많았다. 야마토(현재의 나라현)에서 야마시로(현재의 교토부 남부)로 도읍을 이전한 것은 이런 상황을 배제하기 위함이기도 했다. 불교 세력은 이 천도에 강하게 반발했고, 나가오카궁 건설의 관리자로 임명받았던 후지와라노 다네쓰구가 암살되는 사건이 일어난다. 간무 천황의 동생 사와라 친왕은 이 사건에 관여하였다고 지목받아 유배지로 호송되는 도중에 횡사한다.

그 후 나가오카쿄에서는 기근과 전염병이 잇따른다. 당시에는 이런 재난을 원령의 소행으로 보았기 때문에, 간무 천황은 고작 10년 만에 나가오카쿄를 버리고 새로운 도읍으로서 헤이안쿄를 짓게 되었다.

좋은 기운이 흐르는 '사신 상응의 땅'

헤이안쿄가 지어진 위치는 교토 분지의 북부, 단고 산지와 히에이산의 완만한 산자락이 부채꼴 모양으로 펼쳐진 선상지이다. 지형을 구성하는 산천은 '산하금대山河襟帶(산이 옷깃처럼 둘러싸고 강이 띠처럼 감아 흘러 천연의 요새가 된다는 뜻-옮긴이)'로 표현되었는데, 이 말은 당시 중요한 의미가 있었다.

고대 일본의 정치에는 중국의 사상이 도입되어 있었으며, 헤이안쿄의 입지도 '사신 상응'이라는 관념에 합치한다고 보았다. '사신'이란 동서남북 각각의 방위를 수호하는 청룡, 백호, 주작, 현무의 네 신수를 가리키는 말로, 청룡은 강, 백호는 길, 주작은 탁 트인 땅, 현무는 산으로 치환할 수 있다. 그렇기에 동쪽에 가모가와강, 서쪽에 산인도, 남쪽에 오구라못, 북쪽에 후나오카산을 품은 헤이안쿄는 좋은 기운이 지나는 길로 여겨졌다.

천도에는 경제적인 이점도 있었다. 선상지인 교토 분지 북부에는 하천이 많고, 그중에서도 가모가와강과 가쓰라가와강은 우지강과 합류하여 요도가와강이 되어서 오사카만으로 흘러들어 간다. 육상에서도 산인도와 산요도, 호쿠리쿠도라는 고대의 주요 간선도로에 면해 있는 헤이안쿄는 수륙 양면으로 교통의 요충지에 자리했다.

새로운 수도는 헤이조쿄와 마찬가지로 당의 수도 장안이 모델이 되었다. 그 범위는 동서로 4.5킬로미터, 남북으로 5.2킬로미터

● **헤이안쿄를 중심으로 한 사신 상응** 각 지방과 이어지는 간선도로가 헤이안쿄에서 뻗어 나오고 있다.

에 이르는 직사각형이다. 장안을 본떠 천황의 거처를 중심으로 하는 다이다이리大內裏(헤이안궁)를 북쪽 끝에 두고, 거기서 남쪽으로 뻗는 스자쿠오지(주작대로. 현재의 센본도리 부근)를 축으로 동쪽의 사쿄와 서쪽의 우쿄로 나누었다.

헤이안 초기의 사가 천황은 사쿄와 우쿄에 각각 당의 시가지를 흉내 낸 명칭을 붙였다. 이에 따라 이윽고 사쿄와 우쿄는 당 왕조의 동서 도읍을 본떠 각각 '낙양성', '장안성'으로 불리게 되었다. 그러나 가쓰라가와강에 면한 우쿄는 저습지인 탓에 차차 버림 받는다.

대조적으로 가옥이 밀집한 사쿄는 크게 발전했다. 오래지 않아 사쿄(낙양)가 중심이 된 헤이안쿄 자체를 '낙중洛中'이라고 부르게 되고, 그 안팎을 나타내는 '낙중', '낙외洛外', 상경을 의미하는 '상락上洛' 등의 어휘가 쓰이기 시작했다. 오늘날의 가미교구, 시모교구, 나카교구와 미나미구와 기타구의 일부가 '낙중'에 해당한다.

역사가 남아 있는 시내의 주소 표기

현재 교토 시내는 도로가 바둑판 모양으로 직각을 이루며 교차한 모습이다. 이것은 '조방제'라고 하는 도시계획의 잔재이다. 헤이안쿄에는 동서로 13개, 남북으로 11개의 대로가 지나고, 동서의 대로로 구획이 나뉜 열을 '조', 각 조의 남북을 관통하는 대로로 나뉜 구획을 '방'이라고 부른다.

○ **교토 시청 본관** ©robert paul van beets

 네 개의 대로로 둘러싸인 방은 다시 가로세로 세 개씩의 소로로 16개로 분할되고, 이 16분의 1구획을 '정町'이라고 부른다. 헤이조쿄에도 똑같은 '정'이 있었지만 각각의 면적이 달라서, 헤이조쿄의 정이 인접하는 도로의 폭에 따라 차이가 있었던 것에 반해, 헤이안쿄에서는 1정＝사방 120미터인 사각형의 넓이로 균일했다. 또 이 32분의 1이 택지 급부의 기본 단위이다.

 그런데 교토 시내에서는 '아가루(上がる, 올라가다)', '사가루(下がる, 내려가다)', '히가시이루(東入る, 동쪽으로 가다)', '니시이루(西入る, 서쪽

으로 가다)'라는 말들이 주소 표기로 쓰이고 있다. 예를 들면 교토 시청의 주소는 '京都市(교토시) 中京区(나카쿄구) 寺町通(데라마치도리) 御池上る(오이케아가루) 上本能寺前町(가미혼노지마에초) 488'이다. 이것은 '데라마치도리와 오이케도리의 교차점에서 북쪽으로 나아간 가미혼노지마에초'라는 의미이다. 이런 주소를 사용하는 것은 헤이안쿄에서는 다이다이리가 있는 북쪽으로 향하는 것을 '올라가다', 반대 방향인 남쪽으로 향하는 것을 '내려가다'라고 쓰며, 동서로 뻗은 길에서는 '동쪽으로 가다', '서쪽으로 가다'라는 표현이 쓰였기 때문이다.

대조적이었던 귀족과 서민의 생활

헤이안쿄의 인구에 대해서는 여러 가지 설이 있고 시기에 따라 달라지지만 대략 12만에서 13만 명으로 추산한다. 주요 구성원을 살펴보면 황족을 포함한 상급 귀족이 1,600명, 하급 귀족이 3,700명, 관위(사람이 오르는 관직과 신분의 서열인 위계의 총칭을 의미한다-옮긴이)가 없는 관리가 1만 5,000명, 일반 서민이 9만 명이라고 한다.

상급 귀족은 사쿄의 고조 대로에서 북쪽으로 1정町 이상의 택지를 할당받고, 신덴즈쿠리寢殿造(헤이안 시대 귀족들의 대표적인 저택 양식-옮긴이)로 지어진 저택에 살았다.

오전 중에는 대궐에 있는 나카쓰카사쇼中務省나 민부쇼民部省 등의 관청에 출사하여 주로 사무 작업에 종사했다. 오후에는 와카를 짓고 게마리蹴鞠(헤이안 시대에 유행한 구기의 일종으로 가죽 공을 일정한 높이로 계속 차서 횟수를 겨루는 경기-옮긴이)를 하는 등의 여가를 즐겼다고 한다.

귀족이 여유롭고 우아한 생활을 보내는 한편, 서민의 생활은 딱히 풍족하다고는 할 수 없었다. 그들은 귀족에게 고용되는 형태로 저택 내의 잡무에 종사했다. 질병 등으로 움직일 수 없게 되면 저택에서 쫓겨나 그대로 사망하는 사례도 적지 않았다고 한다.

사쿄는 그 후 기타노, 오토, 시라카와까지 범위를 넓힌다. 북부는 '가미교上京', 남부는 '시모교下京'로 부르게 된다. 시의 구역 확

◦ **로쿠온지鹿苑寺의 금각**
금각의 1층 목조 부분은 신덴즈쿠리 양식이다.

대는 인세이 시대(인세이, 즉 천황이 양위한 후 상황으로서 정사를 맡아 실질적인 통치자로 군림하는 정치가 펼쳐진 시대. 정치권력으로서 실질적인 의미를 지니는 것은 대략 시라카와, 도바, 고시라카와 상황의 삼대에 걸친 시기〔(1086~1192년)와 고토바 상황의 치세기(1198~1221년)이다-옮긴이)에 시작되었으며, 각 지역에는 천황과 상황의 별저, 리쿠쇼지를 비롯한 사찰이 지어졌다.

헤이안 시대는 하급 귀족이나 지방 관리였다가 무사가 된 계급이 대두하기 시작한 시기이고, 헤이안쿄에서는 때때로 무력을 동반한 호족의 충돌이 일어났다. 그중에서도 1156년에 발생한 호겐保元의 난(고시라카와 천황 지지 세력과 스토쿠 상황 지지 세력 사이에서 벌어진 내전-옮긴이)과 1159년의 헤이지平治의 난(고시라카와 상황 지지 세력과 니조 천황 지지 세력 사이에서 벌어진 내전-옮긴이)은 후지와라 가문을 대신하여 다이라 가문이 궁중의 실권을 장악하는 계기가 되었다. 다이라 노 기요모리가 거점으로 삼은 로쿠하라(교토시 히가시야마구)에는 다이라 가문의 멸망 후 가마쿠라 막부의 출장 기관인 로쿠하라 단다이探題가 설치되었고, 이후 헤이안쿄에서는 무가의 저택도 많이 볼 수 있게 되었다.

도읍을 잿더미로 만든 오닌의 난

헤이안쿄의 중추인 다이다이리는 여러 차례 화재에 휩싸였으며,

○ **교토고쇼京都御所의 동쪽 문**
교토 교엔 내부에 천황의 거처인 교토고쇼가 위치해 있다.

1227년의 화재를 마지막으로 대궐로서 기능을 잃는다. 그 후 천황은 후지와라 가문 등 유력 귀족의 저택에서 정무를 보았다. 이렇게 임시로 마련된 천황의 거처를 '사토다이리里內裏'라고 부른다.

남북조 시대 초기의 천황인 고곤 천황은 사토다이리인 쓰치미카도히가시노토인도노土御門東洞院殿(교토시 가미교구)에서 즉위했다. 이후 메이지 시대를 맞이할 때까지 이곳은 천황의 정식 거처인 고쇼御所가 되었다. 현재는 교토 교엔이 조성되어 있다.

가마쿠라 막부를 타도한 아시카가 다카우지는 고곤 천황의 동생인 고묘 천황을 북조의 2대 천황으로 옹립하고 교토에 무로마치 막부를 창설한다. 다카우지의 저택은 현재의 니조도리, 오이케도리, 야나기 노반바도리, 다카쿠라도리로 둘러싸인 일대에 있었으며, 여기가 무로마치 막부의 발상지이다. 무로마치(교토시 가미교구)로 고쇼(무로마치 고쇼)를 옮긴 것은 3대 쇼군 요시미쓰이며, 부지 내 정원에 색색들이 다채로운 꽃을 심은 데서 무로마치 고쇼는 '꽃의 고쇼'라고도 불렸다.

무로마치 시대는 교토에 격동의 시대였는데, 특히 1467년에 발발한 오닌의 난은 교토의 경관을 아예 바꾸어 버렸다.

오닌의 난은 8대 쇼군 요시마사의 동생 요시미와 요시마사의 적자 요시히사의 후계 쟁탈전에 호소카와 가문과 야마나 가문 등 유력 다이묘의 권력 쟁탈전이 엮이면서 대란으로 발전한다. 호소카와 가문과 더불어 막부 간레이를 역임한 하타케야마 가문에도 내분이 일어나 사촌인 마사나가와 요시나리가 가미고료 신사(교토시 가미교구)에서 격돌한다. 이 고료 전투가 방아쇠가 된 동군과 서군의 싸움은 10년에 걸쳐 계속되고, 헤이안쿄에서는 3만 호의 가옥이 소실되었다고 전한다.

서군이 본진을 둔 오미야이마데가와大宮今出川(교토시 가미교구)는 현재 '니시진西陣'으로 불리기도 한다. 옛날 다이다이리에서 직물을 만들던 장인들은 전쟁의 불길을 피해 기나이 각지로 피난하였고 전후에는 이 지역에서 직물 산업을 발전시킨 것이 니시진 비단의 유래이다.

교토의 부흥은 이러한 상공업자가 중심이 된 자치 공동체가 견인했다. 1500년에는 전투로 중단되었던 야사카 신사(교토시 히가시야마구)의 기온祇園 마쓰리가 재개되었다. 성대히 치러지는 가마 행렬은

○   **기온 마쓰리의 야마호코 가마 행렬** ⓒWei, Shi-Hang

야마호코川鉾 순행이라 하여 당시 유복한 상공업자들이 지닌 경제력의 표현이기도 했다.

히데요시의 치세 아래 다시 태어난 수도

교토의 부흥은 오다 노부나가와 도요토미 히데요시의 치세에서도 이어지는데, 특히 히데요시의 시대에 큰 변화가 일어난다. 천하를 거머쥔 히데요시는 처음에는 오사카성을 근거지로 삼고 천황의 거처도 오사카로 옮길 생각을 했다. 그러나 이 구상은 결국 실현되지 않았으며, 그 대신 교토의 거리는 대규모의 개조가 이루어진다.

간파쿠에 취임한 히데요시는 옛 다이다이리의 터에 정청인 주라쿠다이를 건설한다. 1588년에는 고요제이 천황의 행차를 실현하고, 그의 눈앞에서 전국의 다이묘가 도요토미 가문에 신하로서 충성을 맹세토록 했다. 그 후 조카이자 양자인 히데쓰구에게 주라쿠타이와 간파쿠의 자리를 물려주고 자신은 교토 분지 동쪽의 산자락 남단에 후시미성(교토시 후시미구)을 짓고 다이코太閤(간파쿠의 지위를 자식에게 물려준 사람을 높여 일컫는 말-옮긴이)로서 정권을 운영했다.

시가지의 주위에는 '오도이'라고 불리는 제방이 지어졌다. 이것은 시가지를 외적의 공격이나 가모가와강의 범람으로부터 지키기 위한 것으로 총 길이는 약 22.5킬로미터에 달했다. 동서로는 가와라마치도리부터 나카교구의 니시노쿄엔마치까지, 남북은 미나미구의 도지부터 기타구의 시치쿠카미노키시초까지가 그 범위에 해당하며, 지금도 오도이 사적 공원(교토시 기타구) 등지에서 옛 흔적을 볼 수 있다.

오도이가 지어진 후에는 그 안쪽이 낙중, 바깥쪽이 낙외로 정해졌다. 여기에는 교토의 범위를 명확히 정함으로써 도요토미 가문의 권세를 과시할 목적이 있었던 것으로 보인다.

국내 유수의 관광지에서 동란의 거리로

도쿠가와 정권 치하에서 교토는 막부의 직할지가 되고 교토쇼시다이

● **도요토미 정권 치하를 전후한 교토 시가지** 에도 시대가 되면 제방의 역할을 하지 않는 부분의 오도이는 철거됐다.

京都所司代(근세 일본에서 교토에 설치된 행정 기관—옮긴이)의 관리를 받게 되었다.

이 시대는 경제 도시 오사카의 발전과 더불어 수도인 교토에서도 물류 면에서 변화가 일어난다. 대표적인 사례가 거상 스미노쿠라 료이의 주도로 다카세강이라는 운하를 판 것이다. 교토와 후시미를 잇는 이 운하로 요도가와강을 거슬러 올라가 오사카에서 보내는 물자를 그대로 배에 실어 수도의 중심부까지 옮길 수 있게 되었다. 하천 항인 후시미의 항구는 수도와 후시미를 왕래하는 다카세부네(강이나

○ **다카세강과 다카세부네** ⓒMariemon

호수를 오가는 배의 일종. 다카세강의 이름은 이 배의 이름에서 유래되었다-옮긴이)와 오사카와 후시미를 왕래하는 가쇼부네(에도 시대. 요도가와강을 운항하여 교토와 오사카 사이의 화물, 승객을 나르던 배의 일종-옮긴이)의 기지로서 번성했다.

또 에도 시대에는 오닌의 난으로 소실된 많은 사찰이 부흥하여 난젠지(교토시 사쿄구), 닌나지(교토시 우쿄구), 요시미네데라(교토시 니시쿄구) 등이 재건된다. 에도 후기에는 이런 사찰이나 신사, 사적을 돌아다니는 관광 붐이 일었고, 작가 교쿠테이 바킨, 화가 시바 고칸, 본초학자本草學子이자 유학자인 가이바라 에키켄 등의 문화인과 학자가 교토를 돌아보고 그 모습을 책으로 남겼다.

그런데 이런 태평성대는 1853년 흑선의 내항(페리가 이끄는 미국 해군 동인도 함대 증기선 두 척을 포함한 함선 네 척이 일본에 내항한 사건을 가리킨다. 당시 서구에서 만들어진 대양 항해용 선박은 선체가 타르로 검게 칠해져 있었다-옮긴이)으로 끝을 알리고, 일본은 다시 동란의 시대에 접어든다. 전국의 다이묘 가문은 개국과 양이 각각의 주장을 내걸고 격전을 벌이며, 교토의 거리는 암살 사건이 빈번히 일어나는 살벌한 분위기에 휩싸인다.

당시의 대표적인 소동으로는 신센구미新選組(교토의 치안 유지를 위해 활동한 막부 측 무사 조직-옮긴이)가 존양파(왕을 높이고 오랑캐를 배척한다는 기치를 내세운 사쓰마번, 조슈번 등의 반막부 세력-옮긴이) 무사를 습격한 이케다야 사건(교토시 나카교구)과 사카모토 료마가 기습을 당한 데라다야 사건(교토시 후시미구), 그가 암살당한 오미야 사건(교토시 나카교구)이 특히 유명하다. 사건이 일어났던 당시의 건물은 모두 현존하진 않지만, 데라다야는 메이지 시대에 재건되어 현재도 료칸旅館으로서 영업을 이어 가고 있다.

대폭적인 인구 유출에서 부활하다

일본은 도바·후시미 전투(1868년 신정부군과 구막부군이 교토 부근의 도바 후시미에서 벌인 전투─옮긴이)를 발단으로 하는 보신 전쟁을 거쳐 메이지라는 신시대를 맞이한다. 정부의 수뇌인 오쿠보 도시미치는 교토에서 오사카로 천도를 구상했지만, 재정이 넉넉지 않아 에도 막부의 청사를 그대로 쓸 수 있는 도쿄로 천도하였다.

그때까지 '교쿄京'와 '교토'가 혼재되어 있던 지역의 호칭도 신정부의 설립을 계기로 '교토'로 정해진다. 헤이안 천도로부터 1,000년 넘게 이어져 온 수도로서의 역사는 이렇게 해서 마침표가 찍힌다.

에도 말기에 35만 명이었던 교토의 인구가 20만 명으로까지 감소하는 등, 도쿄 천도는 교토에 뼈아픈 타격이 되었다. 그래서 교토부는 '교토책'이라고 불리는 도시 진흥 사업에 착수한다. 대표적인 시책으로는 직물과 금속 가공 등 전통 공업을 중심으로 하는 산업의 촉진, 내국권업박람회(메이지 시대 일본에서 열린 박람회로 국내 산업 발전을 촉진하고 유망한 수출 품목 육성을 목적으로 한다─옮긴이)의 개최, 번화가로서 신쿄고쿠 거리(교토시 나카교구)의 개발 등을 들 수 있다. 메이지 시대부터 다이쇼大正 시대에 걸쳐 실행된 이런 시책의 결과, 교토시는 1935년에 인구 100만 명을 돌파했다.

교토는 다른 국내 주요 도시와 비교해 제2차 세계대전에서 대규모 공습을 받지 않아 역사적으로 보존 가치가 있는 신사와 사찰, 문화재가 고스란히 남았다. 이러한 유산은 귀중한 관광 자원이 되었으며, 이로 인해 오늘날의 교토는 일본을 대표하는 관광 도시가 되었다.

22

이국적 낭만과 지진의 아픔이 공존하는 국제 도시

고베

神戸

● 해당 지역 **효고현**
○ 도시 인구 **약 154만 명(2020년 기준)**

긴키 지방의 도시 중에서도 메이지 시대에 지어진 서양식 건물인 이진칸異人館이 늘어선 고베는 세련된 항구도시의 이미지가 강하다.

그러나 고베는 고대부터 기나이의 도읍에 가까운 무역항으로 활용되었으며, 헤이안 시대 말기에는 일본의 수도가 될 뻔한 위상에 있었다. 막부 말기 무역항으로 개항되기 전에도 고베는 홋카이도에서 오키나와까지 연결하는 전국적인 해운 네트워크의 중심지로서 번영했다. 1,500년 이상의 역사를 지닌 항만도시가 숨기고 있는 갖가지 일화를 지금부터 살펴보자.

롯코 산지와 함께 태어난 천혜의 항구

고베시를 떠올려 보면 홋카이도 하코다테시, 가나가와현 요코하마시, 나가사키현 나가사키시와 나란히 '서양풍의 세련된 항구도시'라는 이미지로 알려져 있다. 이 네 도시는 하나같이 항만과 산지가 근접해 있는데, 특히 고베시는 배후에 해발 1,000미터 가까운 롯코 산지가 동서로 펼쳐져 있다.

현재의 고베시 주변은 약 100만 년 전부터 여러 차례 지각 변동이 반복되면서 롯코 산지가 융기하고 산지에서 흘러내린 토사가 시가지의 토대를 만든 것이다. 프로야구팀 한신 타이거스의 응원가 제목으로도 유명한 '롯코산 산바람'이 부는 지형은 이렇게 해서 생겨났다.

항만에 면한 롯코 산지의 남쪽 사면은 계단 모양으로 울퉁불퉁하

○ **고베시를 그린 판화**
고베항 배후로 롯코 산지가 펼쳐져 있는 것을 확인할 수 있다.

다. 이것은 거듭된 지각 변동으로 단층이 몇 개나 생겼기 때문이다. 이러한 단층은 지금도 불안정하여 유사 이래 큰 지진을 여러 차례 일으켜 왔다.

고베는 이 롯코 산지와 동부의 와다곶의 지형적 이점으로 인해 겨울 이외에는 강한 바람이 차단되고, 미나토가와강 하구에서는 토사가 퇴적되어 물밑에 작은 산 같은 지형이 형성되었기 때문에 큰 파도가 들이치지 않는다. 그래서 예부터 배가 정박하기에 적합한 항구였다. 덧붙여 과거의 지각 변동으로 롯코 산지가 융기한 것과는 반대로 바다 쪽은 깊게 가라앉았기 때문에 수심도 깊어, 근대 이후에는 대형 선박의 정박에 유리해진다.

○ 롯코 항구에 정박해 있는 암스테르담의 선박 ©663highand

수도가 될 정도의 국제적 위상이 있는 도시

앞서 언급한 하코다테, 요코하마, 나가사키와 비교하면 고베는 수도가 있는 기나이에 가깝기 때문에 고대부터 서일본 각지의 장원에서 보내는 물자의 운송이나 대륙 왕조와의 외교에 활용되었다.

『고사기』와 『일본서기』에 따르면 3~4세기 무렵 진구 황후는 이쿠타 신사를 지었다. 신사에 세금을 내는 주민을 '간베神戸'라고 하는데, 이쿠타 신사의 간베였던 취락은 헤이안 시대에 '간베고神戸郷'라는 지명이 붙었다. 중세에는 이것을 '紺部', '上部'라고도 표기했지만, 에도 후기에 '神戸'라고 쓰고 '고베(こうべ)'라고 읽는 것이 정착되었다.

8세기에 편찬된, 일본에서 가장 오래된 가집인『만요슈万葉集』에는 당시에 '미누메노우라'라고 불리던 고베의 항구에 많은 배가 드나들었음을 보여 주는 와카가 수록되어 있다.

헤이안 말기에는 중국 송 왕조와의 무역에 힘을 기울였던 다이라노 기요모리가 1161년부터 지금의 고베시 효고구에 오와다노토마리라는 항구를 정비했다. 이때 동남쪽에서 이는 파도를 막기 위한 방파제로 지은 것이 인공섬인 '교가시마(経が島)'이다. 섬의 이름은 방파제를 쌓는 힘든 공사를 앞두고 사람을 제물로 바치는 대신 경문을 적은 바위를 묻은 데서 유래하였으며, 사방 650미터로 제법 넓었다고 한다. 지금도 쓰키시마 수문 근처에는 교가시마 공사에 쓰였던 거석이 남아 있다.

이 무렵 기요모리를 비롯한 다이라 가문의 유력자는 오와다노토마리 항구에 가까운 후쿠하라에 거처를 마련했다. 1180년 기요모리는 후쿠하라쿄를 지어 천도하지만, 미나모토 일족의 거병 등 다이라 가문에 대한 반발이 높아지고 있는 현실을 받아들여 약 반년 만에 어쩔 수 없이 교토로 귀환한다. 미완성으로 남은 후쿠하라쿄는 동쪽의 우지강에서 서쪽의 묘호지까지의 범위로 지어질 예정이었다.

가마쿠라 시대에 들어서면서 오와다노토마리는 '효고노쓰'로 불렸고, 계속해서 규슈와 시코쿠 등 서일본 각지에서 보내는 물자를 부리는 항구로서 활용된다. 무로마치 중기에는 아시카가 요시미쓰가 시작한 대명 무역의 거점이 되었으며, 조선과 류큐의 상선도 드나들었다.

쌀을 대량으로 부린 효고노쓰

중세에는 유력 사찰이나 신사가 많은 영지를 소유하고 지배했는데, 1308년에는 후시미 상황이 효고노쓰를 도다이지에 기부한다.

나라의 도다이지와 고후쿠지는 효고노쓰의 남북에 각각 관문을 설치하고 입항하는 선박으로부터 통행세를 징수했다. 도다이지가 기록한『효고북관입선납장兵庫北關入船納帳』에 따르면, 1445년 한 해 동안 일본 각지의 106개 지역에서 약 2,000척의 배가 효고노쓰에 입항하였으며 쌀과 소금, 목재, 철 등 64개 품목에 이르는 화물이 거래되었다.

그러나 1467년에 오닌의 난이 일어나자 호소카와 가쓰모토가 이끄는 동군과 야마나 소젠이 이끄는 서군의 충돌로 효고노쓰는 파멸 상태에 이른다. 그 이후 센고쿠 시대를 지나면서부터는 사카이의 항구가 국제 무역항으로서 발전해 간다.

1580년에는 오다 노부나가에게서 셋쓰의 지배권을 받은 이케다 노부테루가 현재의 효고구 기레토초에 효고성을 지었다. 에도 막부의 성립 후, 효고노쓰는 아마가사키번의 영지를 거쳐 막부령이 되고, 막부에서 파견한 부교가 다스렸다.

에도 시대에는 이세 출신의 가와무라 즈이켄이 서회 항로를 개척하여 다시 일본 유수의 항만도시로 복귀한다. 그때까지 도호쿠의 서해안 쪽에서 수집된 쌀 등은 에치젠(현재의 후쿠이현)에서 하역하여 육로를 통해 가미가타로 운송되었다. 그러나 서회 항로는 처음부터 끝까지 해로를 이용해 세토 내해를 지나 효고노쓰에서 화물을 부린다. 화물이 모이는 효고노쓰는 크게 번성했다.

이 무렵 효고노쓰에서 활약한 거상이 기타카제 시치베에 등을 배출한 기타카제 가문이다. 기타카제 가문은 입항한 화물주나 선장을 무료로 자택에서 머물게 하는 등 후하게 대접하여 따르는 사람이 많았다.

기타카제 가문이 다룬 상품 중 하나가 가미카타에서 에도로 옮겨진 '구다리자케(가미카타에서 생산된 술을 에도에서 이르는 말-옮긴이)'이다. 고베의 가미나다 등 '나다고고灘五郷(효고현 나다 일대에 주조업이 흥한 다섯 지역의 총칭-옮긴이)'에서는 에도 중기부터 주조업이 활발했다. 여기에는 가까운 데서 양질의 쌀과 물을 확보할 수 있었고, 롯코산에서 흘러내려 오는 미야가와강과 스미요시강 등에 수차를 이용한 정미소가 많이 지어진 것이 영향을 끼쳤다. 나다에 자리한 양조장의 술 창고는 롯코산 산바람이 창으로 불어 들어오도록 설계되어 공조空調(실내의 온도와 습도, 세균과 냄새 등을 그 장소의 사용 목적에 알맞은 상태로 유지하는 일-옮긴이)에 적절했다. 막부 말기에는 에도로 들어오는 술통의 무려 60퍼센트가 고베에서 왔다고 한다.

에도 후기가 되면 다카타야 가헤에가 효고노쓰를 거점으로 에조치(현재의 홋카이도)와 가미카타를 잇는 항로를 개척하여 다시마를 비롯한 해산물의 거래로 크게 이익을 보았다.

효고노쓰가 아니라 고베가 개항된 이유

막부 말기인 1858년, 막부는 미국, 영국, 러시아, 프랑스, 네덜란드와 수호 통상 조약을 맺는다. 각국은 가나가와, 나가사키와 함께 기나이의 개항을 요구했지만 마지못해 개국했던 막부는 기나이의 상업 중심지인 오사카를 개항하기 꺼렸다. 그래서 효고노쓰를 개항하기로 정하였지만 이미 인구 밀집지였던 효고노쓰에 새로운 교역 시설을 짓기가 어려웠다. 또 주민과 외국인의 접촉도 피하고 싶었기 때문에 효고노쓰 동쪽의 인구가 적은 고베무라(현재의 고베시)에 새로운 항구와 외국인 거류지를 건설한다.

1868년에 효고 개항이 이루어지지만, 이것은 실질적으로 고베 개항이었다. 이때 미나토가와강을 경계로 서쪽을 '효고항', 동쪽을 '고베항'으로 정하는데, 훗날 시가 발전하면서 하나로 합쳐져 고베항이 된다.

개항을 전후해서 구획이 정비된 외국인 거류지에는 서양식 건물이 늘어선 이국적인 시가지가 생겼다. 지금의 고베시 주오구에 위치한 플라워로드와 고이카와스지와 옛 사이고쿠 가도로 둘러싸인 일대에 해당하는 지역이다. 현재도 주오구 기타노초 일대는 국가의 중요 전통 건조물군 보존 지구로 지정되어 독일인 무역상 토마스의 저택(풍향계의 집) 등 많은 서양식 건물인 이진칸이 남아 있다.

또 거류지의 서쪽에도 외국인의 거주가 허가된 잡거지(여러 나라 사람이 한데 모여 사는 지역-옮긴이)가 지어진다. 이것은 요코하마 등 다른

○ **토마스의 집(풍향계의 집)** ©663highand

개항지에서 볼 수 없는 고베 특유의 것으로 거류지에서 삐져나온 외국인과 일본인이 혼재하는 지역이 되었다. 수호 통상 조약의 대상에 포함되지 않았던 중국 청 왕조의 사람들은 거류지가 아니라 잡거지에 모여 '난킨마치'라고 불리는 차이나타운을 형성한다.

대공습과 대지진의 아픔

고베항은 개항 후에도 대형 선박에 대응한 잔교(부두에서 선박에 닿을 수 있도록 만든 다리 모양의 구조물-옮긴이)와 태풍에 견딜 수 있는 부두가 없었다. 그래서 효고 현청에서 고용한 영국인 존 마셜이 1873년에 대규모 항구 구축 계획을 입안한다. 러일전쟁 후인 1905년, 전

고베 세관장인 미나카미 히로미가 고베 시장에 취임하여 마설의 구상을 바탕으로 철근 콘크리트로 만든 대형 독dock 등을 본격적으로 정비한다.

메이지 말기에 고베항은 상하이, 싱가포르와 더불어 동양 최대급의 무역항이 된다. 그러나 중요한 항만도시인 만큼 제2차 세계대전이 발발한 후에는 몇 번이나 공습이 반복되었고, 1945년 6월의 고베 대공습에서는 시의 동쪽 절반이 모조리 파괴되었다. 노사카 아키유키의 소설『반딧불이의 무덤火垂るの墓』은 이 대공습을 제재로 했다.

전후 고도 경제 성장기에 들어서면서 해변의 좁은 평지를 넓히기 위해 배후에 우뚝 솟은 롯코 산지의 토사를 이용한 매립이 진행되었다. 1981년에는 거대한 인공섬 포트 아일랜드가 완성되었으며, 계속해서 롯코 아일랜드가 만들어졌다.

○ **포트 아일랜드의 야경** ⓒ663highand

● **현재의 고베시 주변 지형** 개항한 막부 말기 이후, 고베항은 만의 연안 지역을 매립하면
서 급속도로 모습을 바꾸어 갔다.

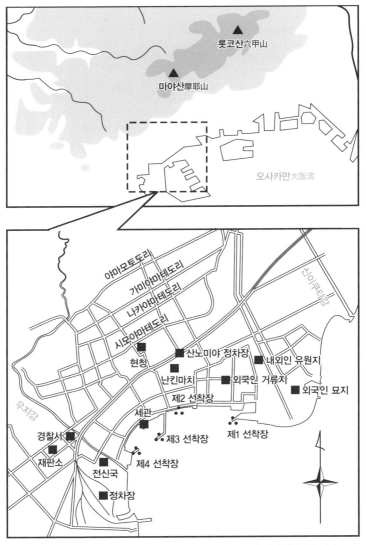

● **메이지 초기의 고베** 외국인 거류지였던 현재의 야마모토도리 일대(기타노초 야마모토도
리)에 이진칸이 세워졌다.

그러나 1995년 1월, 규모 7.3의 효고현 남부 지진(한신 아와지 대지진)이 덮친다. 고베시는 메이지 이후에 습지를 매립한 토지가 많은 탓에 지반이 약해서 25만 호 이상이 피해를 입었다.

지진으로 이쿠타 신사와 옛 외국인 거류지의 이진칸 등 귀중한 유산들이 숱하게 피해를 보았지만, 고베시의 복구 노력으로 다시 일어나 2017년에 개항 150주년을 무사히 맞이하였다.

제 6 부

Chugoku
주고쿠 지방

도모노우라 ●

야마구치 ●

● 히로시마

23

원폭 투하에 가려진
일본 최대의 상업지

히로시마
広島

● 해당 지역 **히로시마현**
○ 도시 인구 **약 119만 명(2020년 기준)**

원자폭탄으로 도시가 잿더미가 되다시피 했지만, 시민의 노력으로 비약적인 부흥을 이루어 낸 히로시마. 그 역사는 세토 내해로 흘러들어 가는 오타강의 치수와 간척이 쌓이고 쌓인 결과이다.
하천이 많고 수운이 편리했던 히로시마는 센고쿠 시대에 모리 가문이 하구를 간척해서 히로시마성을 쌓았으며, 에도 시대에는 세토 내해에서 으뜸가는 상업 도시가 되었다. 메이지유신 후에는 주고쿠 지방에서 육상 운송의 거점이 되어 번영을 누렸다. 삼각주에 펼쳐진 물의 도시는 어떻게 쌓여진 것일까?

수많은 하천이 흐르는 '물의 도시'

히로시마시를 항공사진으로 보면 오타강과 거기서 갈라져 나온 덴마강, 모토야스강, 교바시강, 엔코강 등 여러 하천이 퍼져 나가는 모습이 그야말로 '물의 도시'라는 이미지를 풍긴다. 일본의 대도시 중에서도 히로시마시의 지형은 여러 하천의 하구에 퇴적된 토사로 형성된 삼각주(델타)의 전형적인 사례라고 할 수 있다.

원폭 돔이 있는 히로시마시 나카구 오테마치 근방까지는 4,000년쯤 전까지 거의 바다였고, 미나미구에 있는 해발 약 70미터의 히지산은 작은 섬이었다.

율령 시대 아키국의 국부(나라 시대부터 헤이안 시대에 걸쳐 중앙에서 파견된 지방 행정관이 정무를 보는 시설이 있는 도시-옮긴이)는 히로시마시의 중심에서 동쪽으로 치우친 후추초에 있었던 것으로 추정된다. 헤이안 중기에는 오타강이 내륙과 연안을 잇는 수운에 활용되었다. 현재의 히로시마시 아사미나미구의 야마모토 주변에는 이쓰쿠시마 신사가 소유한 장원에서 수확한 물자를 모아서 쌓아 두는 창고지가 있었다고 한다.

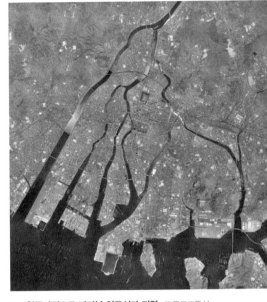

○ **항공사진으로 바라본 히로시마 지역** ⓒ국토교통성

1221년에 일어난 조큐承久의 난에서 공훈을 세운 다케다 노부미쓰는 아키의 슈고쇼쿠에 취임하여 지금의 아사미나미구에 자리한 다케다산에 사토카나 산성을 쌓는다. 해발 411미터의 산 꼭대기에 있었던 이 성은 수상 교통의 요충지가 되는 오타강과 육상 교통의 요충지가 되는 산요도를 확보하는 장소에 있었다. 성 아래로는 시장이 서면서 아키의 중심은 차츰 히로시마시의 위치로 옮겨져 갔다.

16세기 중기에는 모리 가문에 의해 아키 다케다 가문이 멸망한다. 이 시기가 되면 오타강의 하구에서는 상류에서 옮겨 온 토사로 삼각주 지대가 확대되어 많은 어민이 사는 땅이 되었다.

도시가 삼각주의 하나에 있었다?!

○ **모리 데루모토의 초상화**

다케다 가문을 대신하여 아키를 지배한 모리 가문이었지만, 모리 모토나리의 손자인 모리 데루모토의 대에 이르면 도요토미 가문의 신하가 된다.

천하통일이 이루어지는 이 시기에, 성의 역할은 전투가 벌어졌을 때 성문을 닫고 굳게 버티는 요새라기보다 사람이 모이는 도시의 중심으로 바뀌고 있었다. 모리 가문은 원래 현재의 아키타카타시의 산중에 있던 요시다코리야마성을 거점으로 삼았지만, 이 성이 있던 요시다 분지는 비좁아서 조카마치를 건설하기에는 부적합했다. 그런 면에서 오타강의 하구는 하천을 이용한 내륙과의 수운이 편리했고, 세토 내해에 면해 있어서 해로를 통해 기나이로 나가기도 쉽다는 큰 장점이 있었다.

그래서 모리 데루모토는 1589년, 고카무라라고 불렸던 오타강의 삼각주에서 가장 넓은(広) 섬(島)의 고지대에 새롭게 성을 짓기로 했다. 이후 이 땅은 '히로시마広島'로 불리게 된다. 성의 주변은 매립되고, 가나야마성이 있던 사토(현재의 히로시마시 아사미나미구) 주변을 비롯한 여러 곳에서 건설 재료로 사용될 대량의 목재가 모였다.

　이렇게 해서 2년 후에 완성된 것이 히로시마성이다. 오타강과 그곳에서 갈라져 나온 물줄기를 성의 바깥 해자로 삼았고, 성안의 해자로 판 운하인 세이토강으로는 무사의 거주 지구와 조닌의 거주 지구를 나누었다. 성을 지을 때 재료를 운반하기 위해 판 운하인 히라타야강은 그 후에도 오래도록 도시의 수운에 활용되었지만, 제2차 세계대전 후인 1956년에 매립되었으며, 현재는 나미키도리라고 불리는 거리로 모습을 바꾸었다.

세토 내해와 동해를 잇는 운세키 가도

1600년의 세키가하라 전투에서 모리 데루모토는 서군의 총대장을 맡았다. 그리고 서군의 패전 후, 모리 가문의 영지는 스오국과 나가토국(현재의 야마구치현)의 두 곳만 남고, 도요토미 히데요시 생전에 그에게 중용되었다가 사후에 가신단의 분열로 도쿠가와 이에야스 측에 가담한 무장 후쿠시마 마사노리가 히로시마성의 새로운 주인이 된다.

　마사노리는 조카마치를 확장하면서 교토에서 시모노세키까지를 연결하는 사이고쿠 가도(산요도)를 조카마치의 중심으로 끌어들였다. 히로시마의 조카마치는 원래 성의 정문에 다다르는 세로 축의 대로를 중심으로 시가지의 구획이 이루어졌는데, 마사노리의 시책 이후 차츰 가로 축이 되는 사이고쿠 가도를 중심으로 시가지 구획이 재편되었다.

지금의 나카구 사카이마치 1초메에는 사이고쿠 가도에서 이즈모이와미 가도(운세키지雲石路)로 갈라지는 분기점이 있었다. 이즈모이와미 가도는 히로시마에서 주고쿠 지방을 종단하여 산요 지방과 산인 지방을 연결하며 이즈모(현재의 시마네현)에 자리한 마쓰에성 아래에 다다른다. 이 길은 마쓰에의 바로 앞에 있는 이즈모 대사로 가는 참배 길로도 쓰였고, 이와미 은광의 운송로로도 활용되었다.

저습지인 오타강 하구는 예부터 홍수가 끊이지 않는 땅이었다. 1617년에는 대홍수가 나서 히로시마성의 돌담과 망루가 훼손된다. 이듬해부터 성의 개수 공사가 이루어지지만, 마사노리는 막부의 허가를 받지 않고 공사를 했다는 이유로 아키와 빈고 지역의 영지를 몰수당하고 만다. 1619년에는 히로시마성의 새로운 성주로 기이국 와카야마번을 다스렸던 아사노 나가아키라가 부임한다.

개척과 치수로 만들어진 세토 내해의 상업 본거지

에도 시대를 지나며 히로시마의 조카마치는 간척으로 영역을 확대한다. 간척으로 새롭게 생긴 땅에는 대체로 'ㅇㅇ신카이新開'라는 이름이 붙었다. 후쿠시마 마사노리가 성주를 맡았던 당시에는 지금의 나카구 고쿠타이지마치의 바로 남쪽이 바다였지만, 1634년에는 그 남쪽에 넓이 45정(약 45만 제곱킬로미터)의 고쿠타이지신카이가 간척된다. 또 성의 동쪽으로 가니야신카이, 오즈신카이, 계속해서 히가시신

● **에도 중기의 히로시마성 주변도** 히로시마성의 남쪽 바다에 '신카이'로 불리는 매립지가 늘면서 조카마치가 확대된다.

카이, 니시신카이 등의 새로운 간척지가 생겼다.

새로운 개척지의 확대와 더불어 히로시마성 조카마치로 번 내에서나 이웃 번에서 많은 이주자가 유입된다. 에도 시대 후기인 1820년 무렵에는 무사와 조닌을 합친 인구가 약 7만 명에 이르러 에도, 오사카, 교토, 가나자와, 나고야에 이은 대도시가 된다. 에도 중기부터는 면화 같은 상품 작물의 재배와 매매가 성행하면서 규슈와 기나이를 잇는 세토 내해 항로의 중간이라는 지리적 조건까지 더해져 히로시마는 세토 내해 일대에서 으뜸가는 상업 도시로 성장한다.

막부 말기 무렵, 히로시마는 오가는 사람이 워낙 많아서 그 모습이 교토의 기온 마쓰리에 빗댈 정도였고, 성시에 자리한 후지야 포목점은 가게의 규모가 오사카의 미쓰이, 교토의 다이마루에 필적할 만했다고 한다.

간척과 더불어 히로시마 조카마치의 주요 과제는 오타강의 치수 개선이었다. 마사노리의 치하에서는 성의 주위에 복수의 제방을 쌓았다. 지금의 히가시구 우시타에서는 제방을 튼튼하게 하려고 주민들을 모아 바닥을 밟아서 다졌다.

성주가 아사노 가문으로 바뀐 후에도 제방은 확충되었을 뿐 아니라 토목 공사로 오타강과 그 밖의 하천이 직접적으로 정비되었다. 또 오타강 유역에서는 토사 붕괴가 일어나기 쉬운 산림에서의 벌채를 제한하고, 강가 곳곳에 홍수가 일어났을 때 물의 기세를 꺾을 수 있도록 나무를 심어 숲을 조성했다.

주고쿠 지방 내륙에서는 다타라 제철(강이나 바다에서 얻은 사철을 목탄으로 제련하여 철을 얻는 일본의 전통 제철법-옮긴이) 때문에 물줄기로 암석을 파쇄해 사철을 채취하는 '간나나가시'라는 채취법이 성행했는데, 오타강의 바닥에 토사가 쌓이는 것을 막기 위해 1628년에 이 방법은 금지된다. 18세기 전반 무렵에는 조닌의 힘으로 오타강 바닥에 쌓인 토사를 제거하는 작업이 이루어졌다.

치수를 개선하는 일은 근대 이후에도 계속되어 1967년에는 쇼와 초기부터 공사가 진행되었던 오타강 방수로가 완성된다. 이로써 오

○ **오타강 방수로의 평상시 모습** ©Ujinaport

타강에서 갈라져 나온 야마테강과 후쿠시마강이 통합되고 큰비로 물이 대량으로 늘어도 대응할 수 있게 되었다.

전쟁 중 임시 수도의 역할, 그리고 원자폭탄의 투하

메이지유신 후 히로시마성에는 히로시마 현청이 설치되었다. 그러나 1873년에 주고쿠와 시코쿠 지방의 육군을 총괄하는 히로시마 진대

(1871년부터 1888년까지 지속된 일본 육군의 편성 단위–옮긴이)가 섬을 사용하게 되면서 현청은 가코마치(현재의 나카구 가코마치)로 이전한다.

오타강 하구는 토사가 퇴적되어 수심이 얕기 때문에 히로시마에는 본격적인 외항이 없었다. 그러나 현령(지사)으로 부임한 센다 사다아키는 거액의 예산과 인원을 투자해 우지나신카이를 간척하여 1889년에 우지나항을 건설한다.

그로부터 5년 후, 러일전쟁이 발발하자 막 개통된 산요 철도 히로시마역과 우지나항을 연결하는 우지나선이 고작 2주 만에 부설되고, 우지나항은 육군의 병참 기지로 활용된다. 러일전쟁 중에는 히로시마성에 대본영(전시에 설치되는 일본군의 최고 통수기관. 청일전쟁 때 처음으로 설치되었다–옮긴이)이 설치되어 메이지 천황을 비롯한 정부 요인이 모이고 임시 제국 의회가 설치되는 등 실질적인 임시 수도가 되었다.

이후에도 히로시마에는 육군 제5 사단의 사령부가 설치되고 군사 수송을 위한 노동자들이 모이는 등, 쇼와 초기까지 히로시마 거리는 육군과 함께 발달해 갔다.

한편 히로시마만에 떠 있는 에타지마섬에는 해군 병학교가 설치되고, 에타지마섬 맞은편에 있는 구레는 동양 최대급의 군용 조선소를 갖춘 군항이 된다.

군사력을 기반으로 발전을 이룬 히로시마는 제2차 세계대전 말기인 1945년 8월 6일, 원자폭탄이 투하되어 한순간에 잿더미로 변한다. 당시 있었던 가옥 7만 6천호 가운데 92퍼센트가 반 이상 파괴되거나 타 버리는 피해를 입은 데다 원폭이 터진 자리에 강한 방사선이

잔류해 그해에만 약 14만 명이 사망했다.

전후에는 자금이 부족한 가운데 시장 하마이 신조의 적극적인 활동으로 히로시마 평화 기념 도시 건설법이 재정되어 국가의 보조를 받는다. 부흥 계획에는 저명한 건축가 단게 겐조 등이 참여했으며, 시 중심에는 방화대를 겸한 폭 100미터의 '헤이와오도리(평화대로)'가 건설되었다.

또 하나 부흥의 상징이 프로야구 구단 히로시마 도요 카프이다. 시민의 자금으로 운영하는 이례적인 구단으로 탄생하여, 다이쇼 시대부터 히로시마시에 본사를 둔 마쓰다 자동차가 스폰서를 맡았다. 종전 직후 약 1년간은 마쓰다 공장에 임시 현청이 설치되기도 했다.

시가 재건된 후에도 원자폭탄이 투하된 지점에 있던 원폭 돔(옛 히로시마 산업 장려관)은 전쟁 피해 유적으로 남겨졌으며, 1996년에는 세계문화유산으로 등록되었다.

○ 히로시마 도요 카프의 홈구장인 마쓰다 스타디움 ⓒHKT3012

○ **히로시마 평화 기념관**
원자폭탄 희생자의 위령비인 평화 도시 기념비이다. 안쪽에는 원폭 돔이 보인다.

24

미야자키 하야오에게
영감을 준 작은 어촌

도모노우라
鞆の浦

- 해당 지역 **히로시마현**
- 도시 인구 **약 45만 명**(2020년 기준)

동서 방향에서 세토 내해로 흘러들어 오는 조수는 히로시마현 동부에 자리한 도모노우라에서 맞부딪친다. 그래서 도모노우라는 조류를 이용하여 배를 띄우기에 적합했다.

고대부터 기나이와 규슈를 연결하는 해로의 요충지였던 도모노우라는 여러 차례 전장이 되기도 했다. 센고쿠 말기에는 무로마치 막부의 마지막 쇼군이었던 아시카가 요시아키가 교토에서 추방당하고 이곳으로 도망쳐 오는 등 도모노우라는 일본사의 다양한 장면에 등장한다. 에도 시대 후기 이후에는 조류에 의존하지 않는 항해술의 발달로 점차 쇠퇴하지만, 도모노우라에는 옛날의 풍경이 지금도 고스란히 남아 있다.

밀물을 기다리는 항구

근대 이전의 일본은 마차가 발달하지 못하여 화물 운송에는 육로보다 해로가 요긴하게 쓰였다. 기나이와 규슈를 연결하는 세토 내해에는 해운의 요충지로 발달한 도시가 적지 않았다. 히로시마현 후쿠야마시에 있는 도모노우라도 그 대표적인 항구도시이다.

도모노우라는 누마쿠마반도의 끄트머리에 있으며 평지는 극히 좁고 큰 하천도 없어서 본래라면 도시를 건설하기에는 알맞지 않은 지형이다. 그러나 세토 내해에서는 만조 때 동쪽의 기이 수도(와카야마현, 도쿠시마현, 효고현 아와지섬으로 둘러싸인 해역-옮긴이)와 서쪽의 분고 수도(규슈의 오이타현과 시코쿠의 에히메현으로 둘러싸인 해역-옮긴이)의 양쪽에서 조류가 맞부딪치고, 간조 때에는 반대로 동서로 조류가 흘러

○ **후쿠야마에 위치한 후쿠젠지의 모습** ⓒ663highland

나가는 장소였다. 그래서 조류에 태워 배를 띄우기에 안성맞춤인 도모노우라는 예부터 '밀물을 기다리는' 항구로서 활용되었다.

8세기에 편찬된 『만요슈』에는 다이나곤大納言(고대 일본의 율령제 체계에서 사법, 행정, 입법을 관장하는 최고 국가 기관인 다이조칸太政官의 차관에 해당하는 관직-옮긴이)에 오르기도 했던 오토모노 다비토가 도모노우라의 풍경을 읊은 와카가 수록되어 있다.

806년에는 일본 천태종의 개조인 덴교 대사 사이초가 도모노우라에서 첫 사찰인 조칸지를 열었다. 이후 이 절은 헤이안 시대부터 센고쿠 시대에 이르기까지 숱한 전란으로 몇 번이고 불타 버렸지만 지금도 후쿠야마시 도모초 우시로지에 존속하고 있다. 그 밖에도 헤이안 시대에는 승려 구야가 창건한 후쿠젠지 등 다양한 사찰이 지어졌다.

무로마치 막부의 처음과 끝에는 도모노우라

○ **아시카가 다카우지**

1336년, 훗날 무로마치 막부의 초대 쇼군이 되는 아시카가 다카우지는 고다이고 천황 측에 가세한 무장 닛타 요시사다와 구스노키 마사시게 등의 공격을 받고 교토를 탈출한다. 교토의 서쪽 지역을 전전하던 그는 도모노우라에서 고곤 상황으로부터 요시사다를 토벌하라는 윤선 (상황의 명령서)을 얻어 내었고,

교토를 탈환하여 막부를 열었다.

그 후 남북조의 전란으로 도모노우라는 다시 전장이 되고, 현재의 후쿠야마시 도모초토모에 있는 엔푸쿠지의 자리에 남조 측에서 다이가시마성大可島城을 쌓는다. 당시 이곳은 그 이름대로 섬이었으며, 남조가 해체된 후에는 무라카미 수군(중세 일본의 세토 내해에서 활약한 수군. 여기서 수군은 수상 병력의 총칭으로 해적을 의미하기도 한다-옮긴이)의

거점 중 하나가 되었다. 무로마치 중기에 도모노우라는 중국 명 왕조와의 교섭 중계지로 활용된다.

센고쿠 말기, 15대 쇼군 아시카가 요시아키는 오다 노부나가에 의해 교토에서 추방된 뒤 1576년에 도모노우라로 달아나 아키를 지배하던 모리 데루모토의 보호를 받는다. 요시아키는 6년에 걸쳐 이 땅에서 교토의 탈환과 노부나가의 타도를 꾀했다. 이 시기의 아시카가 정권은 '도모 막부'로도 불린다.

요시아키는 조칸지에 거처를 마련하고, 도모 막부의 부쇼군이 된 데루모토는 다이카시마성이 있던 장소에서 좀 더 내륙으로 들어가 도모 요해(적을 막기에는 편리하고, 적이 쳐들어오기에는 불리한 곳)를 짓고 그곳을 거점으로 삼는다. 그러나 곧 쇼군의 권력은 유명무실해지고 만다.

여담이지만 모리 가문에 의해 멸망한 아마고 가문의 충신으로 알려진 야마나카 유키모리(야마나카 시카노스케)는 죽임을 당한 뒤 그 머리가 도모노우라에 있던 데루모토와 요시아키에게 보내졌다. 현재 조칸지의 문 앞에는 머리 무덤이 있다.

조선에서 온 귀빈도 절찬한 명승지

세키가하라 전투 후 모리 가문을 대신하여 아키를 통치한 것은 도요토미 생전에 그의 휘하에 있던 무장 후쿠시마 마사노리이다. 그는 도모 요해를 확충하여 도모성을 건설하고, 다이가시마성 일대를 매립하여 육지와 연결했다. 도모성은 3층 3계階(바닥의 개수를 층, 바닥과 바닥 사이의 개수를 계로 센다-옮긴이)의 멋들어진 성이었지만, 에도 막부가 공포한 일국일성령(다이묘의 본성 이외에 유력 무사의 거점인 모든 성을 파괴하라고 내린 명령-옮긴이)으로 폐성이 된다. 현재는 돌담과 돌로 지은 보루만 남아 있고, 성이 있던 자리에는 도모노우라 역사 민속 자료관이 서 있다.

도모노우라는 단명했지만 에도 초기에는 소규모로나마 조카마치가 정비되어 하라초, 이시이초, 세키초, 미치고에초, 에노우라초, 가지초, 니시초에 이르는 일곱 개 마을이 있었던 것으로 보인다. 또 동서에서 유입되는 해류가 맞부딪치는 곳이라는 점을 살려 도미의 대규모 그물 잡이도 성행했다.

해운의 요충지로서 많은 사람이 드나드는 도모노우라에는 유곽도 있었다. 마사노리가 지위와 영지를 박탈당한 뒤 후쿠야마번의 새로운 번주가 된 미즈노 가쓰나리는 도모노우라를 순회했을 때 유곽에도 들렀다고 전해진다. 가쓰나리는 일찍이 도요토미 히데요시가 후시미성에 지은 노能(일본 전통극의 일종-옮긴이) 무대를 도모노우라에 옮겨 지었다. 이것은 지금도 누마쿠마 신사에 남아 있다.

조선의 국왕이 에도에 파견한 조선 통신사 일행도 도모노우라를 중계지로 이용했다. 겐로쿠 연간인 1690년 무렵, 도모초토모에 있는 후젠지에는 본당에 접하여 객전(손님을 맞는 전각-옮긴이)이 지어져 조선 통신사 일행의 영빈관으로 쓰였다. 1711년에 일본을 찾은 조선 통신사 종사관 이방언은 세토 내해에 떠 있는 벤텐섬과 센스이섬이

- **세토 내해의 해류** 에도 시대에는 기타마에부네가 조류를 타고 도모노우라에 기항했다.

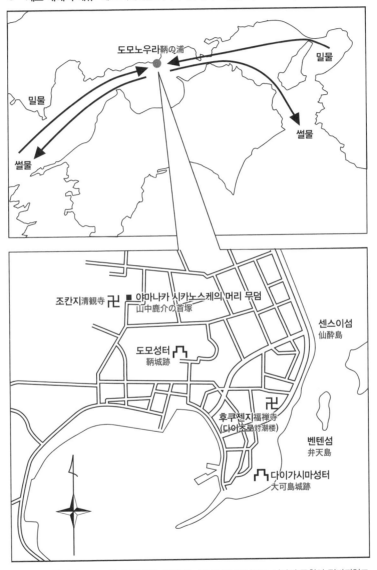

- **에도 후기의 도모노우라 시가지** 근세에는 도모성을 중심으로 시가지 구획이 정비되었고, 도모노우라에는 부두가 만들어졌다.

내려다보이는 객전의 전망을 '일본에서 으뜸가는 명승'이라 칭송했으며 1/48년에 통신사 정사로 일본을 찾은 홍계희는 이 객전에 대조루対潮楼(일본어로는 다이초로라고 발음한다-옮긴이)라는 이름을 붙였다.

막부 말기인 1863년에는 산조 사네토미를 위시한 존왕양이파의 구교公卿(귀족 계급인 공가 출신의 고위 관리-옮긴이) 일곱 명이 일시적으로 교토에서 추방되어 조슈로 도망쳐 온다. 이듬해 교토 귀환을 꾀하던 산조 일행은 도모노우라에 머무르며 방침을 협의한다. 이때 산조 일행이 숙박한 곳이 도모노우라의 명물로 한약재로 '호메이슈保命酒'라는 술을 담그던 나카무라 가문의 저택이다. 이 호메이슈는 미국에서 온 페리 제독 일행의 접대에도 쓰였다.

1867년에는 도모노우라의 앞바다에서 사카모토 료마가 이끄는 가이엔타이海援隊(막부 말기, 도사번에서 이탈한 무사 사카모토 료마를 중심

○ **나카무라 가문의 저택** ⓒ663highland

으로 결성한 무역 결사-옮긴이)가 소유한 증기선 '이로하마루'가 기슈번 소유의 증기선 메이코마루와 충돌해 침몰했다. 료마 일행은 도모노우라에 머물면서 배상 교섭을 했는데, 이것은 일본 최초의 국제법에 따른 해난 사고 심판이 된다. 사건이 일어난 지 100년이 훌쩍 지난 후, 이로하마루의 선체와 화물의 일부가 인양되었으며 현재 도모노우라의 이로하마루 전시관에 소장되어 있다.

〈벼랑 위의 포뇨〉의 모델이 된 풍경

에도 후기가 되면 세토 내해에 조류를 타고 연안을 항행하는 것보다 섬 사이를 옮겨 다니며 앞바다를 항행하는 기술이 보급되면서 차츰 소규모인 도모노우라보다 오모미치의 항구가 활용되었다. 특히 메이지 시대 이후에는 철도 등 육상 교통망도 발달했기 때문에 도모노우라의 중요성은 더욱 낮아진다.

도모노우라는 시대의 흐름에 뒤처지면서 결과적으로 오랜 시가지가 많이 남게 되었다. 도모노우라로 몸을 피했던 일곱 명의 귀족 관리가 머물렀던 오타 가문(옛 나카무라 가문)의 주택 등 전통적인 가옥과 골목은 에도 시대부터 지금까지 거의 변화가 없다. 또 근대 이전의 항구에서 사용되던 상야등, 선착장과 그 계단, 불에 쬐어 목조선을 말리던 장소, 오가는 배를 검사하고 세금을 징수하던 관공서가 현재도 모두 남아 있다.

○ **도모노우라의 항구 전경** ⓒ663highland

1983년에는 히로시마현이 교통 혼잡을 해소할 목적으로 도모노
우라를 매립하고 만의 안쪽을 가로지르는 대형 교량의 건설을 계획
했다. 그때 경관 유지 등의 관점에서 공사를 반대하는 주민들이 행정
소송을 제기한다. 최종적으로 히로시마 지방 법원은 주민의 호소를
받아들여 도모노우라의 경관을 '국민의 재산이라고 할 만한 공익'으
로 인정했다. 이에 히로시마현은 2016년 2월에 공사 취소를 발표하
면서 도모노우라의 역사가 깃든 아름다운 풍경은 유지된다.

애니메이션 감독 미야자키 하야오는 도모노우라의 모습을 마음에
들어 하여 2005년에 두 달 정도 머무르면서 〈벼랑 위의 포뇨(崖の上の
ポニョ)〉의 구상을 다듬었다. 내해의 작은 항구도시가 무대인 이 작품
에는 도모노우라의 이미지가 적잖이 반영되어 있다.

25

오우치 문화가 꽃피운 '서쪽의 교토'

야마구치

山口

● 해당 지역 **야마구치현**
○ 도시 인구 **약 19만 명(2020년 기준)**

오늘날에는 대도시라고 부를 수 없는 야마구치지만, 한때는 교토와 견줄 만한 선진 도시인 시대가 있었다. 그 번영은 오우치 가문에서 시작된 것이며 교토를 모방한 도시에서는 '오우치 문화'가 꽃을 피웠다. 동아시아 여러 나라와의 교역에도 정력적이었던 오우치 가문은 막대한 재력과 강력한 권력을 자랑했지만, 이윽고 중신의 모반을 계기로 멸망한다. 그들을 대신해 보초 2국(나가토국과 스오국을 합쳐 이르는 말. 조슈번을 가리킨다 – 옮긴이)을 다스렸던 모리 가문은 막부 말기에 하기에서 야마구치로 정청을 옮기고, 이 땅에서 막부 타도의 기치를 높게 들었다.

교토 문화를 동경했던 오우치 가문의 중흥 시조

현재의 야마구치시는 현청 소재지면서 인구는 시모노세키시에 이어 현에서 두 번째인 약 19만 7,000명(2016년 12월)으로 시로서 규모는 크지 않다. 이것은 기타큐슈시와 히로시마시 같은 대도시 사이에 낀 위치가 요인일 수도 있다. 그러나 중세에는 야마구치가 교토에 비견되는 선진 도시인 시대가 있었다. 슈고 다이묘인 오우치 가문이 다스리던 시대이다.

오우치 가문은 일본에 귀화한 백제 왕족 임성태자(백제 성왕의 제3 왕자)의 후예라고 전해진다. 아스카 시대(6세기 후반부터 8세기 초반에 걸쳐 아스카를 중심으로 정치, 문화 등이 발전하던 시대-옮긴이)에 스오(현재의 야마구치현 동부)의 다타라하마 해안에 상륙한 임성태자는 우마야도 황자(쇼토쿠 태자)로부터 다타라라는 성과 오우치 지방(야마구치시 오우치 지구)을 영지로 하사받았으며, 자손들은 헤이안 시대부터 오우치라는 성을 쓰게 되었다.

야마구치 번영의 초석을 다진 것은 '오우치 가문의 중흥 시조'라고 일컬어지는 24대 당주 오우치 히로요이다. 무로마치 막부 2대 쇼군 아시카가 요시아키라를 알현하기 위해 교토로 올라간 히로요는 교토의 문화에 심취하여 자기 영지에서도 교토를 모방한 도시를 만드는 일에 착수했다.

고대 일본의 도시에는 중국의 역학과 풍수 사상이 도입되어 있었는데, 교토는 동으로 가모가와강, 서로 산인도, 남으로 오구라못, 북으로 후나오카산을 품은 '사신 상응'의 땅으로 여겨졌다. 한편으로 야마구치도 구릉으로 둘러싸인 분지에 이치노사카강과 후시노강이 흐르는 등 교토와 흡사한 지세였다.

히로요는 두 줄기 강 사이에 낀 선상지에 거관(거처로 쓸 대저택-옮긴이)인 오

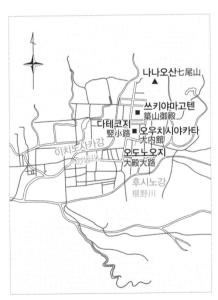

● **오우치 가문 통치하의 야마구치** 오도노오지 등 동서를 관통하는 큰길을 축으로 하여 작은 길이 바둑판처럼 배치되어 있다.

○ **복원된 오우치시야카타의 서쪽 문** ⓒTT MK2

우치시야카타大內氏館를 짓고, 그 남쪽에 바둑판 모양으로 시가지를 구획했다. 그로 인해 오늘날 야마구치에는 '오도노오지大殿大路', '다테코지堅小路' 등 교토를 연상시키는 지명이 남아 있다.

다만 이 일대는 구릉의 능선이 불거진 좁은 분지였던 탓에 시가지 구획은 헤이안쿄처럼 꼭 가지런하지는 않았다. 도로의 간격은 거관에 가까울수록 좁고, 멀어질수록 넓어졌다.

이런 시가지의 경관은 에도 시대에 그려진 『야마구치 고지도』로 주목을 받게 되었다. 이 고지도에는 히로요가 1360년에 오우치에서 야마구치로 거점을 옮긴 사실도 기록되어 있는데, 후년의 발굴 조사에서 남북조 시대에 지어진 건축물의 자취가 발견되지 않아 그 진위 여부를 알 수는 없다.

다만 당시의 오우치시야카타가 지방 도시의 건물이라고는 생각할 수 없을 만큼 현란한 만듦새였다는 점은 사실인 듯하다. 발굴 조사에서는 한창 전성기 시절 오우치시야카타의 부지가 사방 약 160미터였다는 사실이 판명되었다. 부지 내에는 연못을 채운 정원이 있었고, 건물의 북쪽에는 영빈관으로 쓰일 쓰키야마고텐이 지어졌다.

또 히로요는 사찰과 신사의 건립에도 힘을 기울였다. 가미타테코지에 있는 야사카 신사는 교토에 있는 기온사(교토 야사카 신사의 옛 이름-옮긴이)의 분사로, 매년 7월에 치러지는 야마구치 기온 마쓰리는 야마구치현을 대표하는 마쓰리로 많은 관광객을 모으고 있다.

많은 귀족과 문화인이 방문한 야마구치

오우치 가문의 역대 당주는 야마구치에 교토의 귀족과 문화인을 초빙하여 가회(특정 주제에 대해 와카를 지어 읊고 비평하는 모임-옮긴이) 같은 행사를 열었다. 특히 무로마치 시대 중기에는 오닌의 난이라는 전란의 불길을 모면하기 위해 많은 문화인이 야마구치로 몸을 피했다. 수묵화의 대가로 이름 높은 셋슈, 시인 소기도 그런 사례이며, 특히 셋슈는 조에이지(야마구치시 미야노시모)라는 사찰의 북쪽 정원을 만들었다고 전한다.

이렇게 해서 야마구치에서는 교토의 기타야마 문화(무로마치 막부 시대의 전성기인 제3대 쇼군 아시카가 요시미쓰 시대의 문화. 대표적인 건물로는 로쿠온지의 금각을 들 수 있다-옮긴이)와 히가시야마 문화(무로마치 막부의 제8대 쇼군 아시카가 요시마사 치세에 융성한 문화. 대표적인 건물로는 지쇼시의 은각을 들 수 있다–옮긴이)에 필적하는 '오우치 문화'가 꽃을 피운다.

참고로 지금의 이치노사카강은 국가 천연기념물로 반딧불이의 일종인 겐지보타루가 서식하는 곳으로 알려져 있는데, 이것은 히로요가 교토의 우지강에서 가져온 반딧불이를 방류한 데서 유래했다는 설이 있다. 또 히로요는 교토에서 데려온 시동을 야마구치에 살게 하면서 말투와 어휘 자체를 교토풍으로 고치려 했다는 이야기도 전한다.

이만큼의 도시를 건설하려면 그에 걸맞은 재원이 필요했을 것이다. 당시 오우치 가문의 재정 기반은 중국 명 왕조, 조선과의 교역이었다. 오우치 가문은 왜구라고 불리는 해적의 단속을 통해 조선 국왕과의 관계를 강화하고, 아카마가세키(시모노세키) 항구를 통해 독자적

○ **조에이지 정원** ⓒ663highland
조에이지는 승려이자 수묵화의 대가인 셋슈가 조성한 정원으로 알려져 있다.

으로 무역선을 파견했다. 여기에는 백제 왕족을 선조로 둔 오우치 가문의 출신도 유리하게 작용했다.

예능에 탐닉해 멸망하다

이윽고 일본과 명 사이에 국교가 체결되고, 오우치 가문은 막부로부터 정식으로 견명선의 파견을 허락받는다. 특히 30대 당주 요시오키는 명과의 교역을 거의 독점했다. 재산을 모아 군사력을 강화한 요시오키는 1508년, 막부 내부의 정쟁에 패한 10대 쇼군 아시카가 요시타다(요시타네)를 교토에 데리고 가서 그를 쇼군 자리에 복귀시키는 데 성공한다. 이 공적으로 간레이다이(무로마치 막부 시대의 관직 중 하나. 쇼군 다음가는 직위인 간레이를 대행하는 자리-옮긴이)에 오르면서 요시오키는 사실상 천하의 권력을 거머쥐었다.

그러나 그 권위는 오래지 않아 사양길로 접어든다. 이즈모(현재의 시마네현 동부)에서는 슈고 교고쿠 가문의 대리인 아마고 쓰네히사가 세력을 불리고 있었기에, 야마구치로 돌아온 요시오키는 아마고 가문과의 싸움에 몸을 던진다. 그렇지만 요시오키는 10년에 걸친 항쟁 끝에 병사하고, 가독은 적자인 요시타카가 물려받는다.

처음에 요시타카는 아마고 가문과의 싸움에 의욕을 보였지만, 대군을 이끌고 이즈모를 공격한 제1차 갓산토다성月山富田城 전투에서 대패하자 차츰 정치에 관심을 잃고 노래와 춤 같은 예능에 심취하게

○ **오우치 요시오키 동상** ©TT MK2

된다. 이윽고 오우치 가문에서는 중신 스에 하루카타가 주도한 정변이 발생하고, 궁지에 몰린 요시타카는 스스로 목숨을 끊는다.

그 후 하루카타는 분고(현재의 오이타현)의 다이묘 오토모 요시시게의 동생으로 요시타카의 조카뻘인 요시나가를 오우치 가문의 당주로 옹립하고, 가문의 실권을 장악한다. 그러나 1555년 이쓰쿠시마 전투嚴島戰鬪에서 아키(현재의 히로시마현 서부)의 무장 모리 모토나리에게 패배하면서 오우치 가문의 영지는 모리 가문에게 차례차례 빼앗긴다. 막다른 곳에 몰린 요시나가는 지금의 나가토시에 있는 사찰 다이네이지에서 자살하고, 이로써 명문 오우치 가문은 결국 멸망에 이른다.

오우치시야카타가 있던 자리에 세워진 사찰 류후쿠지는 모토나리의 적자 다카모토가 요시타카의 성불을 기원하기 위해 건립했다고 전한다. 또 요시타카는 예수회 선교사 프란치스코 하비에르(일본에서는 프란시스코 자비에르로 알려져 있다-옮긴이)를 야마구치로 초빙한 것으로도 유명하다. 야마구치시 가메야마초에 있는 자비에르(하비에르) 기념 성당은 그의 야마구치 방문 400년을 기념하여 1952년에 지어졌다.

○ **자비에르(하비에르) 기념 성당** ©solamimi

막부 타도의 원동력이 되었던 도쿠가와 가문에 대한 원한

이윽고 시대는 오다 노부나가를 거쳐 도요토미 히데요시의 치세를 맞이한다. 오우치 가문에 이어 아마고 가문도 멸망하고, 주고쿠 지방의 패자가 된 모리 가문은 고다이로五大老(도요토미 정권 말기에 쇼군의 보좌직인 다이로로서 정무에 참여한 다섯 다이묘-옮긴이)의 하나로 히데요시의 천하를 떠받친다.

1600년에 발발한 세키가하라 전투에서는 이시다 미쓰나리의 요청에 응하여 모리 데루모토(다카모토의 적자)가 서군의 총대장을 맡는다. 그러는 한편으로 모리 가문의 중신인 깃카와 히로이에는 주군 가문의 존속을 위해 암약한다. 뒤에서 동군 총대장인 도쿠가와 이에야스와 내통한 것이다. 결국 모리 가문이 적극적으로 참전할 겨를도 없이 서군은 대패를 맛본다.

전후 모리 가문에게 내려진 처분은 주고쿠 지방을 중심으로 하는 8개국의 영지가 스오국과 나가토국 2개로 대폭 줄어드는 것이었다. 그때까지 본거지였던 히로시마성에서 어쩔 수 없이 이전해야 했던 데루모토는 들판이 펼쳐진 하기(지금의 하기시)에 새롭게 성을 건설한다. 통설에 따르면 이에야스의 명령으로 오지로 처박혔다고 하지만 사실은 다르다. 새로운 성의 후보지로 거론된 곳은 야마구치의 고노미네산, 호후의 구와노야마산, 하기의 시즈키산의 세 곳이고, 이 세 곳은 모두 모리 측의 제안이었다. 즉 하기로 이전한 것은 모리 가문의 의도이기도 했다.

하기에는 성의 건설과 병행하여 조카마치와 교통망의 정비가 이루어졌다. 특히 하기에서 야마구치를 거쳐 세토 내해 연안의 미타지리(호후시)를 잇는 하기오칸 가도는 참근교대에도 사용된 주요 가도이다. 현재는 국가 사적으로 지정되어 있으며, 돌을 깐 당시의 바닥이 지금도 곳곳에 남아 있다.

이렇게 해서 모리 가문은 새로운 출발선에 섰지만, 예전처럼 많은 가신을 거느리지 못했고, 번 소속의 무사들은 대부분 귀농할 수밖에 없었다. 도쿠가와 가문에 대한 그들의 깊은 원한은 260년 후에 일어나는 동란의 먼 원인이 되었다.

유신 지사들의 숨결이 지금도 느껴지는 거리

보초 지방에는 조슈번 외에 거기서 파생된 지번인 조후번, 도쿠야마번, 이와쿠니번이 있었다. 막부 말기 조슈번의 번주 모리 다카치카는 1864년에 하기에서 야마구치로 거점을 옮긴다. 당시 조슈번은 존왕양이의 사상 아래 미국과 프랑스의 배에 포격을 가했는데, 동해 연안에 자리한 하기에서는 그 보복을 받을 위험성이 있었기 때문이다. 또 스오국과 나가토국의 중앙에 자리한 야마구치 쪽이 지번支藩을 포함하여 영지 각지를 원활하게 지휘하는 데 유리하다고도 판단한 것으로 보인다.

○ **진류테이** ⓒ663highland

야마구치성은 천수각이 없는 간소한 성이었지만, 주위에 해자를 두르고 포내도 삿주었다. 이 성을 중심으로 조슈번은 막부군의 제2차 조슈 정벌에 맞서 승리하고, 그 후에는 사쓰마번과 함께 막부 타도의 중심 세력이 된다.

번청이 옮겨지기 전까지 야마구치는 소외당했기 때문에, 옛날 '서쪽의 교토'로 일컫던 시절의 흔적은 오우치시야카타 주변으로 한정되지만, 막부 말기의 동란을 전하는 옛 자취는 곳곳에 남아 있다.

이를테면 고잔 공원(야마구치시 고잔초) 안에 있는 진류테이라는 건물은 삿초 동맹(에도 막부 말기 사쓰마번과 조슈번의 정치적, 군사적 동맹─옮긴이)이 체결된 후 사이고 기치노스케(다카모리), 오쿠보 이치조(도시미치), 가쓰라 고고로(기도 다카요시) 등이 막부 타도의 밀담을 거듭했던 장소로 전한다.

그런가 하면 이치노사카강에 놓인 히토쓰바시 다리(야마구치시 우시로가와라) 역시 보신 전쟁 당시 관군, 즉 신정부군이 내걸었던 '니시키노미하타(錦の御旗, 조정의 적을 치는 관군의 표시로 쓰이던 붉은 비단 깃발─옮긴이)'의 제조소가 있었다고 한다.

앞서 언급한 하기오칸 가도도 다카스기 신사쿠를 비롯한 메이지 유신의 지사가 지나간 길이며 지금도 야마구치에서는 시내 곳곳에서 그들의 숨결을 느낄 수 있다.

제 7 부

shikoku
시코쿠 지방

마쓰야마

26

나쓰메 소세키가 사랑한 시코쿠의 온천 마을

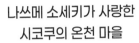
마쓰야마
松山

- 해당 지역 **에히메현**
- 도시 인구 **약 50만 명(2020년 기준)**

세토 내해는 규슈 지방과 긴키 지방을 연결하는 해상 교역로로서 번성했다. 시코쿠 서부에 자리한 이요(현재의 에히메현) 북부는 해상 교역의 중계지였다. 이요 북부에서도 도고 온천이 있는 마쓰야마는 고대부터 많은 사람이 방문하는 곳이었다.

중세 동안 이요국 주변 바다를 지배한 고노 가문은 센고쿠 말기에 멸망하고, 에도 시대에는 가토 요시아키가 마쓰야마에 새로운 도시를 건설했다. 이후 마쓰야마는 문화 도시로서 번영을 누리며, 메이지 시대에는 하이쿠 시인 마사오카 시키 등을 배출한다. 시키의 친우였던 소설가 나쓰메 소세키도 한때 마쓰야마에서 중학교 교사를 지냈다.

문예에 적합한 입지와 기후를 품은 땅

시코쿠 최대의 도시 마쓰야마라고 하면 메이지 시대에 시인 마사오카 시키, 다카하마 교시 등을 배출했고 시키의 친우였던 나쓰메 소세키가 머물렀던 경험을 바탕으로 발표한 소설 『도련님(坊っちゃん)』으로 유명하다.

또 같은 시기에 마쓰야마가 낳은 인물로서 러일전쟁에서 활약한 육군 대장 아키야마 요시후루, 해군 참모 아키야마 사네유키 형제도 잘 알려져 있다.

○ **나쓰메 소세키**
마쓰야마 중학교 영어 교사로 재직하던 시절의 나쓰메 소세키

마쓰야마를 중심으로 하는 이요(현재의 에히메현) 북부는 이처럼 문예가 융성하고 인재

를 배출할 소지가 중세부터 있었다. 마쓰야마와 근접한 이마바리시에 있는 오야마즈미 신사에는 렌가連歌(일본 고전 시가의 한 양식-옮긴이)집이 280권이나 소장되어 있다. 무로마치 시대부터 에도 시대에 이르기까지 이요국 주변의 무사와 승려, 서민 등이 읊은 렌가이다.

근세까지 세토 내해는 기나이와 규슈, 나아가서는 한반도와 중국 대륙을 잇는 중요한 해상 교통로였다. 마쓰야마 일대는 그 중계지로서 찾아오는 사람도 많았고, 다양한 서적과 상품이 유입되는 땅이었다. 또 1년 내내 온화한 세토 내해의 기후도 차분하게 문화적 활동에 몰두하기에 적합했을지도 모른다.

천황에게도 사랑받은 온천

율령 시대에는 이요국의 국부(지방 행정 관청. 또는 그 소재지-옮긴이)가 현재의 마쓰야마시 옆에 있는 오치군(이마바리시)에 설치되었으며, 마쓰야마 일대는 '도고道後'라고 불렸다. 이것은 국부가 있는 지역보다 수도에 가까운 지역을 '도젠道前', 수도에서 먼 지역을 '도고'로 했다는 사료가 보이는 것과도 관련이 있다.

즉 도고는 이요의 중심지가 아니었지만, 일본에서 가장 오래된 온천이라고 하는 도고 온천이 있어 조메이 천황과 사이메이 천황과 나카노오에 황자(훗날의 덴지 천황), 오아마 황자(훗날의 덴무 천황) 등이 방문했다고 전한다.

○ **도고 온천** ©Arnaud Malon

이요탕(도고 온천)의 이름은 『만요슈』와 『겐지源氏 이야기』에도 등
장한다. 또 663년에 일어난 하쿠스키노에白村江 전투(백강 전투. 백제
멸망 후 백제의 부흥군과 일본의 원군이 합세하여 신라와 당의 연합군에 맞서 싸
운 전투-옮긴이) 때 한반도의 백제로 군사를 보낼 때의 중계지가 되었
다고 전하는 니기타쓰는 마쓰야마 연안이었다는 설이 유력하다.

　헤이안 시대에는 세토 내해의 해운이 활발해지면서 도고가 중요
한 중계지의 하나가 된다. 중세의 이요에서는 겐페이 내란에서 겐지
(미나모토 가문)의 수군을 떠받친 고노 가문이 일대 세력이 되었으며,
14세기에는 도고 온천과 인접한 현재의 마쓰야마시 호조 지구에 유
즈키성을 건설했다.

해운에 깊이 관여했던 고노 가문은 활동 범위가 넓었던 까닭에 유즈키성의 사적에서는 한반도와 중국 대륙, 동남아시아에서 만들어진 자기도 발견되었다.

고노 가문은 문화적인 소양도 풍부했다고 하는데, 앞서 언급한 오야마즈미 신사에 있는 대량의 렌가에는 고노 가문의 무사나 그들과 교류했던 사람들의 작품이 많이 포함되어 있다. 가마쿠라 시대에 시종(일본 정토종의 한 종파-옮긴이)을 창시한 잇펜도 고노 가문 출신이다.

센고쿠 시대의 도고에서는 이미 치료 목적으로 온천을 찾는 사람들을 위한 가도가 정비되었고, 유즈키성에는 고노 가문의 가신이 모여 살아 소규모의 조카마치도 형성되었다고 한다. 유즈키성의 남쪽에서 남서쪽에 이르는 일대에 '가미이치上市', '미나미마치南町' 같은 지명은 조카마치의 자취로 보는 설도 있다.

그러나 센고쿠 시대 말기에 하시바(훗날의 도요토미) 히데요시가 시코쿠를 침공한다. 고노 가문은 유즈키성에서 굳게 버티며 항전했지만, 결국 1585년에 멸망한다.

조카마치 건설을 위한 대규모 치수 공사

도요토미 정권 말기에는 무장 가토 요시아키가 이요의 지배자가 되어 도고 남쪽에 있는 마사키를 거점으로 삼았다. 그 후 세키가하라 전투에서 동군에 가담한 요시아키는 녹봉이 10만 석에서 20만 석으로 늘자 도고의 가쓰야마산 일대에 더 큰 성과 조카마치를 건설하기로 한다. 이때 요시아키는 소나무(松, 일본어로 '마쓰'라고 발음한다-옮긴이)가 많았던 가쓰야마산에 '마쓰야마'라는 이름을 붙였다.

시코쿠를 항공사진으로 보면 서부의 마쓰야마평야(도고평야)와 동부의 도쿠시마평야가 일직선으로 연결되어 있는데, 이 선은 서일본 일대를 동서로 달리는 대단층 '주오 구조선'과 겹친다. 에히메현에서 가장 넓은 평야인 마쓰야마평야에는 주오 구조선을 따라붙듯이 하천에 토사가 떠내려가 생긴 선상지가 펼쳐져 있다.

종래 마쓰야마평야를 흐르던 유야마강은 큰비가 내릴 때마다 홍수나 수해로 유역이 달라져 버리는 데다, 유역의 산지는 토사 붕괴가 일어나기 쉬운 지질이었다.

그래서 요시아키는 마쓰야마성과 조카마치를 건설하기 전에 강의 물줄기를 바꾸는 토목공사를 실행했다. 유야마강은 이시테라는 사찰 부근에서 물줄기가 바뀌어 강의 이름도 이시테강으로 바뀌고, 최종적으로 이요강과 합류하게 되었다. 또 이요강은 일련의 공사를 지휘한 아다치 시게노부의 이름을 따서 시게노부강으로 이름이 바뀐다. 이 대규모 치수 사업으로 마쓰야마의 조카마치에서는 3,000헥타르의 논에 구석구석 미치는 관개용수가 확보되었다.

1603년에는 이요마쓰야마번이 성립하고, 그로부터 24년을 거쳐 마쓰야마성은 거의 완성되지만 그 직전에 요시아키의 영지가 아이즈(후쿠시마현 아이즈와카마쓰시)로 옮겨진다. 그를 대신해 번주가 된 가모 다다토모는 급사하고, 도쿠가와 이에야스의 조카인 마쓰다이라 사다

유키가 부임한다. 도쿠가와 가문의 인물을 직접 보낸 것을 보면 시코쿠의 요충지를 확보할 의도가 있었을 것이다.

마쓰야마성이 완성되자 그 구릉 남부에 무가의 저택이 늘어섰고, 항구에 더 가까운 구릉 서쪽에는 상공업자가 모여 사는 거리가 형성되었다. 이러한 배치는 바다로 쳐들어왔을 때 성 바로 앞에 있는 시가지를 방어선으로 삼는다는 생각이 있었다.

초기에 지어진 30개 마을이 모인 지역은 '고마치古町'라고 불렸는데 마을 이름은 대부분 대장장이, 다다미 가게, 포목점, 쌀집 등 주민

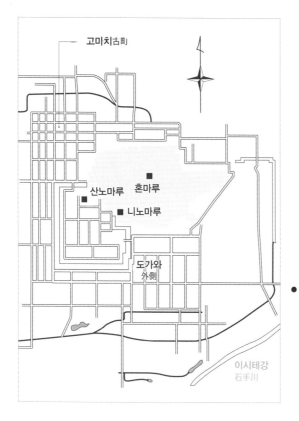

고마치古町

산노마루 혼마루

니노마루

도가와
外側

이시테강
石手川

● **에도 전기의 마쓰
야마성 주변** 마쓰
야마성에서 보았을
때 상업 지구는 서
북쪽에 자리한 '고
마치'와 남동쪽에
자리한 '도가와'로
크게 나뉘었다.

의 직업명이 붙어 있었다. 마사키초에는 요시아키의 전임지였던 마
사키에서 이전해 온 장인이 많이 살았다고 한다. 먼저 생긴 옛 거리
에 인접하여 10개 마을로 이루어진 '신마치新町'가 건설된다. 또 남
동부에도 '도가와外側'라고 불렸던 상가가 자연발생적으로 형성되어
상업지가 확대된다.

1694년 마쓰야마 조카마치의 주민은 약 1만 6,000명이었고 가옥
수로 보면 고마치가 5,553채, 도가와가 2,937채로 도가와가 급속도

로 발전한 것을 알 수 있다. 다만 에도 후기에 이르면 마쓰야마 주변부에 '자이고마치在鄕町(일본 도시 형태의 하나로 농촌 등 성 같은 중심 시설이 없는 지역에 있으면서 실질적으로는 도시로 기능한 곳-옮긴이')가 발달하면서 주민이 분산된다.

에도 시대에는 도고 온천에서의 요양이나 시코쿠 순례길 때문에 다른 지방에서 마쓰야마를 찾아오는 사람이 많았고, 18세기 말에는 하이쿠 시인 고바야시 잇사가 마쓰야마를 방문해 현지의 시인들과 교류했으며, 유학의 대가였던 라이 슌스이(역사가이자 사상가인 라이 산요의 부친)도 마쓰야마를 찾아와 시문을 남겼다.

나쓰메 소세키도 탔던 민간 철도

마쓰야마는 메이지유신 후에도 새로운 문화가 유입되는 땅이라는 성격이 유지된다. 1888년에는 민간 회사인 이요 철도가 마쓰야마와 미쓰 사이에 일본 최초의 경편철도(기관차와 차량이 작고 궤도가 좁은 소규모 철도-옮긴이)를 부설한다. 궤도 폭은 762밀리미터로 소규모였지만, 아직 도카이 철도가 개통되지 않았고 다른 민간 철도는 한 곳밖에 없는 시기였다. 이 철도는 그 무렵 마쓰야마에 머무르던 나쓰메 소세키도 탔다 하여 그의 작품 이름을 빌려 '봇짱(도련님) 열차'라고 불렀는데, 전후에 폐지되었다가 약 반세기 만인 2001년에 부활했다. 이 봇짱 열차를 포함하는 이요 철도 조호쿠선의 노선은 구시가지의 경계

를 덧그려 나가듯 부설되어 있다.

　제2차 세계대전 말기에는 이런 마쓰야마시도 공습을 받아, 조카마치의 정취가 남아 있는 오래된 가옥은 거의 사라졌다. 그러나 전쟁 전의 도로 구성을 기본으로 삼은 전후의 부흥 토지 구획 정리 사업으로 마쓰야마성의 북쪽과 남쪽을 동서로 달리는 헤이와도리나 지후네마치도리 같은 도로의 확장이 이루어졌다. 그래서 마쓰야마성을 둘러싼 시의 중심부에는 현재에도 에도 시대에 바둑판 모양으로 구획된 시가지가 남아 있다.

제 8 부

Kyushu
규슈 지방

후쿠오카 ●

나가사키 ●

가고시마 ●

27

한국, 중국의 역사·문화가
살아 숨 쉬는 교역의 창구

후쿠오카

福岡

● 해당 지역　**후쿠오카현**
○ 도시 인구　**약 153만 명(2020년 기준)**

규슈 서북부에 자리한 후쿠오카시는 일본의 대도시 중에서도 한반도와 중국 대륙에 가장 가까워 고대부터 교역의 창구가 되어 왔다. 나라 시대부터 헤이안 시대에 걸쳐 이루어진 견당사의 파견, 가마쿠라 시대에 일어났던 원나라의 공격, 센고쿠 시대에 이루어진 포르투갈 상인과의 무역 등 역사의 많은 장면에서 해외와의 관계가 발견된다.

후쿠오카라는 지명이 태어난 것은 에도 시대에 이 땅을 다스린 구로다 나가마사가 하카타 서쪽에 새롭게 후쿠오카성을 지은 이후이다. 그러나 대부분의 시민은 지금도 '하카타'라는 이름에 애착이 간다고 한다. 왜 그런 것일까?

1세기부터 있었던 대륙 왕조와의 교류

일본의 주요 도시 가운데 후쿠오카시만의 특징을 들자면 뭐니 뭐니 해도 한반도와 대륙과 가깝다는 점이다. 후쿠오카에서 도쿄까지는 직선거리로 약 900킬로미터, 후쿠오카에서 오사카까지는 약 500킬로미터지만, 한국의 부산과는 200킬로미터 정도밖에 떨어져 있지 않다.

고대 일본 선진국이었던 한반도와 대륙에 가까웠던 후쿠오카는 다양한 문화가 빠르게 도입되었다.

규슈 북부에는 몇 개의 소국이 성립되었는데, 그중 하나인 나奴국은 현재의 후쿠오카시 주변에 있었던 것으로 추정된다. 하카타만에 떠 있는 시가노섬에서는 1784년에 '한위노국왕漢委奴國王'이라고 새겨진 금 도장이 발견되었다. 이것은 중국 후한의 광무제가 57년에 나국왕에게 보낸 것이다.

1세기의 후쿠오카에는 한반도 남부와 사적인 교역뿐 아니라 대륙의 중앙을 지배하는 황제에게 직접 사신을 보낼 수 있는 정권이 있었다.

또 후쿠오카시와 인접한 이토시마시에 걸친 지역에는 이토국이라는 소국이 있었다. 이토국은 3세기 중국에서 편찬된 『삼국지三國志』「위서魏書」동이전東夷傳 속의 왜인조에 등장하는 야마타이국에 속한 소국 중 하나로 보인다.

견당사도 이용한 고로칸

후쿠오카에 위치한 항구는 옛날에 '나노쓰'라고 불렸다. 아무래도 나국의 '나'라는 음을 이어받은 것인 듯하다. 기록상 '하카타博多'라는 지명이 나타나는 것은 8세기에 편찬된 『속일본기續日本紀』에서부터이다. 큰 새가 날개를 펼친 듯한 지형에서 '하카타羽形'라고 불렸다는 설, 배가 정박하는 만을 가리키는 '하가타泊潟'에서 변하여 하카타가 되었다는 설과 땅이 넓고(博) 사람도 물건도 많은(多) 데서 비롯되었다는 설 등 지명을 둘러싸고서 여러 가지 설이 있다.

기나이를 중심으로 서일본을 지배한 야마토 조정은 6세기에 쓰쿠시노국(규슈 북부)의 유력한 호족이었던 이와이를 토벌한 후(이와이의 난), 나쓰노미야케那津官家라고 하는 규슈 지배의 거점을 설치하고 대륙과 한반도와의 외교 시설로 쓰쿠시칸을 지었다. 나쓰노미야케가

있던 장소는 지금의 미나미구 미야케 일대가 아닐까 하지만 여러 가지 설이 있다.

그 후 663년의 하쿠스키노에 전투에서 일본과 백제의 연합군은 당과 신라의 연합군에 패배한다. 조정은 규슈 북부에 당이나 신라가 침공할 것을 경계하여 사키모리防人(고대 일본의 규슈 북부 방비를 맡았던 병사-옮긴이)를 배치하여 방비 태세를 굳히고, 나쓰노미야케의 행정 기능을 좀 더 내륙인 다자이후太宰府로 옮겼다. 지금도 지명은 다자이후지만, 정청을 가리킬 때는 발음은 같아도 표기가 '大宰府'로 달라진다.

헤이안 시대가 되면 다자이후 정청의 관할 아래 쓰쿠시칸筑紫館

을 개조한 고로칸鴻臚館을 지어 당과 신라에서 오는 귀빈과 상인, 견당사에 참가한 요인과 유학생 등의 숙박에 사용된다. 그 자리는 현재 주오구에 있는 마이즈루 공원이다. 여기에는 근세에 후쿠오카성이 지어졌으며, 전후에는 약 반세기에 걸쳐 헤이와다이 구장이 있었다. 고로칸이 설치되었던 당시에는 바로 앞에 해안선이 펼쳐져 있었다.

두 번에 걸친 대외 전쟁

9세기 말에 견당사는 폐지되었지만, 그 후에도 민간 상인에 의해 대륙이나 한반도와의 교역은 계속되었고, 승려의 유학도 이어졌다. 그래서 하카타에 있었던 옛 하카타항은 계속해서 발전했지만 한편으로 전쟁의 불길에 휩싸이기도 했다.

941년에는 조정에 반기를 든 이요의 하급 지방관 출신인 후지와라노 스미토모가 세토 내해에서 약탈을 저지른다. 하카타도 침공하여 내륙까지 치고 들어와 다자이후 정청을 습격했다.

1019년에는 '도이'라고 불렸던 만주 출신의 해적이 이키, 쓰시마, 하카타의 연안을 습격했다. '도이刀伊의 입구入寇(적군이나 도둑 떼가 쳐들어옴-옮긴이)'라고 불리는 이 사건으로 수백 명이 노예 목적으로 해적에게 납치되었다. 헤이안 시대 고위 귀족이자 정치가인 후지와라노 미치나가의 조카로 다자이노곤노소치大宰權帥(다자이후의 장관인 다자이노소치大宰帥의 대행-옮긴이)를 맡았던 후지와라노 다카이에가 토

동문 루트(대로)

서문 루트

우주미美강川

다타라강 多々良川

지쿠젠국 筑前国

냐노쓰 那津

고로칸

미카사강 御笠川

나카강 那珂川

오노성 大野城

미즈키 水城

동문

서문

다자이후

● **다자이후와 고로칸 주변의 관영 도로** 서문 루트는 미즈키(다자이후의 서쪽 방어를 위해 축조된 토루 – 옮긴이)의 서문에서 고로칸까지 일직선으로 향해 있고, 동문 루트는 미즈키의 동문에서 나노쓰까지 일직선으로 향해 있다.

벌한 후, 고려 수군의 협력으로 납치된 사람들은 귀국했다.

헤이안 후기에 이르면 당 왕조에 이어 성립된 송 왕조와의 민간 교역이 활발해진다. 이윽고 송의 상인이 하카타에도 이주하게 되고, 지금의 히가시구 하코자키에는 소진햐쿠도宋人百堂, 도진마치唐人街라고 불리던 차이나타운이 만들어졌다.

12세기 후반에는 다이라노 기요모리가 다자이후의 차관인 다자이노다이니大宰大弍에 취임하여 송과의 무역에 힘을 싣게 된다.

이 무렵 하카타에서는 인공 항구인 '소데노미나토'가 정비되었다고 보지만, 정확한 시기를 뒷받침하는 자료는 없다. 지금의 하카타만에 돌출되어 있던 소데노미나토의 위치를 지금의 하카타구 고후쿠마치 교차로 부근으로 추정해 왔다. 현재 발굴 조사가 이루어지면서 가미카와바타마치에 있는 레이센 공원 부근이 소데노미나토가 있었던 곳으로 유력시되고 있다.

일본 중세의 승려는 불교라는 외래 종교를 배우면서 외국 문화의 중개자 역할을 맡아 왔다. 가마쿠라 막부의 성립 후, 1195년에는 송에서 선불교를 배운 승려 에이사이가 하카타에 창건한 사찰 쇼후쿠지가 송의 선승이나 교역 상인의 살롱이 된다.

1242년에는 송에서 선불교를 배운 엔니(쇼이치 국사)가 송의 상인 사국명과 다자이후의 실권을 장악한 무장 무토 스케요리의 지원을 받아 조텐지를 창건한다. 엔니가 송에서 면류의 제법을 전수했다 해서 조텐지는 '우동과 소바의 발상지'로 불린다. 또 후쿠오카의 특산품이 된 하카타오리라는 비단은 엔니와 함께 송으로 건너가 견직 기술을 배운 미쓰타 야자에몬이 창시했다고 한다.

가마쿠라 말기에는 하카타는 원의 침공으로 도이의 침공 이래 다시 전쟁의 불길에 휩싸였다. 1274년 분에이文永의 역(원과 고려 연합군의 1차 일본 원정을 가리키는 일본 역사 용어-옮긴이)이 일어난 후, 막부는 현재의 니시구 이키노마쓰바라 등의 해안에 길이 2.5킬로미터의 보루를 쌓는다.

계속해서 1281년 고안弘安의 역(원과 고려 연합군의 2차 일본 원정-옮긴이)에서는 총 4만 명으로 추정되는 원군의 선발대가 시카노섬을 점령했고, 막부의 무사들은 우미노나카미치(시카노섬과 규슈 본토를 잇는 사주)로 쳐들어가 원군을 격퇴했다.

히데요시의 지시로 탄생한 '다이하쿠도리'

무로마치 시대에 접어들자 하카타는 매립으로 확장을 거듭한다. 그 결과 만으로 돌출된 오키노하마와, 그 밑의 하카타하마라는 두 시가지를 가지게 되었다. 조선의 외교 담당자가 일본과 류큐의 교역 거점에 관하여 적은 『해동제국기海東諸國紀』에 따르면 15세기 후반의 오키노하마에는 6,000호, 하카타하마에는 4,000호의 민가가 있었다.

센고쿠 시대에는 지금의 야마구치현에서 후쿠오카현에 걸친 지역을 지배하던 오우치 가문이 하카타를 자기 세력 아래 두었다.

오우치 가문은 하카타의 남쪽에 흐르던 히에강(현재의 미카사강)의 물줄기를 바꾸어 새롭게 이시도강을 파는 등 토목공사를 실행하여 하카타를 바다와 해자(강)로 둘러싸인 성채 도시로 변모시킨다. 이 무렵 하카타는 사카이와 나란히 상업 도시로서 번영을 누렸고, 시가지 중앙에는 평평한 기와를 깐 포장도로도 있었다.

16세기 후반이 되면 가신의 배신으로 크게 쇠퇴한 오우치 가문을 대신하여 분고의 다이묘 오토모 요시시게(소린)가 규슈 북부를 지배한다. 오키노하마에는 오토모 가문의 비호를 받은 포르투갈 상인이 교회를 짓고, 하카타항은 동남아시아와 유럽의 물품이 유입되는 무역항이 된다.

1586년에는 사쓰마(현재의 가고시마현)를 거점으로 하는 시마즈 가문이 규슈 북부를 침공한다. 전란의 무대가 된 하카타 거리는 괴멸적인 타격을 받았다. 그 이듬해 규슈를 평정한 도요토미 히데요시는 하

○ **하카타역 방향의 다이하쿠도리** ⓒJKT-c

카타의 재건에 힘을 기울인다. 이때 실무의 중심이었던 이가 구로다 요시타카(간베에)이다.

히데요시는 오키노하마와 하카다하마의 중간에 자리한 습지를 매립시키고, 쇼후쿠지와 조텐지, 하코자키구 같은 사찰과 신사를 중심으로 발달해 온 시가지를 정비하여 바둑판 모양으로 구획을 정리한다. 이것을 '다이코마치와리'(다이코에 의한 시가지 구획, 도시계획이라는 의미. 다이코는 도요토미 히데요시를 가리킨다-옮긴이)라고 한다. 하카타구에 지금도 남아 있는 '다이하쿠도리(大博通り)'는 이 다이코마치와리의 기준점이 된 대로이다.

또 히데요시는 상공업자에게는 세금의 면제 같은 특권을 주고, 라쿠이치 라쿠자楽市楽座(규제 완화를 통해 상업 활동과 시장경제의 자유화를 꾀한 16세기 후반의 경제 정책-옮긴이)를 내세워 상업의 발전을 촉진했다. 일련의 시책은 하카타 거리를 쇼후쿠지 등의 종교 세력으로부터 분리하고 상인 중심의 거리로 재편하는 것이었다.

히데요시가 그만큼 하카타를 중시한 것은 규슈 전역의 지배 거점으로도, 한반도 침공의 발판으로도 하카타가 요지였기 때문이다.

구로다 나가마사의 지역 기반에서 탄생한 '후쿠오카'

1600년의 세키가하라 전투 후, 다이코마치와리를 지휘한 구로다 간베에의 장남 나가마사가 하카타를 포함한 지쿠젠의 주인이 된다. 나

가마사는 처음에 지금의 히가시
구 나지마에 있는 나지마성에 입
성했지만 비좁고 성읍을 건설하
는 데도 알맞지 않아, 하카타 서
쪽에 있는 후쿠자키에 새로운 거
성을 지었다.

이렇게 7년의 세월을 거쳐 완

○ **구로다 나가마사**

성된 것이 후쿠오카성이다. 지쿠

젠에 부임하기 전 나가마사는 부젠나카쓰(현재의 오이타현 나카쓰시)에
있었는데, 구로다 가문의 원래 지역 기반은 비젠의 후쿠오카(현재 오
카야마현 세토우치시)였기 때문에 여기서 따서 '후쿠자키'를 '후쿠오카'
로 개명했다. 여기서 비로소 지금까지 사용되는 후쿠오카라는 지명
이 태어난 것이다.

후쿠오카성은 바다 쪽에서 보면 학이 날개를 펼친 듯 보인다고 해
서 '마이즈루성舞鶴城'이라고도 불렸으며, 그 성터는 지금 마이즈루
공원이 되어 있다. 지금의 마이즈루 공원 남쪽으로 펼쳐져 있는 주오
구 아카사카 일대는 성이 지어진 당시에 살짝 높은 구릉지였지만, 후
쿠오카성의 혼마루를 내려다보는 산은 고도가 낮아도 존재가 곤란했
기에 토사가 깎였다고 한다.

후쿠오카성을 중심으로 조카마치가 성립하자 나카강의 동쪽이 예
부터의 상업 거리인 '하카타', 나카강의 서쪽이 무사의 거리인 '후쿠
오카'라는 이중 구조를 가진 도시가 되고, 각각 마치부교町奉行가 설

- **현재의 후쿠오카 시가지** 하카타만은 우미노나카미치를 비롯하여 세 면이 육지로 둘러싸여 있다

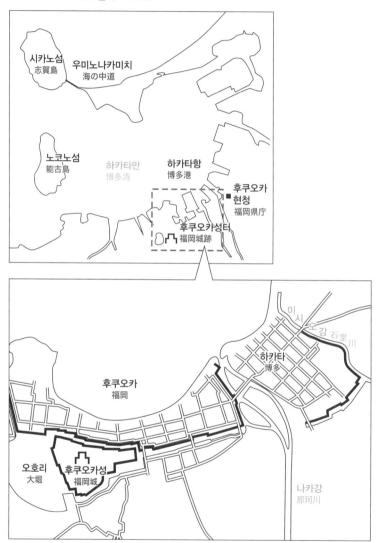

- **에도 전기의 후쿠오카와 하카타** 예부터 있었던 하카타와 새롭게 생긴 후쿠오카라는 두 개의 지역이 합쳐져 후쿠오카라는 도시가 만들어졌다.

치되었다. 에도 시대의 하카타는 나카강과 이시도강(미카사강) 사이에 낀 범위이다. 지금도 하카타구 영역은 나카강까지이고, 그보다 서쪽은 주오구와 미나구가 된다.

에도 시대의 하카타 거리는 '나가레'라는 단위로 구분되었다. 고후쿠마치나가레, 히가시마치나가레, 니시마치나가레 등 일곱 개의 나가레가 있었지만 막부 말기에는 열 개까지 늘었다.

하카타를 대표하는 두 마쓰리, '하카타 돈타쿠'와 '하카타 기온 야마카사'는 나가레 단위로 그룹이 나뉘어 운영되었다. 돈타쿠는 원래 마쓰바야시로 불리는 행사로 복의 신 후쿠로쿠주, 어부와 상인의 신 에비스, 부와 상업 교역의 신 다이코쿠에게 바치는 화려한 가장행렬

○ **돈타쿠 자동차 퍼레이드** ⓒ후쿠오카시

이 이루어졌다. 그러나 만취해서 날뛰는 사람이 많아서 메이지 시대에는 한때 금지되었다가, 돈타쿠로 이름을 바꾸어 부활한다. 야마카사는 지금의 하카타구 가미카와바타마치에 있는 구시다 신사의 제례로, 신여神輿 대신에 인형을 장식한 '야마'라고 불리는 거대한 가마를 짊어지고 행진하는 것이 특징이다.

무사의 거리인 후쿠오카에서는 3대 번주 구로다 미쓰유키가 학문을 진흥한다. 미쓰유키가 중용한 유학자 가이바라 에키켄은 건강하게 일상생활을 보내기 위한 마음가짐을 적은 『양생훈養生訓』과 농학서 『야마토 본초大和本草』 등을 저술해 실용 분야에서도 큰 업적을 남겼다.

고작 한 표 차이로 결정된 후쿠오카의 이름

메이지유신 후에 후쿠오카현이 설치되면서 첫 현청 소재지는 후쿠오카성이 되고, 현내의 호적 구분으로 후쿠오카는 제1 다이쿠(메이지 초기의 지방 행정 구획의 하나-옮긴이), 하카타는 제2 다이쿠가 되었다. 1876년에는 이 두 구역이 실질적으로 통합되어 '후쿠하쿠'로 불리게 된다.

1889년에 시제가 시행되면서 지자체의 이름이 후쿠오카시로 정해지자 하카타의 이름에 애착이 있는 주민이 맹렬하게 반발했다. 그리하여 다음 해에는 '하카타'시로 명칭을 변경하는 의제가 시 의회에서 다루어진다. 투표 결과 후쿠오카파와 하카타파는 동수였지만, 의장이 '후쿠오카시'에 표를 던져 단 한 표 차이로 후쿠오카시라는 이름이 확정된다.

하지만 그 후에도 하카타라는 이름에 대한 후쿠오카 시민의 애착은 여전히 강해서 공항의 이름은 '후쿠오카 공항'이지만 JR의 역 이름은 '하카타역', 만의 연안은 '하카타항'이 되었다.

현재의 후쿠오카 현청은 옛날의 후쿠오카성이 아니라 하카타구에 있으며, 나카강의 서쪽에 있는 덴진은 후쿠오카시 최대의 번화가이다. 즉 옛날의 하카타가 행정 지구, 옛날의 후쿠오카가 상업 지구로 처지가 뒤바뀌었다.

근대 이후 후쿠오카의 발전은 석탄 산업의 흥망과 떼려야 뗄 수 없다. 20세기의 시작을 전후해서 후쿠오카시에 인접한 가스야군과 내륙의 지쿠호 지역은 일본 최대의 탄광 지대가 되어, 후쿠오카시 근교의 인구 급증을 초래했다.

후쿠오카시의 동부에서 내륙으로 뻗어 가는 JR 가시이선, 사사구리선 등은 원래 탄광 지역에서 하카타의 항구 등으로 석탄을 운송하기 위해 부설된 노선이었다. 전후인 1960년대 이후 석탄 산업이 쇠퇴하면서 석탄 운송을 위한 노선은 많이 폐지되었지만, 몇 개 노선은 여전히 남아 후쿠오카시와 근교의 베드타운을 연결하는 통근 및 통학용으로 역할을 바꾸었다.

일본의 다른 대도시와 마찬가지로 후쿠오카도 제2차 세계대전 말기에 공습으로 막대한 타격을 받았다. 전후의 부흥 과정에서 널리 보

○ **나카스 포장마차 거리의 라멘 가게** ©Moody Man

급된 것이 나카강과 하카타강으로 둘러싸인 나카스 등지에 자리한 포장마차이다. 후쿠오카의 포장마차 하면 돼지 뼈 육수로 끓인 하카타 라멘이 대표적인 명물이다. 돼지 뼈 육수는 전쟁이 끝나고 만주에서 돌아온 요리사가 개발했다는 설이 있다.

또 다른 후쿠오카의 명물로서 유명한 가라시멘타이코(명란젓)는 한국에서 먹는 고춧가루와 마늘 등으로 재워 김치에 가까운 명란젓을 참고하여 만든 것으로 전후에 널리 보급되었다.

이처럼 후쿠오카 하면 떠오르는 명물 먹거리에까지 한반도와 대륙과의 교류가 숨 쉬고 있는 것을 볼 수 있다.

28

일본 속의 세계,
서양 문화와 종교의 출발지

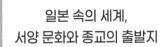

나가사키

長崎

- 해당 지역 **나가사키현**
- 도시 인구 **약 43만 명(2020년 기준)**

기독교의 교회와 중국풍의 불교 사원 등으로 이국적인 정서가 감도는 나가사키는 항구에 적합한 리아스식 해안을 갖추고 있어 중세부터 무역항으로 번영했다.

센고쿠 시대 후기에는 포르투갈인이 내항하여 기독교 문화가 퍼지지만, 에도 막부가 성립되면서 기독교는 탄압 받고 서양과의 무역 창구는 인공섬 데지마의 상관商館으로만 제한되었다. 그러나 그 후에도 나가사키는 귀중한 외래문화의 발신지가 되었다. 막부 말기에는 메이지유신 지사들이 모여들고, 메이지 이후에도 최신 조선소가 지어진다. 그야말로 일본의 근대 문화를 크게 견인했던 항구 도시이다.

포르투갈인의 포교로 시작된 개항

긴 역사와 무역항을 거느린 남부에 위치한 나가사키시는 막부 말기 부터 메이지 시대에 걸쳐 당시의 첨단 기술이 잇달아 도입되었다. 2015년에는 나가사키 조선소의 옛 목형장이자 제3 독dock, 군함도 라는 통칭으로 알려진 하시마 탄광 등의 시설이 세계문화유산에 등 록되었다. 나가사키시는 계속해서 미나미야마테마치에 우뚝 솟아 있 는 고딕 양식의 오우라 천주당과 시쓰 교회당, 오노 교회당 등의 교 회 건축군도 세계문화유산 등록을 목표로 하고 있다.

이 건물들은 나가사키의 융성했던 기독교 신앙을 상징하는데, 하 나같이 메이지 시대 이후에 지어졌다. 나가사키는 센고쿠 말기에 일 본에서 가장 기독교도가 많은 땅이 되면서 기독교를 금지하는 에도

○ **하늘에서 본 하시마섬** ©Koji 12

막부의 탄압을 받았고, 200년 이상의 노력 끝에 기독교 신앙이 부활했다.

포르투갈인이 나가사키 땅에 찾아와 기독교를 포교하기 시작한 것은 1550년의 일이다. 처음 내항한 장소는 현 북부의 히라도였다.

나가사키현은 리아스식 해안의 발달에 따른 천혜의 항구를 갖춘 데다 한반도와 대륙과 가까워서 고대부터 해운이 융성했다. 중세 시대의 히젠(현재의 사가현부터 나가사키현)에서는 무사단 연합인 마쓰라토松浦党가 일대 세력으로 성장한다. 마쓰라토는 가마쿠라 말기 이후 무역의 중계지가 되는 이키와 쓰시마에 가까운 히라도를 중심으로 사무역과 해적 행위로 부를 축적한다.

포르투갈인도 우선 히라도에서 교역과 포교를 시작했지만, 승려와 충돌하는 등 말썽이 잇따라서 마쓰라토의 당수인 마쓰라 다카노부와 포르투갈인의 관계가 악화한다.

그래서 포르투갈인은 기독교도가 된 히젠의 다이묘 오무라 스미타다와 그의 사위로 당시 나가사키를 영유하고 있던 나가사키 진자에몬(스미카게)의 협력을 얻어 1571년 한촌에 지나지 않았던 후카에우라에 항구 마을을 건설한다. 후카에우라는 긴(長) 반도의 곶(崎)에 있어서 '나가사키長崎'라고 불렸는데, 개항하고 나서 이 이름이 정착되었다고 한다.

항구의 큰 특징은 니시소노기반도에 바짝 붙은 길쭉한 만의 안쪽에 자리하고 있다는 점이다. 파도를 피할 수 있는 데다 수심이 충분히 깊어 대형 선박의 정박에도 적합했다. 덧붙여 만을 빠져나가면 바로 동중국해로 나갈 수 있는 입지였다.

항구에는 적합한 지형이지만, 해안과 산지가 바로 인접해 있어 시가지를 형성하기에는 비탈이 너무 많았다. 현재의 나가사키 시내는 15도 이상의 사면이 반 이상을 차지하고, 사면에는 주택이 빽빽이 늘어서 있으며 자전거는 불편해서 오토바이를 이용하는 시민이 적지 않다.

한때는 예수회의 영지였다?

나가사키의 개항을 전후하여 히젠의 다이묘 오무라 스미타다는 오카 와강(지금의 나카시마강) 하구 가까이에 기독교도의 거주지로 시마바 라초, 오무라초, 히라도초, 요코세우라초, 호카우라초, 분치초의 여섯 마을을 건설했다.

이 여섯 지역은 항구가 바로 내려다보이는 언덕 위에 있었으며, 히라도나 하카타 등지에서 추방된 기독교도가 모여 살았다. 그러나 큰 이익을 낳는 무역 거점이었던 나가사키를, 당시 규슈 북서부에서 일대 세력을 이루었던 류조지 일족이 눈독을 들인다.

그래서 스미타다는 여섯 지역의 주변에 방벽을 쌓는다. 또 외적의 침공을 격퇴하고 포르투갈인과의 무역 이권을 확보하기 위해 나가사 키의 여섯 지역을 포르투갈인 선교사가 속한 예수회에 기부했다. 계속해서 똑같이 기독교도가 된 다이묘 아리마 하루노부도 우라카미 지역을 기부한다. 예수회의 영지가 된 나가사키의 여러 지역에서는 교회 같은 서양식 건물이 지어지고, 규모는 작지만 서양식 신학교와 의원이 생겼다.

그러나 규슈를 지배하에 두었던 도요토미 히데요시는 예상 이상으로 기독교도가 증가하는 데다, 나가사키가 예수회의 영지가 되어 포르투갈인에 의한 일본인 인신매매가 이루어지는 것을 경계하여 1587년에 바테렌(포르투갈어로 신부를 뜻하는 Padre를 음차한 한자의 일본어 발음—옮긴이) 추방령을 내린다. 히데요시는 나가사키를 공령公領(직할령—옮긴이)으로 삼고 나베시마 나오시게를 지방관으로 파견하여 다스리게 한 뒤, 교회를 파괴했다.

다만 히데요시는 포르투갈 상인과의 교역은 계속 이어 가며 나가사키 시가지를 확장해 갔다. 첫 여섯 지역을 중심으로 형성된 오카와강과 이와하라강 사이의 해안 일대는 '우치마치內町'로 불렸으며, 그

○ **안경 다리의 모습** ⓒPeter Enyeart

바깥쪽에 1597년부터 '도마치外町'가 건설되었다.

　도마치의 일부는 이와하라강의 북쪽 연안에도 펼쳐져 있었지만, 동부는 나카시마강의 동서에 걸치듯 형성되었고, 하구까지 14개의 아치형 다리가 놓였다. 지금도 남아 있는 열 번째 다리(제10교)는 연속된 두 개의 아치가 안경처럼 보여서 '안경 다리'라는 애칭으로 유명하다.

　당시 우치마치에서는 '도닌頭人'이라 하여 지역의 정무를 관장하던 유력자들에 의한 합의제 아래 자치가 이루어졌으며 주민의 기독교 신앙도 계속되었다.

기독교 금지 후에도 계속된 자치 체제

에도 시대에 들어서자 나가사키에는 스페인, 영국, 네덜란드, 중국 명 왕조 등의 배가 잇달아 내항한다. 막부는 히데요시 시대의 정책을 이어받아 나가사키를 직할지로 삼고 쇼군의 대리인인 나가사키 부교를 두어 관리하도록 했으며 주인장朱印狀(무역 허가증)을 준 선박에게만 교역을 허가하는 주인선 무역을 계속해 나갔다.

　도쿠가와 이에야스는 히데요시의 방침을 계승하여 기독교의 포교를 제한했지만 나가사키에서는 교회의 활동을 묵인했다. 나가사키의 인구는 1600년에는 5,000명 정도였지만 6년 후에는 5배로 증가했고, 그 대부분이 기독교도였다고 한다.

- **현재의 나가사키 주변 지형**

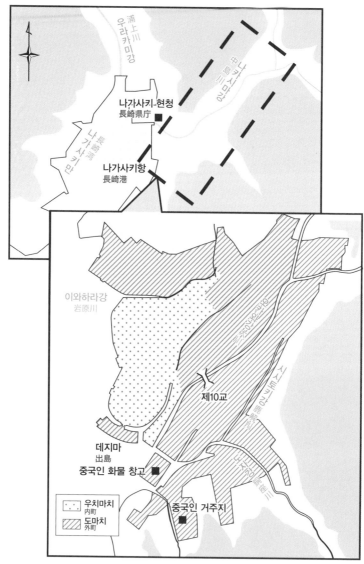

나가사키-현청
長崎県庁

나가사키항
長崎港

浦上川
우라카미강

中島川
나카시마강

長崎湾
나가사키만

이와하라강
岩原川

제10교

데지마
出島
중국인 화물 창고 ■

중국인 거주지 ■

우치마치
内町

도마치
外町

- **에도 후기의 나가사키** 겐로쿠 연간(1688~1707년)까지 우치마치와 도마치의 구분이 이어졌다.

그런데 기리시탄 다이묘(기독교에 입교한 다이묘를 가리키는 일본 역사 용어. 기리시탄은 크리스천의 음차-옮긴이)인 아리마 하루노부가 교역에 개입했던 나가사키의 부교 하세가와 후지히로의 암살을 꾀했다는 혐의로 고발되면서 기독교도에 대한 경계심이 강화된다. 막부는 1614년 기독교도의 국외 추방령을 내리고, 각지의 기독교도를 나가사키에 모은 뒤 마카오와 마닐라로 추방했다.

또 1635년에는 일본인의 해외 도항이 금지되고, 외국 선박의 기항이 나가사키로만 제한된다. 막부는 우치마치에 있는 오카와강 하구에 있는 곳의 끄트머리에 넓이 3,969평(도쿄돔의 약 3분의 1 면적)의 인공섬 데지마를 건설하여 포르투갈인을 격리했다. 그로부터 2년 후, 나가사키 서쪽에 있는 시마바라에서는 영주의 학정에 반발한 주민이 기독교도인 마스다 도키사다(아마쿠사 시로)를 지도자로 세우고 시마바라의 난을 일으키지만 철저히 탄압을 받는다. 이후 막부는 기독교를 향한 경계심을 한층 강화했다.

그 후 포르투갈 선박의 내항이 금지되고, 교역하는 서양 국가는 기독교의 포교에 소극적인 네덜란드만 남는다. 데지마는 포르투갈인이 추방되면서 일시적으로 빈껍데기가 되었지만 1641년에는 히라도에 있던 네덜란드 상관이 옮겨 왔다. 이렇게 해서 에도 막부의 쇄국체제가 확립된다.

나가사키에서는 포르투갈 선박이 다시 내항했을 때 물리치기 위해 경비가 강화되고, 규슈와 가까운 각 번에서 구라야시키藏屋敷(에도시대. 다이묘가 에도, 오사카 등의 상업 도시에 설치한 창고 딸린 대저택-옮긴

이)를 두고 인원을 배치했다. 그렇다고는 해도 막부 직속의 나가사키
부교 아래 지역 유력자에 의한 자치는 계속된다. 이처럼 나가사키는
요지였기 때문에 단기간이지만 폐번치현 후에는 '나가사키현'이 아
니라 '나가사키부'가 되었다.

최첨단 문화를 찾아 모인 사람들

1663년의 나가사키 대화재로 당시 우치마치와 도마치를 합쳐 66개
마을 중 57개가 소실된다. 그 후 재건된 우치마치가 26곳, 도마치가

54곳이 되고, 도로의 폭도 큰길이 약 9.5미터, 곁길이 약 7미터로 확장되었다.

이러한 시가지 구획은 막부 말기까지 유지되었으며, 현재도 옛 도마치 동부에 해당하는 데라마치 일대에는 당시 시가지의 분위기가 남아 있다.

나가사키에는 명이나 청에서 많은 상인이 건너와 지금의 다마조노마치에 있는 사찰 쇼후쿠지나 가지야마치에 있는 사찰 소후쿠지 같은 중국풍 건축이 지어졌다. 데지마와는 별개로 도마치 남부에 중국 상인을 위해 도진야시키唐人屋敷라고 불리는 주거지가 만들어지고, 훗날 여기서 가까운 해안을 매립한 땅에 일본에 정주한 화교가 만든 차이나타운이 형성된다.

에도 후기에는 의학과 천문학 등 네덜란드에서 들어온 서양 과학, 즉 난학蘭學이 조금씩 보급되고 나가사키는 그 발신지가 된다. 1824년에는 네덜란드 상관에 부임한 독일인 의사 지볼트가 지금의 나가사키시 나루타키에 진료소를 겸한 사설 교육 기관인 나루타키주쿠鳴滝塾를 열었으며 다카노 조에이 등 많은 학자가 그곳에서 난학을 익혔다.

1854년, 막부가 개국을 단행하면서 나가사키는 하코다테, 요코하마 등과 나란히 개항했다. 오우라 해안은 매립되어 외국인 거류지가 되고, 막부 타도에 나선 메이지유신 지사들에게 무기를 제공했던 영국 상인 글로버의 저택과 오우라 천주당 등이 지어졌다.

막부는 해군 전습소(해군 장교 양성을 위한 교육 기관-옮긴이)를 나가

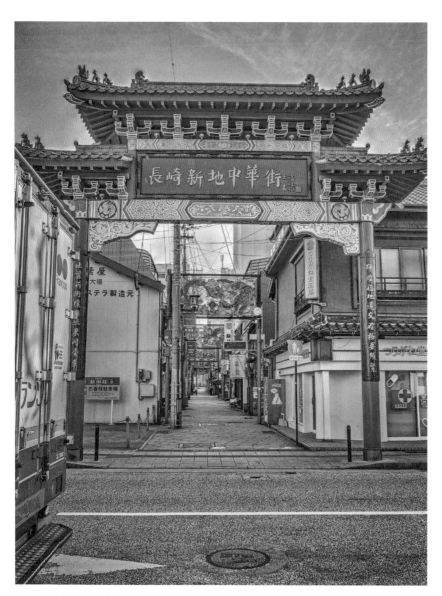

○ **나가사키 신치 중화거리** ⓒjun560

도진야시키 인근의 차이나타운인 '나가사키 신치 중화거리' 입구이다.

사키에 설립하고, 가쓰 가이슈(에도 막부 말기부터 메이지 시대에 걸쳐 활약한 고위 관료이자 근대적 일본 해군의 창시자-옮긴이) 등이 그곳에서 공부한다. 그 밖에도 난학을 배우러 온 후쿠자와 유키치, 훗날 미쓰비시 재벌을 일으킨 상인 이와사키 야타로, 막부 타도 운동에 관여한 사카모토 료마와 사쓰마·조슈의 무사들이 활발히 나가사키에 드나들었다.

해군과 함께 발전한 근대

메이지 시대에 접어들자 차츰 요코하마와 고베가 교역의 중심지가 되었고, 나가사키의 외국인 거류지는 유지비 문제 때문에 1876년에 반환되었다.

그 후 막부 말기에 지어진 나가사키 용철소를 바탕으로 나가사키 조선소가 만들어지면서 나가사키는 조선 도시로서 발전해 간다. 나가사키 조선소는 1887년에 미쓰비시에 불하되었으며 쇼와 시대에 전함 '무사시' 등이 이곳에서 건조되었다.

메이지 후기가 되면 나가사키시에서는 규슈에서 최초로 시내 전차가 개통되고, 나가사키 조선소에서 일본 최초의 발전용 터빈이 도입되는 등 많은 선진 기술이 보급된다. 이렇게 해서 나가사키는 공업 도시가 된다.

그러나 제2차 세계대전 말기인 1945년 8월 9일, 나가사키시에 원

○ **재건된 우라카미 천주당** ⓒkohara Yoshio

자폭탄이 투하되어 7만 3,000명 이상의 시민이 희생되는 비운을 겪는다.

　이 원폭 투하로 모토오마치에 자리한 우라카미 천주당이 파괴되었지만, 이후 시민의 열의로 재건되어 현재에 이르렀다.

29

일본을 바꾼 메이지유신의 정신적 고향

가고시마

鹿児島

- 해당 지역 **가고시마현**
- 도시 인구 **약 58만 명**(2020년 기준)

고대의 가고시마현 일대(사쓰마국, 오스미국)는 하야토라고 불리는 사람들이 사는 땅이었다. 그 토양은 2만 년 이전의 칼데라 대분화 때문에 화산회토 등의 분출물로 뒤덮여 벼농사에 적합하지 않았다. 그러나 중세에 사쓰마와 오스미의 지배자가 된 시마즈 가문은 남쪽 바다로 트인 입지를 살려 류큐, 대륙 등과의 무역에 힘을 쏟고 가고시마에 도시를 건설했다. 실무 능력이 뛰어나고 최신 기술의 도입에도 적극적이었던 사쓰마번은 메이지유신을 이끌어 내는 세력이 되었다.

활화산과 닿아 있는 대도시

가고시마시의 지형적 특징은 뭐니 뭐니 해도 가고시마만(긴코만)에 우뚝 솟은 사쿠라지마섬의 존재일 것이다. 현청 소재지급의 대도시 가운데 가고시마시는 활화산에 가장 가까이 있다. 그래서 옥외에 널어놓은 빨래가 화산재투성이가 되어 버리는 일도 다반사이다.

다만 유사 이래의 기록으로는 무로마치 시대의 분메이文明 연간 (1469~1487년)부터 에도 시대인 1779년까지 대규모 분화는 일어나지 않았다. 가고시마에 도시가 본격적으로 건설된 것은 그 사이인 에도 초기부터이다.

애초에 율령 시대에 정해진 사쓰마국의 국부는 현재의 가고시마시가 아니라 가고시마현 서부에 자리한 사쓰마센다이시에 있었다고

376

○ **사쿠라지마섬** ©Sean Pavone

한다.

　'하야토'라고 불렸던 고대 규슈 남부의 토착민은 조정에서 이민족
으로 여겼으며, 나라 시대까지 여러 차례 조정의 군대와 충돌했다.
조정에서 보았을 때 변경이었던 사쓰마와 오스미에서는 11세기에
후지와라 가문의 장원인 시마즈노쇼#의 개간이 시작된다.

　1185년, 미나모토노 요리토모가 고레무네(시마즈) 다다히사를 사
쓰마·오스미·휴가(현재의 미야자키현)의 슈고에 임명한다. 히키 가문의
반란에 연루되어 오스미와 휴가를 몰수당하고 나서도 사쓰마 슈고로
서 시마즈노쇼를 지배했기 때문에 시마즈라는 성을 따랐다. 단 시마
즈 가문이 항상 규슈 남부에 거주하는 체제가 확립된 것은 14세기 남
북조 시대 때이다.

남북조의 다툼에서 북조에 가담한 시마즈 가문은 남조 측인 아가미 가문의 거점이었던 도후쿠지성을 공략하고 나서 좀 더 내륙에 시미즈성을 축성했다. 그리고 나서 간마치라고 불리는 지금의 가고시마역 북동부 일대에 조카마치가 형성되어 간다.

강의 수로 공사와 간척으로 넓어진 조카마치

○ **시마즈 가문의 1대 당주인 시마즈 다다히사의 초상화**

가고시마는 활화산인 사쿠라지마섬을 거느리고 있지만, 만의 맞은편에 있는 오스미로 접근하기는 쉽고 다른 지역의 세력이 침입하기는 어려웠다. 한편으로 류큐(현재의 오키나와)와 대륙 등과 교역하기에 적합한 입지였다. 시마즈 가문은 이런 환경을 활용해 가고시마를 발전해 나갔다.

무로마치 시대에 시마즈 모토히사가 교토로 올라갔을 때는 호피, 사향, 설탕 같은 진귀한 수입품을 4대 쇼군 아시카가 요시모치에게 헌상하여 교토 사람들을 놀라게 했다. 1543년 무렵 다네가섬에서는 명나라의 사무역 상인을 통해 포르투갈인의 철포가 전래되는데,

시마즈 가문은 그것을 재빠르게 실전에 도입한다. 센고쿠 시대 말기가 되면 시마즈 가문은 규슈 전역을 지배하려 하지만, 하시바(도요토미) 히데요시의 침공으로 저지된다.

지금의 가고시마시 다이류초에 우치성이 지어졌지만 방어력이 낮은 간소한 성이었다. 그래서 세키가하라 전투 후 시마즈 다다쓰네(이에히사)는 시로야마산의 남쪽 기슭으로 성의 이전을 검토한다. 다다쓰네의 부친 요시히로는 바다에 가까워서 해상에서 공격받기 쉽다고 반대했지만 다다쓰네는 새로운 도시의 건설을 의도했다.

이렇게 해서 1601년에 가고시마성(쓰루마루성)의 건설이 시작된다. 가고시마성은 천수각이 없고 우치성과 마찬가지로 방어를 위한 설비도 간소했는데, 야에산의 고쓰키못에서 발원한 고쓰키강을 바깥 해자로 삼았다. 애초에 고쓰키강 하구는 지금의 가고시마시 나카마치에 존재했던 슌칸보리라는 해자 근방이었다. 그러나 거듭된 토목공사로 강의 물줄기를 서남쪽으로 바꾸고, 해안을 매립하여 조카마치를 확대했으며, 해안에서는 항구를 정비했다.

가고시마의 조카마치는 가고시마성을 중심으로 북쪽은 '가미호기리', 남쪽은 '시모호기리'로 불렸다. 가미호기리는 시미즈성 시대부터 있던 조카마치였고 시모호기리는 새롭게 지어진 중하층 무사의 거주 지역이었다. 한편 고쓰키강 오른쪽 연안으로 확장된 지역은 니시다라고 불렸다.

또 동쪽의 가도 오구치스지와 서쪽의 가도 이즈미스지에서 가고시마에 다다르는 사쓰마 가도가 정비된다.

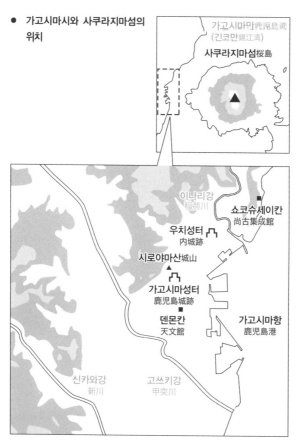

● **가고시마시와 사쿠라지마섬의 위치**

가고시마만鹿児島湾
(긴코만錦江湾)

사쿠라지마섬桜島

이나리강
稲荷川

쇼코슈세이칸
尚古集成館

우치성터
内城跡

시로야마산城山

가고시마성터
鹿児島城跡

덴몬칸
天文館

가고시마항
鹿児島港

신카와강
新川

고쓰키강
甲突川

● **현재의 가고시마시 주변도** 가고시마 시가지에서 화산 연기를 뿜어내는 미나미다케산 분화구까지 10킬로미터밖에 되지 않는다.

에도 중기인 교호 연간(1716~1736)에는 기리시마산 신모에다케 봉우리가 분화하면서 오스미반도 쪽으로 광범위하게 화산재가 흩뿌려져 농업 인구가 줄고, 사쓰마반도 쪽으로 주민이 이주하여 가고시마 성시의 주변 인구가 증가했다.

식문화를 결정지은 류큐와의 교역

가고시마 조카마치의 큰 특징은 주민이 대부분 고시鄕土(에도 시대 무사 계급의 하층에 속한 사람들을 가리킨다 - 옮긴이)를 포함한 무사였다는 점이다. 사쓰마번 전체를 보더라도 인구의 4분의 1이 무사였다. 시마즈 가문은 한때 규슈의 대부분을 지배했으므로, 거느린 가신도 그만큼 많았기 때문이다. 그래서 가고시마 조카마치와 인근 지역의 하급 무사들은 농업에 종사하거나 다양한 직능을 몸에 익혔다.

조카마치가 있는 오스미반도와 맞은편의 사쓰마반도는 대부분 '시라스白砂(규슈 남부에 널리 분포된 화산재와 경석, 자갈 등 화산 분출물의 총칭 - 옮긴이) 대지'라고 불리는 지질이다. 이것은 2만 년도 더 전에 가고시마만에 있었던 아이라 칼데라가 대분화하면서 분출된 방대한 화산재와 경석이 퇴적되어 생긴 흰 모래층으로, 수분을 보존하는 힘이 약하고 땅속 영양분도 적어서 농경에는 부적합한 토양이다. 사쓰마번은 77만 석 규모의 영지지만, 실질적인 쌀 수확량은 40만 석 정도밖에 되지 않았다.

이로 인해 메마른 땅에서도 수확할 수 있는 고구마의 재배가 보급되고, 이것이 훗날 전국으로 퍼져 '사쓰마이모(일본어로 고구마라는 뜻 - 옮긴이)'로 불리게 되었다. 원래 남미 원산인 고구마는 대륙이나 류큐와의 무역을 통해 들어왔다고 한다. 또 에도 시대의 일본에는 고기를 먹는 습관이 거의 없었지만, 가고시마에서는 센고쿠 시대부터 육식용으로 양돈이 성했다. 이것도 류큐 문화의 영향이다.

사쓰마번은 낮은 농업 생산성을 메우기 위해서 鎖國 시대에도 류큐를 시배권에 두고 독자적으로 무역을 이어 나갔으며, 해외 문화도 적극적으로 수용했다. 난학에 관심이 깊었던 8대 번주 시마즈 시게히데는 1779년에 달력과 천체 연구를 위해 유럽의 천문 관측 기술을 도입한 천문관을 설치한다. 다이쇼 시대 이후 그 유적지 일대는 가고시마를 대표하는 번화가가 되었다.

100년 동안 세 번이나 다시 일어서다

막부 말기인 1851년에 번주가 된 시마즈 나리아키라는 지금의 요시노초에 쇼코슈세이칸이라는 박물관을 짓고, 전국에서 가장 먼저 서양식 조선소와 용광로를 설치했다. 이 시설들은 2015년에 세계문화유산으로 등록되었다.

나리아키라는 아직 하급 무사에 지나지 않았던 사이고 다카모리와 오쿠보 도시미치 등을 요직에 발탁한다. 훗날 두 사람은 조슈번의 지사들과 함께 막부를 타도하고, 메이지유신 후 신정부를 이끈다.

한편 가고시마는 몇 번이나 전란에 휩싸였다. 1863년에 사쓰마번과 영국 사이에 벌어진 사쓰에이薩英 전쟁에서는 영국 함대의 해상 포격으로 시가지 일부가 소실되었다. 유신 후에 발발한 세이난西南 전쟁(1877년 지금의 가고시마현, 오이타현, 미야자키현, 구마모토현에서 사이고 다카모리의 주도로 일어난 반란-옮긴이)에서는 정부군의 반격에 패퇴

○ **쇼코슈세이칸 박물관의 모습** ©Tzuhsun Hsu

한 사이고 다카모리가 시로야마산에서 자결했다.

자연재해도 가고시마시에 막대한 피해를 주었다. 1914년에는 사쿠라지마섬이 크게 분화하여 2,000호 이상의 민가가 피해를 보았다. 이때 용암의 유출로 사쿠라지마섬은 오스미반도와 이어지게 되었다. 또 제2차 세계대전 말기에는 공습으로 시가지의 93퍼센트가 잿더미가 되고, 엎친 데 덮친 격으로 종전 직후에도 사쿠라지마섬이 다시 크게 분화한다.

가고시마시는 1960년대의 고도 경제 성장기 이후 도시 주민이 증가함에 따라 평야 지대에서 시라스 대지로 주택지가 넓어졌다. 2004년에는 규슈 신칸센이 개통되고 가고시마 주오역을 중심으로 재개발이 이루어지면서 새로운 번영을 부르고 있다.

제 9 부

Okinawa
오키나와 지방

나하

30

400년 류큐 왕국의
문화와 얼을 간직한 도읍

나
하

那覇

● 해당 지역 **오키나와현**

○ 도시 인구 **약 31만 명(2020년 기준)**

난세이 제도의 중간쯤에 위치한 오키나와 본섬은 고대부터 일본 열도와 대륙, 그리고 동남아시아를 잇는 교역의 중계지로서 번영해 왔다. 본토와는 다른 문화를 가진 오키나와에서는 15세기에 슈리를 통치 조직의 중심인 왕부王府로 삼은 류큐 왕조가 세워지고, 슈리 바로 서쪽에 자리한 나하가 무역항으로서 발전해 간다.

제2차 세계대전 말기에 이르러 섬 전역이 격전지가 되었던 오키나와였지만, 오늘날에는 재건된 슈리성을 비롯해 독자적인 역사와 문화에 이끌려 많은 관광객이 찾아오고 있다(2019년의 화재로 인해 슈리성의 주요 건물은 재차 소실되었다).

이국의 정서가 넘쳐흐르는 슈리성

나하시를 대표하는 관광 명소인 슈리성은 제2차 세계대전 말기에 공습으로 소실되었다가 1992년에 재건축되었다.

　나하시를 내려다보는 해발 약 130미터의 언덕 위에 자리한 슈리성은 일본 다른 지역의 성에서는 찾아볼 수 없는 빨간색을 기조로 하는 배색이 특징이다. 정전은 지붕과 기둥 등의 구조에 오키나와(류큐)의 독자적인 건축 양식과 일본풍, 중국풍의 요소가 함께 있어 그야말로 오키나와가 걸어온 역사와 문화를 반영하는 건물이라고 할 수 있다.

　슈리성을 포함하는 나하 일대의 지질을 살펴보면, 해저의 진흙이 굳어 생긴 시마지리층이라는 이암泥巖 지층 위에 생물의 화석과 조

○ **슈리성** ⓒSean Pavone

개껍데기 등으로 생겨난 석탄암石炭巖과 산호초의 지층이 형성되어 있다. 이 류큐 석탄암은 기포가 많이 함유되어 열이 고이기 어려운 데다, 보기에도 아름다워 슈리성을 비롯한 건축물에 많이 쓰였다.

동중국해의 난세이 제도에 자리한 오키나와는 본토와 크게 다른 문화를 형성하였으며, 고대부터 대륙과 동남아시아와 일본을 잇는 교역의 중계점으로서 활용되어 왔다. 헤이안 시대에는 난세이 제도에서 멀리 떨어진 히라이즈미(오늘날 이와테현의 히라이즈미초)에도 류큐의 야광패로 만들어진 장식품이 들어갈 정도였다.

'류큐'라는 오키나와의 옛 이름은 당시 중국 왕조였던 수나라의 역사서에서도 나타나는데, 타이완과 혼동되었을 가능성도 있다. 일본에서는 헤이안 시대부터 '오키나와'라는 호칭이 있지만 어원은 밝혀져 있지 않으며 표기도 '沖那波', '惡鬼納' 등 일정하지 않다. '沖繩'라는 표기는 에도 시대에 한학자인 아라이 하쿠세키가 처음 썼다고 한다. 나하는 '나바漁場'에서 유래했다는 설도 있지만 확실하지는 않다.

　오랜 세월 오키나와는 작은 나라가 난립한 상태가 이어졌지만 14세기에 오키나와 본섬은 북산, 중산, 남산, 이름하여 삼산이라는 세 세력으로 정리되었다. 1492년에 중산 출신의 쇼하시가 남산을 무너뜨리고 삼산을 통일하고, 이후 거점을 우라소에에서 슈리로 옮겨 왕성을 건설했다. 이 천도는 슈리와 접해 있는 나하의 항구가 교역에 활용되고 있었기 때문으로 보인다.

　쇼하시가 일으킨 제1 쇼씨 왕조는 7대까지 이어졌지만, 1469년 쇼씨의 중신이었던 가나마루가 왕위에 오르면서 제2 쇼씨 왕조가 세워진다.

　제2 쇼씨 왕조의 3대 왕인 쇼신왕은 아지按司라고 불렸던 오키나와 각지의 유력자들을 각각의 지배 영역에서 분리하여 슈리에 모여 살게 했다. 이때 세 개의 '휘라平等'라는 행정구역을 설치하여 오키나와 북부 출신자는 '니시누휘라北之平等', 중부 출신자는 '하에누휘라南風之平等', 남부 출신자는 '마지누휘라真和志之平等'를 주거지로 삼고, 구역마다 관공서를 설치한다. 참고로 오키나와의 고어로는 일본 본토와 반대로 북北을 '니시'라고 발음한다.

나하는 슈리와 대교로 이어진 섬이었다

쇼신왕 시대에는 왕성의 주변이 본격적으로 정비되었다. 슈리성은 전통적인 중국 왕조의 왕성 건축을 의식하여 풍수를 도입했다고 한다. 그러나 조카마치는 당의 도읍이었던 장안과 교토의 헤이안쿄 같이 바둑판 모양으로 정비하지 않고 산비탈의 지형을 그대로 이용했기 때문에 거리가 구불구불 복잡하게 꼬여 있다. 이후 쇼신왕을 이은 쇼세이왕의 시대에는 슈리성의 정문인 슈레이 문이 지어졌다.

당시에 항구가 있었던 나하는 섬이었다. 그래서 슈리에서 나하까지 연결하기 위해 '조코테이'라는 거대한 홍예교虹霓橋가 만들어진다. 이 다리는 길이가 약 1킬로미터나 되는 해상도로였다. 에도 후기에 활약한 우키요에 화가 가쓰시카 호쿠사이가 청 왕조의 서책『유구(류큐)국지략琉球國志略』을 바탕으로 그린 '류큐팔경'에도 조코테이가 그려져 있다.

현재 조코테이가 있었던 소겐지 터에서 미에바시에 이르는 일대는 완전히 매립되었지만 유이레일이 달리는 고가도로 아래에 놓인 마키시조코테이라는 작은 다리에는 조코테이의 자취가 남아 있다.

나하항의 출입구는 남쪽부터 미야코지마 방향으로 열린 곳은 '미야코지마구치宮古島口', 중국 왕조의 방향으로 열린 곳은 '도구치唐口', 일본 본토 쪽으로 열린 곳은 '야마토구치倭口'라고 한다.

해안에 가까운 현재의 나하시 구메 일대에는 14세기 말 명 왕조 시대, 오늘날의 푸젠성에서 건너온 화교가 정착한 차이나타운이 있었다.

- **에도 중기의 나하와 슈리**　대형 선박이 정박할 수 있는 항구가 있던 우키시마섬과 슈리를 연결하기 위해 조코테이라는 다리가 놓였다.

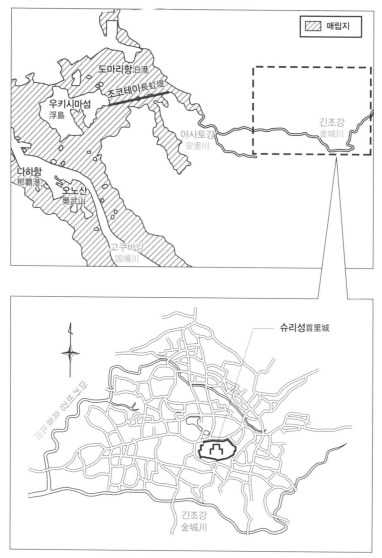

- **슈리성 주변**　슈리성은 해발 120~130미터의 고지대에 자리하여 성 아래를 한눈에 볼 수 있었다.

오키나와에 귀화한 그들은 구메삼십육성久米三十六姓이라고 불리며 중국의 상거래 관습, 조선 기술, 항해 기술, 유학 등을 전했고 교역에도 크게 이바지했다. 구메에는 화교가 공자를 모시는 공자묘도 남아 있다.

구메에 인접한 현재의 나하시 히가시초에는 중국 왕조에서 정식으로 파견된 사절인 책봉사를 위한 숙소인 텐시칸이 있어 약 500명에 이르는 수행원이 머물렀다. 메이지유신 이후에는 여기에 나하 시청이 설치되었지만, 전란에 사라져 버렸다.

나하 일대를 비롯한 오키나와의 전통적인 주택은 돌담을 갖춘 것이 특징이다. 이것은 일본 본토보다는 담장과 성벽이 발달한 중국 왕조의 주택 관습에 가깝다고 할 수 있다. 민가 지붕에 액막이 삼아 세워 둔 시사獅子(사자) 상은 중국의 도교에서 유래된 것으로, 17세기부

○ **전통 주택 기와 위의 시사 상** ⓒOCVB

터 보급되었다.

중세의 쇼씨 정권은 일본의 중앙 권력에서 독립된 존재였지만, 1609년에 시마즈 가문이 다스리는 사쓰마번의 침공을 받은 후 사쓰마번의 지배 아래 놓인다. 고쿠바 강의 하구에 면한 현재의 나하시 서쪽에는 류큐 자이반在番 부교쇼가 설치되어 사쓰마번이 파견한 부교가 상주하며 교역 활동 등을 감시했다.

한편 쇼씨 정권은 중국 왕조와의 관계에서 명조를 대신해 세워진 청조에 복속한다는 특이한 입장을 취한다.

그때까지 나하의 항구는 대륙에서 사들인 도자기와 견직물 등을 조선과 동남아시아에 판매하는 한편, 동남아시아산 향수와 장식품을 대륙에 판매하고 일본도를 동남아시아에 수출하여 큰 이익을 올렸다. 그러나 교역의 이익을 사쓰마번이 가로채고 막부의 방침으로 청 아닌 곳과의 교역도 금지되었기 때문에 나하는 일시적으로 활기를 잃는다.

그러나 18세기에 들어서면서 긴키 지방의 해상 운송 중개업자들이 해운 네트워크를 확대해 일본의 북과 남을 연결하고, 에조치(홋카이도)에서 수확한 다시마 등의 해산물을 나하를 경유해 청에 수출하게 되었다. 나하에는 이리치라고 불리는 볶음 요리를 비롯해 본래라면 난세이 제도에는 나오지 않는 다시마를 사용한 요리도 많은데, 이런 역사에서 그 이유를 찾을 수 있겠다.

일본 편입과 오키나와 현청의 성립

19세기 중엽 아시아에 진출한 서구 열강은 쇄국을 계속하는 일본으로 가는 발판으로서 류큐에 주목한다.

1844년, 프랑스의 인도차이나 함대가 오키나와에 내항하여 교역을 제안했다. 쇼씨 정권은 이 제안을 거부하지만 여러 선교사가 나하에 머무른다. 에도 막부의 개국에 앞서 10년이나 일찍 나하에는 유럽인이 살았다.

1853년 5월에는 미국의 동인도함대를 이끄는 페리 제독이 일본에 내항하기 앞서 나하를 방문한다. 쇼씨 정권은 다양한 구실로 교섭을 피하려 했지만, 최종적으로 이듬해 7월 류큐와 미국 사이에 수호조약이 체결되었다. 이것은 같은 해 체결된 미일 화친 조약과는 별개의 것으로, 당시 서구의 여러 나라가 오키나와를 에도 막부에서 독립된 정권으로 간주했다는 사실을 보여 준다.

그러나 메이지유신 후의 신정부는 오키나와를 정식으로 일본 영토에 편입할 의도로 본토에서 폐번치현을 실시한 후 오키나와를 새롭게 '류큐번'으로 삼는다. 쇼씨 정권의 주류파는 종래대로 일본과 청 양국에 복속하는 체제를 바랐지만 메이지 정부는 1879년 나하에 내무 관료와 병력을 파견하여 '오키나와현'의 설치를 선언한다. 오키나와에서 일본의 연호를 사용하게 된 것은 이때 이후이다. 쇼씨 왕족은 작위를 받고 도쿄에서 생활하게 되었다.

오키나와 현청은 당초 사쓰마번이 설치한 류큐 자이반 부교쇼가 있던 자리에 지어졌지만 1920년에 현재의 위치인 나하시 이즈미자키로 옮겨졌다. 메이지 시대 이후 옛 왕성이 있던 슈리는 학교가 많은 문화 교육 지구와 주택가로, 항구가 있는 나하는 상업 지구로서 발전하고, 전후인 1954년에는 슈리가 나하시에 편입된다.

21세기에 이르러 철도가 부활한 기지촌

제2차 세계대전 말, 일본에서 유일하게 미군과의 지상전이 펼쳐졌던 오키나와현은 피해가 막대했다. 육군 사령부의 지하 참호가 설치되었던 슈리성은 포격으로 완전히 파괴되었다. 전후에도 미군의 점령 체제가 계속되어 1972년 본토 복귀까지 나하 시내의 30퍼센트가 실제로 미군의 관리 아래 있었다.

나하 시내를 달리는 국도 58호는 6차선이나 되는 광대한 도로인데, 미군이 점령하던 시절에는 군용 도로 1호로 불렸다. 미군이 나하 군항에서 후텐마 기지와 가데나 기지를 연결하고, 전차 등의 중장비 차량이 지날 수 있도록 도로의 폭을 넓게 정비했기 때문이다.

그렇지만 현청의 북쪽 출입구 교차로에서 뻗어 나가는 일대는 점

○ **국제 거리** ©663highland

령 지대에서 벗어나 있었다. 어니파일국제극장이라고 하는 영화관이
있어서 '국제 거리'라고 불렸던 이곳은 전후 가장 빠르게 노천 상가
가 들어서면서 부흥의 상징이 되었다. 그 번영하는 모습을 두고 거리
의 총 길이를 따서 '기적의 1마일'이라고도 불렸으며 지금도 나하에
서 으뜸가는 번화가로 꼽힌다.

　전쟁이 일어나기 전 나하 시내에는 오키나와 현영 철도가 운행되
고 있었지만, 전쟁으로 선로가 파괴되고 나서는 철도가 없었다. 본토
복귀 후에 도시 모노레일이 계획되었지만, 전후의 버스와 승용차에
익숙한 시민의 지지를 받을 수 있을 것인가가 의문스러워 실현은 난
항을 겪었다. 2003년에 겨우 오키나와 도시 모노레일선(유이레일)이
개통되었으며 현재는 나하 시민과 관광객의 발로 거리에 활기를 불
어넣고 있다.

주요 참고문헌

『図集 日本都市史』, 高橋康夫・吉田伸之・宮本雅明・伊藤毅編集(東京大学出版会)

『日本の街道ハンドブック新版』, 竹内誠(三省堂)

『日本地図史』, 金田章裕・上杉和央(吉川弘文館)

『さっぽろ文庫 すすきの』, 札幌市教育委員会編(北海道新聞社)

『さっぽろ文庫 札幌事始』, 札幌市教育委員会編(北海道新聞社)

『さっぽろ文庫 札幌風土記』, 札幌市教育委員会編(北海道新聞社)

『はこだて検定 公式テキストブック 第6版』, 函館商工会議所

『北海道の歴史散歩』, 北海道高等学校日本史教育研究会編(山川出版社)

『平泉 よみがえる中世都市』, 斉藤利男(岩波書店)

『伊達政宗 野望に彩られた独眼龍の生涯』, 相川司(新紀元社)

『図説 幕末戊辰西南戦争』, (学研)

『福島県の歴史』, 丸井佳寿子・工藤雅樹・伊藤喜良・吉村仁作(山川出版社)

『東京を江戸の古地図で歩く本』, ロム・インターナショナル編(河出書房新社)

『江戸はこうして造られた』, 鈴木理生(ちくま学芸文庫)

『江戸の川・東京の川』, 鈴木理生(井上書院)

『横浜150年の歴史と現在開港場物語』, 横浜開港資料館(明石書店)

『鎌倉・横浜・湘南今昔歩く地図帖』, 井口悦男(学研ビジュアル新書)

『横浜謎解き散歩』, 小市和雄監修(新人物文庫)

『神奈川県の歴史 第2版』, 神崎彰利・大貫英明・福島金治・西川武臣(山川出版社)

『中世都市鎌倉を歩く』, 松尾剛次(中公新書)

『江戸の寺社めぐり 鎌倉・江ノ島・お伊勢さん』、原淳一郎(吉川弘文館)

『歴史群像 名城シリーズ8 小田原城 関東の入口を押さえた武略と治世の城』、(学習研究社)

『長野県の歴史散歩』、長野県の歴史散歩編集委員会(山川出版社)

『おんばしら 諏訪大社御柱祭のすべて 改訂版』、(信州・市民新聞グループ)

『長野県の歴史 第2版』、古川貞雄・福島正樹・井原今朝男・青木歳幸・小平千文(山川出版社)

『長野県謎解き散歩』、小松芳郎(新人物文庫)

『新潟県立歴史博物館 常設展示図録』

『愛知県の歴史散歩 上 尾張』、愛知県高等学校郷土史研究会(山川出版社)

『愛知県の歴史 第2版』、梅村喬・渡邉正男・加藤益幹・桐原千文・西田真樹・岸野俊彦・津田多賀子・三鬼清一郎(山川出版社)

『愛知県の不思議事典』、池田芳雄(新人物往来社)

『なごや十話』、中日新聞社編(中日新聞社)

『これでいいのか 日本の特別地域 愛知県名古屋市』、澤村慎太郎・記者ネット名古屋(マイクロマガジン社)

『三重県謎解き散歩』、矢野憲一(新人物文庫)

『三重県の歴史散歩』、三重県高等学校日本史研究会(山川出版社)

『三重県の歴史 第2版』、稲本紀昭・駒田利治・勝山清次・飯田良一・上野秀治・西川洋(山川出版社)

『発見！三重の歴史』、三重県史編さんグループ(新人物往来社)

『図説伊勢神宮』、松平乗昌編(河出書房新社)

『お伊勢まいり』、矢野憲一・宮本常一・山田孝雄(新潮社)

『日本の歴史3 奈良の都』、青木和夫(中公文庫)

『今井町史』、今井町史編纂委員会

『大阪 都市形成の歴史』、横山好三(文理閣)

『寺内町の研究 第一巻 戦国社会と寺内町』、峰岸純夫・脇田修監修 大澤研一・仁木宏編(法蔵館)

『寺内町の研究 第二巻 寺内町の系譜』、峰岸純夫・脇田修監修 大澤研一・仁木宏編(法藏館)

『大阪市の歴史』、大阪市史編纂所編(創元社)

『堺の歴史都市自治の源流』、朝尾直弘・栄原永遠男・仁木宏・小路田泰直(角川書店)

『平安京—京都都市図と都市構造』、金田章裕編(京都大学学術出版会)

『千年の都 平安京のくらし』、鳥居本幸代(春秋社)

『庶民たちの平安京』、繁田信一(角川選書)

『京都〈千年の都〉の歴史』、髙橋昌明(岩波新書)

『兵庫県の不思議事典』、有井基・大国正美・橘川真一(新人物往来社)

『兵庫県の歴史散歩 神戸 阪神淡路』、兵庫県の歴史散歩編集委員会(山川出版社)

『兵庫県の歴史』、今井修平・小林基伸・鈴木正幸・野田泰三・福島好和・三浦俊明・元木泰
　　　雄(山川出版社)

『神戸の歴史を歩く 海辺と街と山』、藤井勇三(神戸新聞総合出版センター)

『神戸外国人居留地 ジャパン・クロニクル紙ジュビリーナンバー』、堀博・小出石史郎訳
　　　(神戸新聞総合出版センター)

『広島県の歴史散歩』、広島県の歴史散歩編集委員会(山川出版社)

『広島県の歴史 第2版』、岸田裕之・室山敏昭・西別府元日・秋山伸隆・中山富広・頼祺一・
　　　兒玉正昭・宇吹暁(山川出版社)

『広島県の不思議事典』、松井輝昭・池田明子(新人物往来社)

『名族大内氏の盛衰』、利重忠(新人物往来社)

『図説 山口県の歴史』、八木充編(河出書房新社)

『愛媛県の不思議事典』、内田九州男・武智利博・寺内浩(新人物往来社)

『愛媛県の歴史第2版』、内田九州男・寺内浩・川岡勉・矢野達雄(山川出版社)

『大学的福岡・博多ガイドこだわりの歩き方』、高倉洋彰・宮崎克則(昭和堂)

『福岡県の歴史 第2版』、川添昭二・武末純一・岡藤良敬・西谷正浩・梶原良則・折田悦郎
　　　(山川出版社)

『福岡城物語』、朝日新聞福岡本部(葦書房)

『江戸の博多と町方衆』, 朝日新聞福岡本部(葦書房)

『博多謎解き散歩』, 石瀧豊美編(新人物文庫)

『福岡市歴史散策 エリア別全域ガイド』, 福岡地方史研究会(海鳥社)

『福岡県の歴史散歩』, 福岡県高等学校歴史研究会(山川出版社)

『港市論』, 安野眞幸(日本エディターズスクール出版部)

『長崎県謎解き散歩』, 原田博二・福田八郎・小松勝助(新人物文庫)

『長崎県の歴史第2版』, 瀬野精一郎・新川登亀男・佐伯弘次・五野井隆史・小宮木代良(山川

　出版社)

『長崎県の歴史散歩』, 長崎県高等学校教育研究会地歴公民部会歴史分科会(山川出版社)

『鹿児島県の不思議事典』, 今吉弘(新人物文庫)

『鹿児島県の歴史散歩』, 鹿児島県高等学校歴史部会(山川出版社)

『鹿児島県の歴史第2版』, 原口泉・永山修一・日隈正守・松尾千歳・皆村武一(山川出版社)

『沖縄県謎解き散歩』, 下川裕治・仲村清司(新人物文庫)

『沖縄県の歴史第2版』, 安里進・高良倉吉・田名真之・豊見山和行・西里喜行・真栄平房昭

　(山川出版社)

『沖縄県の百年』, 金城正篤・上原兼善・秋山勝・仲地哲夫・大城将保(山川出版社)

『沖縄の素顔和英両文100Q＆A』, 新崎盛暉(テクノ)

그 밖에 각 지자체 등의 홈페이지를 참고함.

지도 참고문헌

22쪽　**삿포로의 지형** 札幌市の概況(地域特性)を参考に作成

22쪽　**메이지 중기 삿포로 시가** 札幌市中央図書館デジタルライブラリ,『札幌市街之図』
(1891.8)を参考に作成

28쪽　**현재 하코다테시의 지형&다이쇼 초기의 하코다테 시가** 国際日本文化研究センター
所蔵「函館市街新全図：附近郡部之圖」(大正2年)を参考に作成

46쪽　**무로마치 시대의 도사미나토&현재의 도사미나토의 위치** 一般社団法人 農業農村整
備情,報総合センター「水土の礎」HP掲載図を参考に作成

55쪽　**오슈 후지와라 가문 치세하에 있던 히라이즈미** 東京大学出版会,『図集 日本都市
史』, p75「平泉 全域図」を参考に作成

65쪽　**센다이시의 지형** 「仙台市建設局百年の杜推進部 河川課 広瀬川創生室」, HP掲載
の図を参考に作成

65쪽　**에도 전기 센다이성 조카마치** 宮城県図書館蔵,『仙台城下絵図』「元禄12(1699)」を
もとに作成

74쪽　**아이즈와카마쓰의 지형** 福島県立博物館収蔵,『陸奥国会津城絵図』(1644〈正保元〉
年)を参考に作成

77쪽　**에도 초기의 와카마쓰성 시가지** 福島県立博物館収蔵,『陸奥国会津城絵図』(1644
〈正保元〉年)を参考に作成

92쪽　**에도 말기의 우쓰노미야성과 조카마치** 宇都宮市教育委員会,『宇都宮御城内外絵
図』を参考に作成

103쪽　이에야스가 막부를 열기 전의 에도 주변 지형　「UR都市機構 大手町連鎖型都市再生プロジェクト」, HPの掲載図をもとに作成

108쪽　메이레키 대화재 후 정비된 에도성 조카마치　東京大学出版会, 『図集 日本都市史』, p194の「寛文期の江戸」を参考に作成

122쪽　현재의 요코하마 주변 지형　「横浜市港湾局」, HP掲載の「横浜港変遷図」をもとに作成

122쪽　메이지 초기의 요코하마항 주변　横浜開港資料館蔵, 「The Japan Directory 1889」を参考に作成

130쪽　현재의 가마쿠라 지형&가마쿠라 시대의 고쇼 주변도　『中世都市鎌倉を歩く』(中公新書), 掲載の「鎌倉幕府将軍御所関係図」を参考に作成

143쪽　호조 우지마사 통치하의 오다와라성 주변도　小田原城「小田原城と小田原合戦攻防図」を参考に作成

163쪽　니가타시 하구 유역의 지형　「阿賀野川え～とこだ！流域通信」, HP掲載図を参考に作成

163쪽　에도 전기의 니가타노쓰 주변　新潟中心商店街協同組合, HP「新潟ふるまち」掲載図を参考に作成

180쪽　가나자와성 주변의 지형&에도 전기의 가나자와성 주변 시가지　石川県立図書館収蔵, 『寛文七年金沢図』, 「寛文7年(1667)」を参考に作成

194쪽　에도 후기의 나고야성 주변 시가지　愛知県立図書館所蔵, 「宝暦十二午改名護屋路見大図」を参考に作成

198쪽　현재 나고야시 주변의 지형　観光文化交流局 文化歴史まちづくり部 歴史まちづくり推進室保存支援係の「名古屋市歴史的風致維持向上計画」(本編)を参考に作成

219쪽　헤이조쿄의 도시 구획　「奈良県立橿原考古学研究所附属博物館」, HP掲載図(平城京条坊復元図)を参考に作成

241쪽　고대 오사카의 지형　「大和川付替え300周年記念事業実行委員会」, HP掲載図をもとに作成

30개 도시로 읽는 일본사

익숙하고 낯선 도시가 들려주는 일본의 진짜 역사 이야기

초판 1쇄 발행 2021년 11월 15일
초판 5쇄 발행 2024년 3월 25일

지은이 조 지무쇼
감수자 긴다 아키히로, 이세연
옮긴이 전선영
펴낸이 김선식

부사장 김은영
콘텐츠사업본부장 임보윤
책임마케터 이고은, 양지환
콘텐츠사업8팀장 전두현 **콘텐츠사업8팀** 김상영, 강대건, 김민경
마케팅본부장 권장규 **마케팅2팀** 이고은, 배한진, 양지환 **채널2팀** 권오권
미디어홍보본부장 정명찬 **브랜드관리팀** 안지혜, 오수미, 김은지, 이소영
뉴미디어팀 김민정, 이지은, 홍수경, 서가을, 문윤정, 이예주
크리에이티브팀 임유나, 박지수, 변승주, 김화정, 장세진, 박장미, 박주현
지식교양팀 이수인, 염아라, 석찬미, 김혜원, 백지은
편집관리팀 조세현, 김호주, 백설희 **저작권팀** 한승빈, 이슬, 윤제희
재무관리팀 하미선, 윤이경, 김재경, 이보람, 임혜정
인사총무팀 강미숙, 지석배, 김혜진, 황종원
제작관리팀 이소현, 김소영, 김진경, 최완규, 이지우, 박예찬
물류관리팀 김형기, 김선민, 주정훈, 김선진, 한유현, 전태연, 양문현, 이민운

펴낸곳 다산북스 **출판등록** 2005년 12월 23일 제313-2005-00277호
주소 경기도 파주시 회동길 490 다산북스 파주사옥
전화 02-704-1724 **팩스** 02-703-2219
이메일 dasanbooks@dasanbooks.com
홈페이지 www.dasan.group **블로그** blog.naver.com/dasan_books
종이 아이피피 **인쇄** 상지사 **코팅 및 후가공** 평창피앤지 **제본** 상지사

ISBN 979-11-306-7796-5 04910
      979-11-306-7795-8 (세트)

다산북스(DASANBOOKS)는 독자 여러분의 책에 관한 아이디어와 원고 투고를 기쁜 마음으로 기다리고 있습니다.
책 출간을 원하는 아이디어가 있으신 분은 다산북스 홈페이지 '투고원고'란으로 간단한 개요와 취지, 연락처 등을 보내주세요.
머뭇거리지 말고 문을 두드리세요.